筑摩選書

若宮啓文

Wakamiya Yoshibumi

ドキュメント

北方領土問題の内幕

クレムリン・東京・ワシントン

ドキュメント　北方領土問題の内幕　目次

ドキュメント　北方領土問題の内幕

クレムリン・東京・ワシントン

プロローグ――プーチンの口から出た「引き分け」

　雪が三十センチほど積もったモスクワ郊外の林の中に、ロシアの首相公邸があった。大統領選挙を三日後に控えた二〇一二年三月一日、私はそこで大統領候補者でもあるプーチン首相と向き合っていた。北方領土に関する私の質問に答えて、プーチンの口から「引き分け」「はじめ」という柔道用語が飛び出し、日本で大きく報じられたのはその時だった。

　エリツィン氏の後を受けて二〇〇〇年に大統領になったプーチン氏は、二期八年の任期を終えて一度は首相の座に下がりながら、このとき再び大統領（一期は六年に延びた）の座に挑もうとしていた。結果は悠々《ゆうゆう》とその狙いを果たすことになる。

　当時、私は朝日新聞の主筆だった。この日、同じ記者側の席には英国、フランス、ドイツ、イタリア、カナダの新聞の編集トップが一人ずつ招かれていた。私を含めて六人がプーチン氏とともに夕食をとりながらの記者会見である。「何でも聞いて構わない。時間は無制限だ」というプーチン氏に、ロシアの民主主義や腐敗の問題、シリアなどの外交問題をはじめ、厳しい質問が速射砲のように飛び出した。穏やかに説明したり、語気激しく反論したり、あるいはあっさりとかわしたり、一切のメモなしに数字も交えて次々と答えて行くプーチン氏は、さすがにただ者でないと思わせた。

ただ一人の日本人である私は、北方領土について聞かねばならぬ。そう思って「大統領に復帰したら、北方領土の問題で大きな一歩を踏み出す用意がありますか」と聞くと、彼は「領土問題は勝つことを目指すより負けないことが大事だ。ヒキワケがよい」と答えた。プーチンは子供のころから柔道をしてきた。国際的な柔道用語の「ヒキワケ」は、もちろん日本語の「引き分け」だ。他の記者たちが意味もわからずキョトンとする中、彼は得意そうに「教えてあげよう」と、その意味を説明した。

柔道用語が出てきたのも驚きだが、「引き分け」で解決しようという発想を語ったのにはもっと驚いた。だが、「引き分け」とはいったい何のことか。北方四島のうち歯舞《はぼまい》と色丹《しこたん》の二島を返せば二分の一だから引き分けになる、という趣旨なら意味がない。そこで私が「引き分けを求めるなら二島では不十分だ」とたたみかけると、彼はなぜか破顔一笑して「自分が大統領に復帰したら、日ロの外交当局に「はじめ」の号令をかけよう」と答えた。その顔がいまも目に浮かぶ。

プーチン氏はこの発言の中で「一九五六年の共同宣言」という言葉を何度も口にした。時の鳩山一郎首相と河野一郎農相らがモスクワを訪れ、ソ連共産党のフルシチョフ第一書記らと一週間にわたる交渉の末、戦争状態を終わらせて国交を回復させることに合意した共同宣言のことだ。そこには「平和条約の締結後に歯舞、色丹を引き渡す」と書かれてある。プーチン氏はその約束を改めて確認する一方で、本来ならあれで領土問題は終わっていたというのだ。だが、共同宣言に書き込まれなかった「国後《くなしり》と択捉《えとろふ》」の二島についても返還を求めてきたのが日本の立場であり、今日までそこが大きな争点になってきた。大笑いしながら発したプーチン氏の「はじめ」発言は、そんな経緯をよく承知しつつ、「二島」をスタートラインとして交渉を始めようというふうに思えた。

さて、共同宣言が出された時、まだ小学三年生にすぎなかった私だが、この宣言には多少の因縁がある。私の父で鳩山首相の首席秘書官だった若宮小太郎が鳩山訪ソに随行し、首相や河野農相と行動をともにしていたからだ。父はその折の日記を手帳につけており、それがいまも私の手元にある。一行が羽田を発ってから帰国するまでの旅と交渉に関する簡単な記録だが、記者出身の彼らしく、当時の様子が目に浮かぶような記述も多い。できるものならいつの日か、この日記も材料にしながら、日ソ交渉のことを書きたいと思ってきた。

思いがけず目の前のプーチン氏から「引き分け」発言が飛び出したのに加え、今回、私が本書を書こうと決めたのには、いくつかのきっかけがあった。

まず、外務省がいまだに日ソ交渉の会談記録を全くといってよいほど公開していない中で、外務省職員として鳩山一行の通訳をした野口芳雄氏による会談録（野口メモ）が、二〇〇五年に明かされた。領土交渉を一手に担った河野農相が野口氏から個人的に記録を受け取り、それを保管してきた河野氏の元秘書、石川達男氏が「国交五十年」を前に公表に踏み切ったからだ。そこには自民党内からの厳しい視線を背景にした河野が、千両役者のフルシチョフ第一書記を相手にぎりぎりまで粘った白熱のやり取りがあった。ロシア側から明かされた議事録も突き合わせながら、真剣勝負の交渉を再現してみたくなった。

石川氏はこのほか河野氏にまつわる様々な資料や文献、自分が重ねた関係者のインタビュー記録などを豊富に保持してきていた。残念なことに昨年（二〇一五年）亡くなってしまったのだが、その多くを生前、私に託してくれた。併せて河野氏の次男洋平氏（元衆院議長）からも多数の資料提供を受けることができた。

日ソ交渉については、かねて鳩山、河野両氏の自伝のほか、交渉に終始携わった松本俊一氏や当時の取材記者らによる貴重な著書が残されていて、今日でもその価値は大きい。だが、八〇年代から九〇年代にかけて、ソ連のゴルバチョフ大統領によるペレストロイカ（改革）路線や、ソ連の崩壊後にロシアが進めた情報公開によって、日ソ交渉に関するソ連側の記録が新たに出てきた。それらを利用したドキュメンタリー番組も放映されてきた。北方領土や日ソ交渉にまつわるアメリカやイギリスの資料を発掘した研究成果も発表されてきた。そこに野口メモの登場であり、若宮日記も役立つだろう。

それやこれやの材料を使いながら、日ソ交渉の全体像を整理し直し、誰にも分かりやすく描いてみたい。交渉をめぐって展開された国内の激しい抗争を理解するために、政治家たちの人間像や宿命的な人間関係も掘り下げたい。特に強引とも思える手法を使いながら、困難を突破していった河野一郎という政治家には興味が尽きなかった。

こうして多くの新聞記事、文献、放送、そして埋もれてきた資料を活用して、これまで必ずしも明確でなかった疑問にも迫る努力をした。もとより日ソや日ロ関係の専門家でもない私である。正直に告白するなら、この執筆を進めるにつれて、私自身が「なるほど、そういうことだったのか」という発見の連続だった。それをこれからお伝えしたい。

北方領土の問題は、日本が無為に戦争を引き延ばす中で実現した米ソの結託、そして戦後に激化した米ソの対立によって形づくられた。国内においては、占領体制が終わるとともに燃え上がった激しい権力闘争が「日ソ国交回復」をめぐる波乱万丈のドラマに結びついた。プーチン氏が何度も口にした「日ソ共同宣言」は、そうした中で生まれた政治の産物であり、そこに至った交渉は日本外交の中で際立った特徴をもっている。

だが、それから六十年の月日が流れたにも拘《かか》わらず、交渉のネックになった北方領土の問題はまったく片づいていない。とくに国後、択捉島ではロシアによる開発が進み、「四島返還」の現実味はいっそう遠のいてきた。幸いプーチン大統領は「引き分け」を模索する意欲を示し、安倍晋三首相との間で解決への機運が出てきている。それだけに、交渉の原点といえる「五六年共同宣言」の経緯と意味をしっかり理解することが、まず必要ではないか。「共同宣言六十周年」にあたる十月を前に本書を世に問うのは、そのためでもある。

（文中では敬称を省略します）

第1章
米ソがつくった領土問題

「本土決戦」を唱えて降伏を引き延ばす愚を演じた日本が、原爆投下でいよいよ敗戦を迎える矢先の一九四五年八月九日。ソビエト連邦（ソ連）が日本との戦いに加わり、次々に北方四島を占拠した。これが「北方領土問題」の始まりなのだが、事の発端はそれより半年前、米英ソの首脳が開いた「ヤルタ会談」にあった。ソ連が日本との戦いに加われば、南樺太《からふと》と千島列島をソ連に与えるという秘密協定が結ばれたのだ。ところが戦後、米ソの対立激化とともに、アメリカがヤルタ協定をうやむやにして、日本の「四島返還」要求を支持するようになる。いわば、戦争を引き延ばした日本の愚を前提に、米ソの壮絶な駆け引きが「北方領土問題」を生んだと言える。日ソの領土交渉ドラマをたどる前に、まずはどうしてこの問題が作られたかを見ていこう。

ヤルタの秘密協定

第二次世界大戦が終わりに近づいてきた四五年はじめ、周辺国への侵略とホロコーストをほしいままにしたドイツの独裁者アドルフ・ヒトラーは、いよいよ追い詰められていた。東からはドイツ軍を押し返してポーランドを占領したソ連軍が国境に近づき、西部戦線では米英などの連合軍がライン川に迫っていたからだ。そんなさなかの二月四日、米英ソ三カ国の首脳がクリミヤ半島のヤルタに集まった。アメリカ大統領のフランクリン・ルーズベルト、イギリス首相のウィンストン・チャーチル、そしてソ連共産党書記長のヨシフ・スターリンである。

クリミヤは黒海に突き出た風光明媚な半島だが、二〇一四年にプーチンの率いるロシアがここに介入して、ウクライナから奪い取ったのが記憶に新しい。ヤルタとはそのクリミヤ半島の南端にある都市だが、かつてはソ連有数の保養地だった。ドイツを追い詰めた米英ソの三首脳がここに集い、会談を繰り返しながら一週間にわたって滞在することになる。これが有名な「ヤルタ会談」だった。

戦争が終わったらドイツを分割統治しよう。戦前に失敗した国際連盟に代わって国際連合をつくろう。そんなことに加えて、なお激しく抵抗している日本との戦争も大きなテーマだった。日本と「中立条約」を結んでいるソ連に対し、対日戦争に加わるようルーズベルトが繰り返し求めており、その答えをはっきりするときが来ていた。

スターリンはすでに「おいしい餌」をルーズベルトから提示されていたが、疑心暗鬼の心境でヤルタを訪れていた。滞在の途中、宿舎にいたスターリンのもとにルーズベルトから書簡が届いた。居合わせた駐米大使のグロムイコ（後の外相）によると、スターリンは英語で書かれたこの手紙を自分に渡して、何が書いてあるか読んでほしいと求めた。『グロムイコ回想録　ソ連外交秘史』はこう書いている。

「私はその場でざっと翻訳し、スターリンはそれを聞きながら、ときどき私に繰り返すように言った。書簡はクリル（千島）列島とサハリン（樺太）についてだった。ルーズベルトは、アメリカ政府が日本占領下にあるサハリンの半分とクリル列島についてのソ連の領有権を承認する、と言ってきたのだった。スターリンは非常に喜んだ。部屋の中を歩き回り、なんども〝よし、いいぞ！〟と繰り返した」

子供のようなスターリンの喜びようが目に浮かぶではないか。続いて行われた米ソの首脳会談で、ルーズベルトはこの件を正式に約束した。アメリカが明かした外交文書によると、スターリンは「この条件が満たされなければ、なぜロシアが日本と戦うのか、国民に説明するのは困難になる。ソ連に攻め込んだドイツとは違い、大きな問題を抱えているわけでもない国を相手に戦うにはこの条件が必要だ」と語り、ルーズベルトは「おいしい餌」の提供を確約した。

これがチャーチルを交えた三者会談でも追認され、「ヤルタ協定」の中に秘密協定として盛り込まれた。条文は以下の通りだ。

三大国すなわちソビエト連邦、アメリカ合衆国及び英国の指導者は、ドイツが降伏し、かつヨーロッパにおける戦争が終結したる後、二カ月または三カ月を経て、ソ連が左記の条件により連合国に与して、日本に対する戦争に参加すべきことを協定せり。

一、外蒙古《がいもうこ》（蒙古人民共和国）の現状は維持せらるべし。

二、一九〇四年の日本国の背信的攻撃により侵害せられたるロシア国の旧権利は左記のごとく回復せらるべし

（イ）樺太の南部及びこれに隣接する一切の島嶼は、ソ連邦に返還せらるべし。

（ロ）大連商港に於けるソ連邦の優先的利益は、これを擁護し、該港は国際化せらるべく、またソ連邦の海軍基地としての旅順港の租借権は回復せらるべし。

（ハ）東清鉄道及び大連に出口を供与する南満洲鉄道は、中ソ合弁会社の設立により、共同に運営せらるべし。但し、ソ連邦の優先的利益は保障せられ、また中華民国は満洲における完全なる主権を保有するものとする。

三、千島列島はソ連邦に引渡さるべし。

前記の外蒙古並びに港湾及び鉄道に関する協定は、蔣介石総師の同意を要するものとする。大統領はスターリン元帥よりの通知により、右同意を得るため措置を執るものとす。

三大国の首班は、ソ連邦の右要求が日本国の敗北したる後において、確実に満足せしめらるべきことを協定せり。

一九四五年二月十一日

J・スターリン

F・ルーズベルト

W・チャーチル

「二」にある「一九〇四年の日本国の背信的攻撃」とは日露戦争のことだ。北方領土に関する条文は「二」の(イ)と「三」、つまり南樺太がソ連に「返還」され、千島列島がソ連に「引き渡さる」という部分である。日本の敗戦からさかのぼること半年前のことだった。こうして日ソの間で長きにわたる領土問題のタネがまかれた。

日ロの国境と「領土不拡大」原則

もともと千島列島も南樺太もアイヌ民族が住んでいた地だが、江戸幕府が支配を広げる一方で、ロシア帝国がこの地域に進出すると、両国の間で国境を決める必要が出てきた。このため何度か交渉が行われ、その度に条約ができて国境は少しずつ動いてきた。ヤルタ協定の意味を考える前に、まずは簡単に歴史の勉強をしておこう。国境を定めた条約は以下のように結ばれ、変化してきた。

一八五五(安政元)年の「日露通好条約」(下田条約)――来日したロシア海軍の将軍プチャーチンと江戸幕府の代表となった川路聖謨《としあきら》が、伊豆半島の下田で交渉してこの条約を結んだ。千島列島のうち得撫《ウルップ》島から北をロシアが、択捉島から南を日本が領有するという内容で、いま日本政府が主張する国境線はこれだ。樺太については国境を定められず、双方の混住の地とされた。アメリカの提督ペリーとの間で日米和親条約が結ばれた翌年のことである。

余談だが、下田で交渉を始めた直後に「安政の大地震」が起き、津波でプチャーチンのディアナ号が沈没する。ロシアの一行は戸田《へだ》村に避難し、日本の船大工が初めて建造した洋式艦「ヘダ号」で帰国するという美談が生まれた。

一八七五（明治八）年の「樺太・千島交換条約」（サンクトペテルブルク条約）――その後、樺太で日露の紛争が絶えなかったため、北海道開拓使だった榎本武揚がサンクトペテルブルクを訪れて外相のゴルチャコフと新たな条約を結んだ。千島列島をすべて日本領とする代わりに、樺太をすべてロシア領とする「交換」が成立した。

もともと江戸時代末期の幕臣で伊能忠敬《いのうただたか》の弟子だった榎本武揚《たけあき》は、明治維新直後の戊辰《ぼしん》戦争で函館の「五稜郭」にこもり、政府軍と戦ったことで有名だ。敗れて捕えられたが、服役後に明治政府の官吏となり長く活躍した。

一九〇五（明治三八）年のポーツマス条約――日露戦争（一九〇四―〇五）のあと、アメリカのポーツマスで外相の小村寿太郎がロシア元蔵相ウィッテと条約を結んだ。難交渉の末であったが、日本は満州や朝鮮で権益を得たほか、領土としては樺太の南半分（北緯五十度以南）を獲得した。なお、日本では戦勝の割に成果が乏しいとの批判が渦巻き、東京・日比谷公園での抗議集会が暴動と化して、日比谷警察などの焼き討ち事件が起きた。

以上のように日露の国境をめぐっては様々なドラマがあったのだが、「南樺太」は日露戦争で日本が獲得した（ヤルタ協定にあるように「背信的攻撃で侵害された」かどうかは疑問があるが）のに対し、千島列島は平和的に日本が領有してきたことが分かる。ヤルタ協定が南樺太をソ連に

「返還」と表現したのに対し、千島列島はわざわざ別の項目にして「引き渡さる」としたのは、米ソともその違いを意識していたからだ。

こうしてヤルタ協定はロシアに「領土の拡大」を約束したのだが、実のところ、それは連合国が打ち出していた「領土不拡大」の原則に反することだった。だからこそヤルタ会談でスターリンは、本当に千島を得られるか心配していたのだ。では、ヤルタ会談に至るまでに連合国の首脳たちはどんな会談を重ね、「戦争と領土」についてどんな合意を打ち出していたのだろうか。それは以下の通りだ。

「大西洋憲章」(一九四一年八月十四日)——ルーズベルトとチャーチルが大西洋上に浮かぶイギリスの軍艦「プリンス・オブ・ウェールズ」で会談し、この憲章を発表した。「英米両国は領土、その他の利得を求めない」「両国は関係国民の自由に表明された希望と一致しない、いかなる領土的変更にも同意しない」と宣言。いわゆる「領土不拡大」の原則を初めて打ち出したのだ。

ドイツのポーランド攻撃から始まった第二次大戦は二年が過ぎていた。中国への侵略を進めていた日本が真珠湾を攻撃するなど米英との戦いを始めるのは、ここから四カ月あとのことだ。この宣言は、戦勝国が敗戦国の領土を奪うという従来の常識を覆すもので、それは領土の奪い合いによる戦争を二度ともたらすまいとの決意でもあった。この憲章には翌月にソ連も参加を表明したほか、四二年一月には関係二十六カ国の「連合国共同宣言」として調印された。戦後はこの精神が国連憲章に引き継がれることになる。

「カイロ宣言」(一九四三年十一月二十七日)——ルーズベルトとチャーチルが中華民国の蔣介石

を交えてエジプトのカイロで会談し、この宣言を出した。「英米中」の三カ国は「日本国の侵略を制止し、罰するためにこの戦争を行う」と明記。連合国は「自国のために何ら利得を求めず、また領土拡張の念も有しない」として「領土不拡大」の原則を再確認する一方、「日本国が暴力及び貪欲により略取した地域から日本を駆逐する」と宣言。日本から台湾、満州などを中華民国に返還させるほか、「奴隷状態」にある朝鮮の「自由独立」をもたらすことが謳《うた》われた。

一言で言えば「日本が奪ってきた土地は取り戻すが、それ以上は求めない」という趣旨である。やがて日本に降伏を求めた四五年七月の「ポツダム宣言」に、このカイロ宣言の「履行」が盛り込まれることになる。スターリンはカイロ会談に参加していなかったため、ここで北方領土が話題になることはなかった。

「テヘラン会談」(一九四三年十一月二十八日から)——カイロ会談の直後、ルーズベルトとチャーチルはイランのテヘランを訪れ、スターリンと合流して三者会談をもった。特に宣言は出さなかったが、ルーズベルトがスターリンの要望を入れて、ドイツとの戦争を早く終わらせるため、翌年に北フランスへの上陸作戦を実行することに合意。この見返りとして、スターリンはドイツの降伏後に日本との戦争に参加することを約束した。北フランスへの上陸は、翌四四年六月に英米連合軍による「ノルマンディー上陸作戦」となって実現する。

さて、このテヘラン会談から一年二カ月後に、前述のヤルタ協定が結ばれたわけだ。太平洋憲章とカイロ宣言で打ち出された「領土不拡大」の原則に照らせば、南樺太の「返還」はまだしも、千島列島をソ連に「引き渡す」のは無理がある。それなのに、なぜこんなことが約束されたのか。

実は、ルーズベルトはカイロ会談に臨む直前、すでにこのことを決断していた。九一年に放映されたNHKスペシャル『これがソ連の対日外交だ　秘録・北方領土交渉』がそのことを描いている。この番組はソ連の大統領となったゴルバチョフが進めた情報公開も生かし、米ソの資料発掘を関係者のインタビューを重ねてつくった画期的なドキュメンタリーだった。同じ名前の本にもなっている。

それによると、ルーズベルトは四三年十月、ホワイトハウスに国務省の関係者を集めた席で、皆を驚かせる決断を申し渡した。世界が両陣営に分かれて戦う中、日ソの間だけは中立条約によって「奇妙な平和」が保たれていたのだが、ソ連を何としても対日戦争に引っ張り込みたい。そのため「千島列島はロシアに引き渡されるべきである」と言明したのだ。四一年十二月の真珠湾攻撃ではじまった日本との戦争は二年がすぎていたが、この戦いが長引けば、米兵の犠牲は甚だしくなる。それは何としても避けたいという思いが、ソ連に対する「おいしい餌」の考案につながったのだ。

「領土不拡大」の大西洋憲章を出して二年。さらにカイロ会談でも「不拡大」の宣言を出そうという矢先、ルーズベルトは千島列島をその「例外」とする二枚舌を演じていたことになる。しかもカイロ会談の直後にスターリンを交えて開いたテヘラン会談では、早速この餌が話題に出た。和田春樹の『北方領土問題』によると、ルーズベルトは帰国後の演説で「ソ連は全サハリンの返還とクリル諸島の引き渡しを望んだ」と述べているが、日ロの研究者が共同編集して二〇一五年に出版した『日ロ関係史』の中のクラフツェヴィチ論文によると、この話はルーズベルトの方から持ち出したとある。公式の会議録にはないが、密かに話し合われたことは間違いなかろう。

スターリンは、自身が望む日本への参戦を高く売ろうとしていた。それからほぼ一年後、ヤルタ会談の数カ月前にモスクワで米英ソの外相会談が開かれた際に、アメリカの国務長官ハルがルーズベルトの意思を改めてソ連に伝え、対日参戦の確約をとりつけようとしたが、スターリンはすぐに答えず、さんざんじらした。ようやく最後の晩餐会の席でハルに「ヒトラーとの戦争に勝利をおさめた後、対日戦争に参加することを決定した」と伝える。ハルは興奮して「これで多くのアメリカ人の生命が救われます。アメリカはこのことを、決して忘れないでしょう」と答えたと、当時の通訳が生々しく明かしている（『これがソ連の対日外交だ』）。

このあとスターリンは徐々に国内で反日感情を高めるように仕向けた。十一月七日の革命記念日の演説で、真珠湾攻撃などを挙げて日本を「侵略国家」だと初めて名指しで批判し、ドイツと同列に扱ったのはその表れだった。

こうした経緯を経てヤルタ会談に至ったわけだが、スターリンはルーズベルトの口からはっきり約束を取り付け、文書化したことでようやく安心した。「この条件が満たされなければ、なぜ日本と戦わなければならないのか国民に説明ができない」とルーズベルトに語ったスターリンの言葉は、大西洋憲章で打ち出した領土不拡大のような「きれいごと」では、この戦争には加われないという意味だった。

しかし、それが自分たちの打ち出した「領土不拡大」の原則に反することに違いはない。日本をあざむくためもあって、ヤルタ協定のうち日本に関する部分は秘密協定とされ、アメリカでは国務省ですら内密にされた。ソ連の要求によって秘密協定が公表されるのは、これから一年後の四六年二月のこと。終戦から半年後のことである。

ルーズベルトとスターリンの思惑

では、そうまでしてルーズベルトがソ連を対日戦争に引き込みたかったのは、なぜだったのか。それは、何としても日本を早く降伏に追い込みたかったからにほかならない。

四四年にサイパン、ペリリュー、レイテ島など太平洋での壮絶な激戦で次々に敗れた日本軍は敗戦への階段を転げ落ちつつあったが、神風特攻隊まで登場させて徹底抗戦の構えを見せていた。ヤルタ会談は硫黄島の決戦が行われる直前であり、やがて米軍は沖縄へ侵攻するのだが、日本の軍部指導者たちはいずれ「本土決戦」も覚悟している有様だった。

『日ロ関係史』のクラフツェヴィチ論文によれば、このころ米英軍は日本の降伏を「ヒトラーの敗北の十八カ月後」になると予測していた。ヤルタ会談時にルーズベルトの軍事顧問たちが伝えた予測はさらに悲観的で、戦争は一九四七年を越えてその後まで続くとされた。ソ連が参戦しなければ、なお百万人の米兵の命を犠牲にしなければならないという見通しである。ルーズベルトにとって、これは耐えられないことだった。彼は日本への上陸作戦はやりたくないと、スターリンに本音をもらした。そのためにはソ連に参戦してもらわなければならない。満州で戦う日本の関東軍七十万人を本土に呼び戻させないためにも、ソ連に満州へ攻め込んでもらいたいと考えた。

スターリンにとってもこれはうまい話だった。ソ連の艦船が極東の北方海域を航行したり、太平洋に出て行ったりする上で、満州から南樺太、千島列島に至るまで日本に支配されているのが邪魔でならなかったからである。日ソには中立条約があるとはいえ、この近辺を通るソ連の艦船はすべて日本に監視され、場合によっては攻撃の的となっていた。特に千島列島はソ連にとって太平洋への道をふさぐ要塞のようにも思えたのだ。

ドイツとの戦いで疲れ切った兵士を、勝利の美酒に酔う間もなく一気にはるか東へ動かして日本と戦えというのは容易なことではない。だからこそ、スターリンは兵士や国民を納得させるうえでも大きな代償がほしかったのだ。

ルーズベルトはそんなスターリンの気持ちを見透かすように、自分の方から「千島をソ連に」と考えついたのだが、なぜそこに気づいたのか。『これがソ連の対日外交だ』によれば、それは一九四一年四月に結ばれた「日ソ中立条約」の交渉過程に大きなヒントがあった。そこへ話を巻き戻そう。

第二次世界大戦は三九年九月に火ぶたが切って落とされた。ドイツがポーランドに侵攻したため、イギリスとフランスがドイツに宣戦布告。その一年後に日本はドイツ、イタリアと「日独伊三国同盟」を結んで手を握るのだが、すでに中国で戦争を続けていた日本としては、中国の背後に見え隠れするソ連の存在が気になる。そこで外相の松岡洋右《ようすけ》は北からソ連軍が攻めてくるのを食い止めるためにモスクワを訪れ、「日ソ不可侵条約」の締結を求めた。

実はソ連は三九年八月にドイツとの間で「独ソ不可侵条約」を結び、「ファシズムと共産主義が手を結んだ」として世界を驚かせていた。ドイツがポーランドを侵攻して第二次世界大戦が始まる直前のことである。やがて四一年六月にドイツがこれを破ってソ連に攻め入って独ソの戦争が始まるのだが、松岡がソ連を訪れたのはそれより前のことだった。

日本の申し出をチャンスと見たソ連は、不可侵条約の条件として「千島列島の引き渡し」を求めた。ソ連は外相のモロトフが交渉にあたったが、スターリンも出てきて「千島を譲ってほしい」と熱心だった。しかし、日本はとてものめず、交渉は難航した末、ソ連が千島の引き渡しをあきらめる代わりに「不可侵条約」より一段弱い「中立条約」にとどめる方針を示した。こうして四一年四月に「日ソ中立条約」が結ばれた。一方の側が第三国と戦争になった場合、他方は中立を守る、という条約である。互いの攻撃や侵略を禁じる「不可侵条約」ほど強くはないが、当面の脅威は防げる。スターリンも大変に喜び、調印式と祝賀の晩餐会がクレムリンで行われた。

二〇〇六年に刊行された長谷川毅《つよし》（カリフォルニア大学サンタバーバラ校教授）の『暗闘　スターリン、トルーマンと日本降伏』は、終戦にいたる日本の内情と米ソの駆け引きを克明に描いて注目を浴びたが、これによればスターリンと松岡は晩餐会で熱い会話を交わしていた。

酔った松岡がスターリンに「条約はついに締結された。私は嘘をつかない。もし私が嘘をついたなら、私の首を差し上げる。もし閣下が嘘をついたなら、私はあなたの首をとりにくるであろう」と話しかけた。スターリンは、どちらの首も大切だとしたうえで「二人とも首を肩の上につけておくよう努力しよう」と答え、「あなたはアジア人である。わたしもアジア人である」とつけ加えた。松岡も「アジア人のため乾杯しよう」と上機嫌だった。翌日、スターリンはシベリア鉄道で日本へ帰る松岡を駅のプラットフォームまで見送りに出た。これ見よがしに松岡を抱擁し、ロシアふうに接吻もした。派手に写真もとられることを計算して、これを世界に見せつけたのだ。

やがて、この条約をソ連が破棄して日本との戦争に加わるのだが、それはそれとして、この間の交渉の様子はアメリカに筒抜けになっていた。アメリカのビラノバ大学教授ガリッキオは、アメリカがこの交渉内容を暗号解読によって把握したため、ルーズベルトが千島列島に対するソ連の強い要望を知っていたと断言し、次のように語っている。

「ルーズベルトはソ連に安全保障上の利益を与えることで、スターリンとの協調関係を築こうとしていました。千島列島をソ連に渡すことは、まさにそうした目的にピッタリのアイディアでした。ルーズベルトは、アメリカにとって千島列島は、米ソ関係を促進すること以上には、何の価値も持つものではないと考えていたのです」(『これがソ連の対日外交だ』)

こうしてヤルタ会談でルーズベルトとスターリンの利害がピタリと一致して、二人はがっちりと手を握った。しかし、この蜜月は長く続かない。思わぬ事態が間もなく待ち受けていたからだ。

トルーマン登場と原爆

ヤルタ協定によって米英ソの結束が固まったかに見えたが、それがみるみる崩れていく。まず、スターリンの行動が米英をいたく刺激した。ヤルタ会談のわずか一カ月後の三月にソ連の制圧によってルーマニアに共産党政府ができると、ソ連はブルガリア、ポーランドにも介入。ドイツの手から解放した東ヨーロッパを次々に手中に収める姿勢を露骨にしたのだ。チャーチルは「話が違う」と、ルーズベルトに憤懣を訴える手紙を送り、ルーズベルトもスターリンに強く抗議する書簡を送った。

　こうして米ソの間におかしな空気が生まれていた矢先の四月十二日、ルーズベルトが急死した。ポリオの後遺症で長いこと日常生活はほとんど車椅子を使っていた彼ではあるが、死因は高血圧からきた脳溢血だった。戦時の大統領として圧倒的な支持を集め、前年に異例の四選を果たしたばかりだったが、その最期はあっけなかった。ヤルタ会談からわずか二カ月。時あたかも、日米による壮絶な沖縄戦が始まって間もなかった。

　後任のアメリカ大統領には副大統領のハリー・トルーマンが就いたが、これはスターリンにとって大きなショックだった。上院議員から副大統領になって間もないトルーマンはルーズベルトのようにソ連に期待を抱いておらず、スターリンとの間に何らの信頼関係もなかったからだ。ソ連のアメリカ・カナダ研究所所長アルバトフによれば、第二次大戦が始まったころ、トルーマンは「アメリカにとって利益となるのは、ドイツとロシアが互いに多くの人間を殺し合うことだ」「アメリカは戦争の終結を待って、負けた方につき、それを押さえて均衡を保つべきだ」などと発言しており、その事実をスターリンも知っていた（『これがソ連の対日外交だ』）。

　クレムリンで開かれた緊急政治局会議では、この事態にどう対応するかが課題となった。問題は、トルーマンもヤルタの秘密協定を守るかどうかだ。ＮＨＫの『これがソ連の対日外交だ』は、後にソ連の最高指導者となって日ソ交渉の主役となるフルシチョフの貴重な肉声の録音も発掘していたが、そこで彼はこう語っている。

「スターリンは軍部に向かって、なるべく早く軍事行動を起こすようせかしていた。そうしないと、日本が先にアメリカ軍に降伏してしまうことになる。我々はまだ参戦していない。そうなれば、アメリカは約束を反故にするかもしれないと、スターリンは心配していた。我々の参戦以前に日本が降伏すれば、アメリカは義務から逃れられることになる。「あなたがたは戦争に参加しなかったので、われわれには、そちらが失ったと主張する領土に何の責任もない」と言えることになる。（略）これがルーズベルトなら期待が持てたが、相手がトルーマンだからねえ」

このためスターリンは一気にドイツとの戦いにケリをつけるべく、ベルリンへの大量動員を指示した。やがて五月七日にドイツが降伏すると、ただちにその兵力を極東へ大移動させる。こうして八月九日に参戦するまでの三カ月の間に兵力四十万人、迫撃砲七一三七門、戦車・自走砲など二一一九両、飛行機一四〇〇機を大移動させた。前例のない大規模な移動の意図は、満州を制し、南サハリンを解放し、さらに千島列島を占領して戦争を終わらせることだった。

スターリンが心配したように、トルーマンはルーズベルトとは全く違った。日本との戦争にソ連の力を借りる考えをもっていなかったのだ。それは完成が秒読み段階になっていた原爆の使用を考えていたからであり、同時にトルーマンが徹底した反共主義者としてソ連を嫌っていたためだ。ヤルタ会談の後、ソ連が東欧で見せた行動で、トルーマンのスターリン不信はいっそう募った。一方のスターリンは、アメリカの原爆使用が時間の問題だと見て、参戦を急ぐことに全力を注いでいた。

沖縄戦は現地住民を含む二十万人近い犠牲者を生みながら、六月二十三日に終結するが、その少し前、日本は御前会議で「挙国一致皇土決戦」の方針を決めている。いわば「一億玉砕」の構えを示したのだ。それでも和平派は天皇を動かし、鈴木貫太郎内閣はソ連の仲介に期待して元首相の近衛文麿を派遣しようとして断られた。何ともお粗末な話である。

実は日本には中立条約の相手であるソ連に仲介を頼んで和平にもち込もうという案があり、何度かそれを打診してきた。六月初めには元首相の広田弘毅が駐日ソ連大使のマリクと会い、交渉もした。七月十日には元首相の近衛文麿を天皇の特使としてソ連に派遣する方針を決めて、ソ連に申し入れてもいる。しかし、ソ連に示した条件は、最大でも「南樺太」と「北千島」を引き渡すにとどまり、「南千島」つまり択捉島から南は死守する構えだった。ルーズベルトが約束した条件には満たず、スターリンは見向きもしない。近衛の訪ソも体よく断られた。ヤルタの密約を知るよしもなかった。

いよいよ日本が本土決戦かどうかの瀬戸際に近づいた七月十七日、ドイツの首都ベルリン郊外のポツダムに米英ソの首脳が集まった。ポツダム会談である。今度はトルーマン、チャーチル、スターリンの三人の初顔合わせだった。会議での駆け引きは『暗闘　スターリン、トルーマンと日本降伏』が余すところなく描いているが、ドイツの戦後処理とともに、なお続く日本との戦争の始末が大きなテーマだった。

『トルーマン回想録』はポツダム会議に出席した最大の理由について「ソ連が日本との戦争に参加する確認をスターリンから個人的にとりつけることであった。これは軍の指導者がもっとも熱心に要求した点であった。これを私は会議の最初の日に勝ちとった」と書いたが、『暗闘』の著者である長谷川毅はこれを強く疑っている。会議でスターリンはトルーマンから対日参戦を求められることを期待したはずだが、トルーマンの口からその言葉が出ることはなかった。スターリンの方から伝えた「参戦」の方針に対しても、これを喜ぶ発言をしていない。トルーマンの関心は、むしろもうひとつのことに奪われていた。

トルーマンがポツダムに着いた七月十六日、アメリカはニューメキシコ州のアラモゴルドで原爆実験を成功させた。会談は十七日に始まるが、トルーマンは機密電報で届いた情報を確かにしたうえで十八日、これをチャーチルに伝えた。しかし、これをスターリンに伝えることはソ連の参戦を早めると考えて、しばらく見合わせた。スターリンに伝えたのは、会談八日目の二十四日だった。

『グロムイコ回想録』によれば、この日の会議を終えて部屋を出ようとするスターリンを、トルーマンが「二人きりでお話ししたいことがあります」と呼び止めて、「アメリカは強大な破壊力を持った新兵器を製造しました。日本に対し行使しようと考えています」と伝えた。原爆のことだとスターリンはすぐ理解したが、無表情で全く動揺を示すことはなかった。「この反応ぶりは、明らかにトルーマンをがっかりさせた」が、実のところスターリンは内心で激しく狼狽していた。宿舎に戻るや否や「ソ連の総力を挙げて原爆の完成を急げ」という指令を電報で送ったと、スターリン研究で有名なソ連戦史研究所所長のボルコゴノフが明かしている(『これがソ連の対日外交だ』)。ポツダム会議がにわかに緊張の度合いを加えたことは想像に難くない。

日本への降伏を求める「ポツダム宣言」が出されたのは、その二日後のことだった。

ポツダム宣言（一九四五年七月二十六日）――ポツダム会議のさなか、トルーマン、チャーチル、蔣介石の米英中の三首脳の名で出された宣言。そこでは「日本国国民を欺いて世界征服に乗り出す過ちを犯させた勢力を永久に除去する」ことがうたわれ、新秩序の確立までの日本の「占領」や戦争犯罪人の処罰、日本の民主化などの方針が示されたほか、領土については「カイロ宣言の条項は履行され、また、日本国の主権は本州、北海道、九州及び四国並びにわれらが決定する諸小島に局限される」とされた。これにより台湾、満州などの返還や朝鮮の独立のほか、カイロ宣言の通り「日本国が暴力及び貪欲により略取した地域から日本を駆逐する」ことが打ち出された。

ここには「カイロ宣言の履行」はあるが、「ヤルタ協定の履行」は書かれていない。秘密協定だったから当然なのだが、そのことが後々の北方領土問題にも影響していくことになる。

宣言の文案を練ったのは米英両国であり、同じ会議に参加しているソ連には何の相談もなかった。スターリンがその内容を知ったのは新聞に発表されてからであり、ソ連は厳重に抗議したが、国務長官のバーンズは平然とこう答えた。「ソ連は日本とは戦争状態になく、今なおソ連は日本と中立の立場にあることを、われわれは十分に承知している。……もし、参加を呼びかけて討議に加わることになれば、それはかえってソ連側に厄介な事態を引き起こすと配慮したのです」（『これがソ連の対日外交だ』）。

ソ連は「米英中ロ」がそろって日本に降伏を迫る宣言の草案を用意していたが、これを提案する機会は失われた。ポツダム宣言は米英首脳のほか中華民国の蔣介石が無線連絡によって署名

（トルーマンが代理）して出され、ソ連は遅れて追加承認する形になった。

それでも鈴木貫太郎内閣は陸軍に押されて「黙殺」を発表し、戦争はなお続くのだが、怒りに震えたスターリンは何としても対日参戦を急がなければならなかったが、それをあざ笑うようにトルーマンが原爆の投下を指示し、八月六日、米軍機エノラ・ゲイが広島上空でそれを現実にする。人類史上、初めての原爆投下は、日本に降伏を促す最後の手段であると同時に、ソ連に向けての強烈なデモンストレーションだった。

日本はいよいよ追い詰められたが、スターリンもまた別の意味で追い詰められた。日本がすぐ降伏することを恐れたからだ。こうして八月七日、極東軍総司令官に二日後の戦争突入を命ずる。当初の予定を二日繰り上げるように急がせたのだ。かくて九日未明、ついに日本に対する宣戦を布告し、満州との国境地帯や樺太などで一斉に戦闘に入った。

スターリンはぎりぎりでルーズベルトへの約束を果たしたわけだが、それはトルーマンにとっては苦々しいことにほかならなかった。アメリカが長崎に第二の原爆を落とすのは、この日の午前十一時二分である。広島、長崎の市民たちは、戦争を無為に長引かせた日本の指導者たちの愚行に加え、米ソのすさまじい駆け引きの中で、人類史上に例のない悲劇を味わうのだった。

幻の北海道分断

ここに至って日本はなすすべもなく、八月十四日にポツダム宣言を受諾すると、翌十五日に昭和天皇の玉音放送でこれを発表した。この日から米ソのすさまじい駆け引きは北方領土をめぐる争いに移る。

まずこの日、トルーマンがスターリンに書簡を送った。日本が侵略行為で奪取した地域を日本軍がどの国に対して降伏し明け渡すかを決める「一般命令第一号」の草案だった。そこでは中国、台湾や東南アジア、南太平洋の諸島などの扱いと並んで「満州、北緯三十八度以北の朝鮮」について「ソ連極東軍総司令官に降伏すべし」と書かれてあった。だが、そこに「南樺太と千島列島」の記述はない。ヤルタ会談における密約、つまりルーズベルトが用意した「おいしい餌」を完全に無視したのだ。

翌日、スターリンが返書を送り、この修正を求めた。そこでは「ヤルタ会談における米英ソ三国の決定」を根拠として、日本軍がソ連に明け渡す区域に「南樺太と千島列島全土」を加えたのだ。驚くことにスターリンはさらに「北海道の北半分」まで要求し、その説明としてこう書き添えた。

「最後の点は、ソ連の世論にとって特別重要なものです。周知のように一九一九年から一九二一年に日本はソ連極東のほぼすべてを占領しました。もしソ連軍が日本固有の領土に少しも占領地を持たなければ、ソ連の世論はひどく腹を立てることになるでしょう」

一九一九年からソ連極東のほぼすべてを占領……。これは日本陸軍による「シベリア出兵」を意味していた。いまや、その報復を果たさなければ世論は納得しない、というわけだ。

日露戦争については多少の知識がある現代の日本人も、シベリア出兵となるとほとんど知らないのではないか。だが、これがソ連に大きな恨みを与えていた。ロシア革命を成し遂げてソ連を発足させた直後、これに銃口を向けた「反ソ」行為の極みだったからである。

ロシア革命はレーニンの指導によって一九一七年に行われ、共産主義による革命政権が発足するのだが、これを牽制する発想で米英仏などの諸国がソ連に軍を送った。日本もこれに合わせて陸軍がシベリアに進軍したのだが、各国の数十倍の戦力を送り、各国がソ連から引き上げたあとも単独で居座った。そればかりかウラジオストックから先には進軍しないという各国との約束を無視してシベリア奥地のバイカル湖周辺まで進み、イルクーツクも占領し、傀儡《かいらい》国家の建設すら画策した。このため欧米諸国からも領土的野心を疑われ、国際的な批判を浴びる中でやがて撤退するのだが、ロシア人の深い怨みを買うなど何ら得るところのない愚策だった。

スターリンはこれを引き合いに出して「北海道の北半分」の占領を求めてしかるべきだと主張したのだ。北半分とは、東岸の釧路から西岸の留萌《るもい》までを横切る線より北側のことで、両市は北半分に入るとされていた。ソ連軍はスターリンの命令に従って、いつでも北海道へ上陸できる態勢をとっていた。

名越健郎《なごしけんろう》の『クレムリン秘密文書は語る』はソ連の崩壊前後に時事通信のモスクワ特派員だった筆者がロシア政府や関係者が明かしたソ連時代の様々な文書や証言を集めたものだが、そこでソ連が北海道占拠を本気で考えていた証拠資料を紹介している。それによると、モスクワの「赤の広場」でドイツへの戦勝パレードが行われた四五年六月二十六日、クレムリンで対日参戦をめぐる重要会議が開かれた。スターリンをはじめ党や政府、軍の指導者たちが一堂に会したその席で、第一極東方面軍司令官が「北海道の占領」を提案し、党の政治局員だったフルシチョフがこれを支持したという。

後にスターリンを痛烈に批判して日ソ交渉の主役となるフルシチョフが、北海道上陸を支持していたとは驚きだが、これには反対論も相次いだ。日本軍は手ごわいという見方に加え、外相のモロトフは「同盟国からヤルタ合意の重大な侵犯と受けとられるだろう」と警告し、ソ連軍の元帥ジューコフは「冒険主義だ」とまで言った。スターリンは結論を出さなかったが、北海道上陸も選択肢の中に入れたのは疑いない。ソ連の公文書は、スターリンが八月九日の対日開戦の直前に「北海道の北半分を占領せよ」という命令を下し、これに基づいて四個師団の投入計画が策定されたことを裏付ける。

だが、トルーマンは直ちに返書を出した。北海道は全域が米極東陸軍司令官マッカーサーの支配下に入るという考えを譲らず、ソ連の要求を拒否。一方で千島列島をソ連極東軍に明け渡すことには同意したが、その列島には米国が基地をつくることを認めるよう要求した。これも露骨な駆け引きだった。

スターリンは北海道の分断支配をあきらめた。千島に米軍基地をというトルーマンの要望を「ヤルタ協定にそぐわない」とはねつけることに神経を注いだのだ。双方が過大な「言い値」の要求をつきつけては相手の出方を牽制する。そういう神経戦を演じながら、最後は落ち着くところに落ち着いたということだろう。

トルーマンも、千島における米軍基地の設置はあきらめて、結局は千島列島についてのソ連の要求をあっさり受け入れた。実のところ、それさえソ連に認めれば、自分たちは沖縄や太平洋の島々を占領しやすくなるという判断もあったのだ。日本の領土はおもちゃのように、米ソの駆け引きの材料とされていた。スターリンは満州から七十万人もの捕虜をシベリアなどに連れ去って抑留するのだが、これは北海道占領を断られた怒りから実行されたという見方もある。

だが、ソ連は北海道への進駐を完全にあきらめたわけではなかった。連合国軍総司令官として日本の占領にあたったマッカーサーから後に吉田茂が聞いたところでは、日本の占領が始まって間もないころ、ソ連が北海道の占領部隊に「兵力を提供する」と求めたことがあった。吉田はマッカーサーがこれをただちに拒んだことを称え、もし拒まなければ北海道の分断が実現しただろうと、自著の『回想十年』に書いている。

もしソ連がもっと早く参戦していたら、戦後の北海道占領は避けられなかったかもしれない。ソ連が朝鮮半島の北半分で許された占領が今日に至る朝鮮半島分断の悲劇につながったことを思うにつけ、考えたくない想像である。

逆に、もし日本がドイツの敗戦時にともに「敗戦」を受け容れていれば、いや、せめて沖縄戦で敗れたとき、遅くともポツダム宣言が出されたときに降伏していれば、その後の歴史は大きく変わっていた。少なくとも原爆投下は避けられたうえ、北方領土が占領されることも、シベリア抑留の悲劇もあり得なかったからである。何とも遅すぎる降伏であった。

北方領土に攻め入る

スターリンはとりあえず北海道を断念しながら、千島列島の獲得にはトルーマンの了解を得たとみて、十八日、カムチャツカ半島から千島列島への進軍を命じ、まず列島の北端にある占守島《シュムシュ》で激戦が演じられた。あたかも「トルーマンの気が変わらぬうちに」という迅速さであり、日本が降伏文書に署名するまでにソ連による占領という既成事実をつくるためだった。

　こうしてソ連軍は次々に南下。八月三十一日には得撫島を占領した。その先にある北方四島へと軍を進めたのは、樺太から押し寄せた別の部隊だった。こうして東京湾上のミズーリ号で降伏文書の交換式が行われた九月二日までに、北方領土の占領をほぼ終えた。

　この日、スターリンはソ連国民に向けて演説し、日本との戦争参加の大義を強調した。そこでは「西のドイツと東の日本が世界侵略の二つの火元だった」とし、「人類とその文明を破滅の淵に立たせたのは彼らだ」と強調した。さらに、日露戦争での恨みも持ちだして、日本を激しく攻撃。一九〇四年に日露戦争の口火を切った日本はツァーリ（ロシア皇帝の意味）の弱みに付け込んで宣戦布告なしに攻撃を開始し、この戦争での敗北がソ連に「重苦しい思い出を残した」と決めつけた。

　もともと一八七五年の「樺太・千島交換条約」によって「千島は日本、樺太はロシア領」と平和的に定められていた境界線が、日露戦争によって変更され、日本は南樺太を手中に収めていた。それは確かに戦利品のようなものだったが、今度はソ連が勝ったのだから、それを返すだけではなく、ソ連にもはっきりした戦利品がほしい。それが北方領土だという理屈でもあった。

　もっとも、レーニンにせよスターリンにせよ、ロシア革命に成功したころは全く違った考えを明らかにしていた。日露戦争で「恥ずべき敗北」を喫したのは「ロシア人」ではなくツァーリによる専制支配であるとし、日本の勝利を「革命への援助である」と論評していたのだ。スターリン演説は、こうしたことをすっかり忘れたようなご都合主義の典型だった。

さらに矛盾しているのは、日本が「中立条約」の相手国だったにもかかわらず、今度は日本をドイツと同列に扱ったことだ。四一年四月に調印された日ソ中立条約の有効期間は五年間とされていたから、四六年四月までは有効だった。ソ連はヤルタ会談後の四五年四月五日に、翌年はこれを延長しないと打ち切りを日本に事前通告したが、それでも期限が来るまでは有効であり、ソ連がこれを一方的に破ったことは間違いない。その後ろめたさを隠すように、スターリンは敢えて日本をドイツ並みに扱ったのだ。日本はヤルタでの秘密協定も知らずに、敗色濃厚になってからは何とソ連の仲介に期待を寄せて和平工作まで画策したのだが、スターリンはそんなことに目もくれず、対日参戦を急いでいた。

日本には「ソ連が中立条約を破った」という強い怨みが残った。だが、ソ連にすれば、日本も同様にソ連を裏切っており、お互いさまという感覚だった。中立条約ができた経緯は先に書いたが、実はこの条約ができて間もない四一年六月にドイツが「独ソ不可侵条約」を破ってソ連に侵攻。この時から、「日独伊三国同盟」を結んでいる日本の立場上、日ソ中立条約は事実上、空文化していたからだ。

「日ソ中立条約」と「日独伊三国同盟」の矛盾は深刻だった。三国同盟の趣旨からすれば、ドイツとソ連が戦争に入った時点で日本はソ連と開戦しなければならないが、それでは日ソ中立条約に反してしまう。わずか二カ月前に「首をかける」とスターリンに言った松岡は、舌の根も乾かぬうちに豹変し、政府内で「ソ連との戦争を開始すべきだ」と主張したが、様子を見ることになった。この二つの矛盾をソ連の駐日大使だったスメターニンに問われた松岡は「三国同盟を遵守する義務は中立条約よりも優先される」と伝えていた（『暗闘』）。これは政府の決定ではなく、松岡はすぐに解任されたが、ソ連が日本を信用しなかったのは無理もない。

日本はドイツとソ連の戦争の成行きを見守った。当初はドイツが攻勢をかけてモスクワに迫る勢いだったことから、日本も満州とソ連の国境に軍隊を集結させ、場合によってはソ連に攻め入ってドイツと挟み撃ちすることも考えた。ところが厳冬の寒さにやられたドイツが劣勢に転じたことから、日本軍はそれをやめた。ソ連も日本軍の動きは察知しており、警戒は怠りなかった。

日本は宗谷海峡からソ連軍を締め出しており、四一年から四四年末までの間に日本軍に沈没または抑留されたソ連船は百七十八隻に及んだという。こうしたことからソ連は後の東京裁判で、日ソ中立条約について「日本ははじめから誠実でなく、ソ連に対する侵略計画の隠れ蓑として利用するために条約を締結した。その後、ドイツ同様、日本は絶えず組織的に条約を侵犯していた」と主張した。自ら条約を裏切ったことを正当化する論理である。

さらにソ連は日露戦争にさかのぼり、日本の侵略をこれでもかというほど断罪した。日露戦争は満州と朝鮮の権益をめぐって衝突した戦争であり、日本が中国に対して行ったような侵略戦争とはとても言えないのだが、これはスターリンが徹底させた歴史観だった。後にスターリン批判にかじを切ったフルシチョフですらこの対日観は変わることなく、日ソ交渉でも自ら熱弁を振るうことになる。大西洋憲章以来の「領土不拡大」の原則は忘れられ、北方領土の占領はシベリア出兵や日露戦争の「報復」として正当化されたと言える。

この当時、北方領土には日本人が約一万七千人住んでいた。ソ連軍の侵攻を受けて、このうち半数ほどが脱出し、残った住民は四八年までの間に強制退去させられた。ソ連の大型船で樺太に連れて行かれ、収容所に入れられたあと、日本の引き上げ船で北海道に至る。この間の過労や寒さ、栄養失調などで死者も続出。無事だったものも、こうして財産も故郷も失うことになった。

一方、満州に侵攻したソ連軍は七十万人以上と言われる日本兵を捕虜として連れ帰り、シベリアなどに抑留するのだった。

サンフランシスコ講和会議での激突

さて、スターリンは東欧諸国を次々に配下の共産主義国家にして、米英などとの溝を深めていく。イギリスの首相を退いてアメリカを訪問中だったチャーチルが「ヨーロッパ大陸を横切る鉄のカーテンが降ろされた。中部ヨーロッパ及び東ヨーロッパの歴史ある首都は、全てその向こうにある」という有名な演説をしたのは四六年三月だった。「鉄のカーテン」という言葉が定着するのはこの演説のゆえだが、その後もスターリンは東欧諸国を配下に置いていく。

これに対してトルーマンは四七年にいわゆる「トルーマン宣言」を発表し、ソ連の攻勢に対抗する姿勢を示した。米ソによる「冷戦（コールド・ウォー）」という言葉が使われ出したのもこのころだ。スターリンとトルーマンの綱引きが激しくなる中で、まさに「冷戦」が進み、東西に分かれたドイツの分断が固定されるのは四九年のことだった。

アジアにも冷戦は波及した。四八年九月に金日成《キムイルソン》が朝鮮民主主義人民共和国（北朝鮮）、そして四九年十月には毛沢東が中華人民共和国の成立を宣言した。さらに、北朝鮮が南に侵攻して朝鮮戦争が始まるのは五〇年六月のこと。これには中国の義勇軍も加わって、冷戦ならぬ「熱戦」が繰り広げられたのだが、その背後にスターリンがいた。

この間、ソ連は四九年八月に最初の核実験に成功する。広島・長崎の原爆投下から遅れること四年にして、ソ連は核保有国に名乗りを上げたのだ。こうした中で、アメリカの対日政策が大きくカーブを切った。トルーマンは日本を独立させてアジアの反共の砦にしなければならないと考え、日本との講和会議を開いて占領に終止符を打ち、日本を国際社会に復帰させることにしたのだ。

講和会議は五一年九月にサンフランシスコで開かれることになるが、それには多くの準備とエネルギーを要した。それを主導したのが、アメリカ国務省の顧問として起用されたジョン・フォスター・ダレスである。第一次大戦後のベルサイユ会議で腕を振るった外交家であり、徹底的なソ連嫌いで知られた反共の闘士でもあった。のちに国務長官となるダレスは、あとで書くように日ソ交渉にクギを刺し続けるのだが、その戦略家ぶりは講和条約の準備からさっそく発揮された。

ダレスは五〇年九月十一日、「対日講和七原則」を決めて関係国の根回しに入った。そこでは賠償請求権の放棄など基本的に寛大な措置を打ち出していたが、ソ連との関わりで重要なのは「領域」を扱った第三項だった。「日本は次の三点を承認、又は同意する」とあり、次の三つが挙げられていた。

（a）朝鮮の独立。
（b）合衆国を施政権者とする琉球諸島及び小笠原諸島に対する国際連合の信託統治。
（c）台湾、澎湖諸島、南樺太、千島列島の地位については、イギリス、ソ連、中国、アメリカの将来の決定に委ねる。ただし、条約発効後一年以内に決定を見なかった場合には、国際連合の総会がこれを決定する。中国の特殊権益はこれを放棄する。

これを見れば、お気づきだろう。「南樺太と千島列島」をソ連に渡すというヤルタ協定が、（c）で反故《ほご》にされている。ダレスはこれをもとに各国と調整を図り、ソ連とは国連大使のマリクと予備交渉をするのだが、マリクはこの案に真っ向から反対した。「ヤルタ会談で台湾は中国に返し、樺太や千島列島はソ連に譲渡すると決定しており、解決済みではないか」というのだ。台湾については毛沢東に追われた蔣介石が中国から逃げてきていたため、その扱いは別の複雑な問題をはらんでいたが、南樺太と千島列島についてソ連が解決済みだと物申すのは当然だった。

実は、イギリスも「ヤルタ協定の履行」を宣言しており、「七原則」の（c）には強い疑問を呈した。米英の史料を発掘して詳しく論じて定評がある田中孝彦（早大教授）の『日ソ国交回復の史的研究』によれば、ニューヨークでダレスと会談したイギリス外務次官のデニングは、千島列島などがソ連の占領下にある現状を変えるのは非現実的だと主張した。さらにイギリス内閣は外務省内部での検討を経て、南樺太と千島列島は日本からソ連に引き渡されるべきだという方針を固めた。いまさらヤルタ協定を否定するのは無理なことで、無駄な論争を巻き起こすべきでないと考えたのだろう。

ダレスはデニングとの会談で、ソ連との交渉上これが有益なのだと反論した。ソ連の反発を覚悟しつつ、まずはヤルタの密約が正当でなかったということをアピールして、そこから妥協を餌にソ連を講和条約に引き込もうという作戦だったのだ。現に十一月にソ連のマリクと会ったダレスは、七原則を示すとともに、もしソ連が講和条約に参加するなら、千島列島と南樺太はソ連に譲渡されるだろうという声明を口頭で伝えた。

日本の外務省は七原則を歓迎したが、（c）への風あたりはアメリカ国内ですら強かった。わざわざソ連の不参加をうながすような刺激的な提案をしたと受け止められるのはよくないという批判などである。

こうしたことから、アメリカ国務省は五一年三月につくった「対日講和条約草案」で、ソ連が条約に参加するなら南樺太と千島列島の引き渡しを認めるという内容に修正した。そこでは七原則の（b）で「国連の信託統治」にするとした沖縄・小笠原について「アメリカの信託統治とする」と修正した。北方領土についての妥協とセットで、自分たちも得るものを得るという巧妙なダレスの作戦である。

イギリス外務省が四月につくった条約草案では、南樺太と千島列島を無条件にソ連へ引き渡すことにしていた。米英の考えの溝は埋まらなかったのだが、どちらの案を採用するにせよ、ソ連がこの時点で講和条約に調印の方針を決めていれば、歯舞、色丹はともかく、千島列島に入ると思われていた国後と択捉について、ソ連への引き渡しが決まっていたことになる。

だが、ソ連は別のことにこだわって、条約への固い姿勢を変えなかった。中国の参加を強く求めたのだ。すでに中国には毛沢東の共産党が樹立した中華人民共和国政府ができていただけに、講和会議に中国が招かれないのはおかしいとの主張だった。アメリカは「日本と戦ったのは蔣介石の国民党政権だった」「ポツダム宣言に署名したのも蔣介石だった」として譲らなかったが、ソ連も引き下がれない。蔣介石政権は台湾に追われており、毛沢東政権こそが中国の人民を代表しているではないか、という主張である。それは、共産主義のリーダーであるソ連の権威にかかわる立場でもあり、譲れなかったのだ。

米英両国は改めて協議した末、五月三日に対日講和の「米英共同草案」を決めた。そこではアメリカの案が実質的に採用され、ソ連が調印すれば千島列島と南樺太はソ連に引き渡されるという内容になっていた。しかし、ソ連はこれも拒んで反論する。あくまで中国の参加を主張し、米英ソと中国の外相会談を求めたのだ。今度はアメリカがこの提案を跳ねのける。そもそも四年以上も日本と戦った国々と、たった六日しか戦っていない国が、同じ権利を主張する方がおかしいとも反論した。カイロ宣言もポツダム宣言も国民政府の蔣介石が署名したのであり、中華人民共和国は当事者ではないという理屈を通した。

「ダレスの罠」

ソ連はこれにまた反論するのだが、中国をめぐる論争はこの辺にしておこう。北方領土問題にとって重要なことは、ソ連の態度に業を煮やした米英両国が六月になって、南樺太と千島列島について「ソ連への引き渡し」を撤回し、日本の「放棄」だけを書き込むことにしたことだ。この時期にはソ連の調印がありえないという見通しが固まっており、領土の「餌」を用意することが意味を失っていた。また、逆に日本の主権を認めた形になると、将来、日本とソ連の間に領土紛争がおきて、アメリカが巻き込まれかねないことをダレスは恐れたのだ。

このころ朝鮮半島では激しい戦争が続いていた。そのうえ、千島列島を現に占領しているソ連を日本が追い出そうとすれば、米ソの軍事衝突が避けられず、それだけはご免だというわけだ。こうして考えたのが「日本は千島列島を放棄する」が、どこの国に引き渡すかは条約に書き込まないという変則的な案だった。事実上はソ連の占領が続くが、それに法的な根拠は与えないということである。イギリスも米ソ戦争の火種をなくしておくことに理解を示し、これが講和条約の最終案になる。今に至る北方領土の問題は、この奇妙な結末から導き出された。

こうして、いよいよサンフランシスコで講和会議が招集されると、ソ連は「欠席」の予想をくつがえして元外務次官のグロムイコを代表として送り込んだ。彼は会議の冒頭から発言を求めて強引に登壇し、中国の参加問題を討議せよと強く求めた。だが、議長に選ばれたアメリカ国務長官のアチソンは頭から拒否し、ソ連を支持する東側諸国の要請も拒んで強気の議事運営を続けた。

グロムイコは講和条約の全面的な修正を求めた。北方領土に関しては、日本が「南樺太と千島列島におけるソ連の完全な主権」を認める案を示す。しかし、アチソンはこの会議は議論の場でなく、すでに合意のできた条約案を決定して締結する場であるとして譲らず、ソ連の修正案は否決された。グロムイコは条約の原案に「反対」を表明し、東欧諸国は口々に反発の言葉を上げたが、議長のアチソンは押し切った。グロムイコは「この講和条約はアメリカ合衆国政府によって作られた、極東における新たな戦争の準備計画書です。ここには、極東の平和を守ろうとする意図などまったく見られるものではありません」という捨てぜりふを残し、条約の署名を拒否して議場を退席した。

この結果、日本は共産圏の諸国などを除く四十八カ国と条約に署名し、翌五二年四月二十八日の条約発効とともにGHQによる占領に幕を引く。領土に関する条文は以下の通りだった（サンフランシスコ講和条約〔一九五一年九月八日〕抜粋）。

第二章　領域

第二条【領土権の放棄】

（a）日本国は、朝鮮の独立を承認して、済州島《さいしゆう》、巨文島《こぶん》及び鬱陵島《うつりよう》を含む朝鮮に対するすべての権利、権原及び請求権を放棄する。

（b）日本国は、台湾及び澎湖《ほうこ》諸島に対するすべての権利、権原及び請求権を放棄する。

（c）日本国は、千島列島並びに日本国が一九〇五年九月五日のポーツマス条約の結果として主権を獲得した樺太の一部及びこれに近接する諸島に対するすべての権利、権原及び請求権を放棄する。

（d）〜（e）略

こうして日本は、千島列島を放棄させられたが、その帰属先は書かれなかった。いや、それだけでなく、千島列島の範囲がどこまでなのかについても条約には記述がなく、その解釈にも火種を残すことになる。もちろんダレスはこの曖昧さを十分に承知していた。将来の日ソ間に、まさに大きな火種を残そうというダレスの深謀遠慮だったのだろう。

怒りが収まらなかったグロムイコは後の『回想録』に「米英両国がヤルタ会談で負った義務と歴史的正義にもかかわらず、サンフランシスコ条約はこれらの島々が固有の領土としてソ連に属する事実を認めようとしていない。（略）この事実は、トルーマン大統領とその周辺がソ連に抱いている敵対意識をあざやかに浮き彫り〔に〕している」と書いた。英米はヤルタ秘密協定への裏切りを演じたというわけである。だが、グロムイコは、いわば「ダレスの罠」にかかったかのように、せっかく示された好都合の案を、みすみす撤回させる失策を犯した。スターリンの指示によるものであり、スターリン外交の大きな過ちだった。のちにフルシチョフが、この過ちを痛烈に批判することになる。

日本はといえば、米ソの争いの中で何ら発言権を持たなかった。だが、首席全権としてサンフランシスコ講和会議に出席した首相の吉田茂は、講和条約の受諾演説の中で、北方領土の扱いにだけは異議を唱えた。次の通りである。

千島列島及び南樺太の地域は日本が侵略によって奪取したものだとのソ連全権の主張には承服いたしかねます。日本開国の当時、千島南部の二島、択捉、国後両島が日本領であることについては、帝政ロシアも何らの異議を挿さまなかったのであります。ただ得撫以北の北千島諸島と樺太南部は、当時日露両国人の混住の地でありました。一八七五年五月七日、日露両国政府は、平和的な外交交渉を通じて樺太南部は露領とし、その代償として北千島諸島は日本領とすることに話合をつけたのであります。名は代償でありますが、事実は樺太南部を譲渡して交渉の妥結を計ったのであります。その後樺太南部は、一九〇五年九月五日ルーズヴェルト・アメリカ合衆国大統領の仲介によって結ばれたポーツマス平和条約で日本領となったのであります。

千島列島及び樺太南部は、日本降伏直後の一九四五年九月二十日、一方的にソ連領に収容されたのであります。

また、日本の本土たる北海道の一部を構成する色丹島及び歯舞諸島も終戦当時会々《たまたま》日本兵営が存在したためにソ連軍に占領されたままであります。

吉田はこうしてソ連による四島の占領に異を唱えたのだが、この中で痛恨の言葉を添えてしまったことに、このとき気付いていなかった。国後、択捉を「千島南部の二島」だと、自らはっきり述べて「北海道の一部」といえる歯舞、色丹とは違うとの認識を自らはっきりと示したことだ。講和条約で日本が放棄した千島列島には「国後と択捉の二島が含まれる」という解釈である。

これは決して非常識な解釈ではなかった。このころのイギリス外務省は千島列島の範囲について「択捉と国後を含む」との判断を固めていたし、何よりも当時の日本政府の認識がそういうものだったからだ。だが、後になって日米の両政府が「国後、択捉は日本が放棄した千島列島に含まれない」という見解に転じたとき、この吉田演説との矛盾が明らかになる。

例えば後に日ソ交渉が進められた中で、「サンフランシスコ講和条約で放棄した千島列島に国後、択捉が含まれていないという認識があったか」を日本政府が英米仏三カ国に問い合わせると、フランスは吉田演説に触れて「日本代表が国後、択捉を南千島として言及しているところに注意を喚起する」と回答してきた（松本俊一『日ソ国交回復秘録』）。

だから、吉田は何とかこの事実を消したかったのだろう。講和条約五周年を期して五六年九月八日に産経時事に載せた寄稿の中で、吉田は何と「私はダレス氏の示唆にもとづき、会議の演説において、エトロフ、クナシリ両島はいわゆる千島には含まれず、外人未住の日本固有の領土なる所以を強調した」と書いた。筆がすべったのか、それとも意図的な虚偽だったのか。東大教授の和田春樹は『北方領土問題を考える』でこれを取り上げて「露骨な嘘であった。国会でそのことが何度も問題にされたあとで、このように言い切ったのは吉田として必死だったからだろう」と批判する。もっとも、後に出した『回想十年』にこの寄稿を収めたとき、問題のくだりをそっくり削除したのは、その嘘を指摘されたからではないか。

同じサンフランシスコの会議では、グロムイコも自分の演説で、はからずもソ連に不利な発言をしていた。「対日平和条約は、当然、日本との講和に関連する数々の領土問題を決定しなければならないのであります」と述べて、平和条約がなければ領土は確定しないことを認めたからだ。そのうえ、千島列島の放棄に関する条文を「日本国は、サハリン南部およびこれに近接するすべての諸島ならびに千島列島にたいするソ連邦の完全な主権を承認し、これらの領土にたいする一切の権利、権原、請求権を放棄する」と修正するよう求めた。

一見するとソ連としてはもっともな要求だが、ロシア研究者の木村汎《ひろし》の『日露国境交渉史』は、これをソ連にとって致命的な失言だととらえている。日本がソ連による千島列島の領有を認めない限り、ソ連は領有権を主張する法的根拠がないことを、自ら認めたことになるというのだ。

こうして終わった講和会議では、ダレスだけが「してやったり」とほくそ笑んでいたのだろう。ダレスは後に日ソ交渉が進む中で千島列島の範囲に関する新解釈を示し、日本の領土返還要求に新たな枠組みを与えることになる。

第2章
躍り出た主役たち

サンフランシスコ講和条約によって日本が独立を果たすと、日本では壮絶な権力闘争が始まった。戦後間もなくGHQの手で「公職追放」の憂き目にあった政治家たちが、次々に政治の場に帰ってきたからだ。中でも注目を浴びたのが「悲劇の人」と言われた鳩山一郎だ。なお政権への意欲を捨てない吉田に対し、やはり政界へ戻った三木武吉や河野一郎らが鳩山を担いで「吉田打倒」へと突き進み、すさまじい攻防が繰り返される。A級戦犯として監獄暮らしを強いられた重光葵《まもる》もやがて鳩山の戦列に加わって、ついに鳩山政権が生まれた。彼らが日ソ交渉の主役・脇役となる。

組閣の日に届いた追放令

鳩山一郎。一八八三（明治十六）年の元旦に、衆議院議長もした鳩山和夫の長男として東京に生まれたこの人は、東京帝大を出て弁護士、東京市会議員を経て衆議院議員となり、政友会の有力者となった。後に長男の威一郎《いいちろう》が大蔵省から政界入りして外相となり、孫の由紀夫は首相に、邦夫も総務相になるなど、四代の「華麗なる政治一族」の人である。だが、一郎は長く「悲劇の政治家」と呼ばれた。それを理解するには、終戦後に展開されたドラマにさかのぼらなければなるまい。

自ら「自由主義者」を任じて軍部が主導した米英との戦争に反発し、戦争中の多くは軽井沢の別荘でいわばサボタージュ暮らしをしていた。いよいよ敗戦を迎えると、一週間後に東京へ出て新党づくりに向かう。こうして十一月に発足した「日本自由党」には政友会系の議員を中心に、石橋湛山、菊池寛らの言論、文化人や実業家も加えて新鮮な政党を目指す。種々雑多なメンバーでまとまりを欠きがちな中で、鳩山が最も頼みとしたのは三木武吉と河野一郎だった。

三木は弁護士出身で報知新聞（後に読売新聞と戦時合併）社長もしたことがある野人的な政治家だった。鳩山が東京市会議員だったころ、ライバルの憲政会幹部だったが、争いながらも互いに認め合う間だった。国会では民政党に属したが、鳩山とはともに東条内閣の戦時立法に抵抗して親密になる。『鳩山一郎回顧録』や、三木武吉の死後に編纂された『三木武吉』によると、戦争末期のある日、たまたま国会で会った二人は庭でこんな会話を交わした。

鳩山が「おれたちが抵抗したところで今の激流には勝てない。この戦争は負けだ。あとは戦後の跡始末だけだ」と言うと、三木も「いやな役割だけれど、おれたちがやらなきゃ、誰もやれるやつはいない」と応じた。鳩山はしばらく軽井沢の別荘に、三木は郷里の高松に引っ込むが、戦争が終わったら「君が総理大臣をやるサ」と言う三木に、鳩山は「すると君が議長だね」と言って大笑いしたという。

河野一郎は一八九八（明治三十一）年生まれで鳩山より一回り以上も若い。父は神奈川県議会議長もした小田原の豪農で、弟は後に参議院議長となった謙三だ。一郎の次男洋平は衆議院議長に、孫の太郎も二〇一五年に入閣するなど、やはり華麗なる政治家一族だ。ちなみに曾祖父は幕末の農業思想家で隣村に住んでいた二宮尊徳（幼名、金次郎）に師事しており、縁戚にも連なった。

早稲田大学を出て朝日新聞に入ると政治部で八年間も農林省を担当し、農業界との因縁が生まれた。鋭い勘と強引な取材で特ダネを連発し、役所を恐れさせたあと、農業改革を旗印にして政界に入った。恐慌により農村が悲惨な状況だったころだ。

鳩山一郎と河野一郎――二人の一郎に深い因縁をもたらしたのは、一九三九年に行われた政友会の総裁選挙だった。河野には『今だから話そう』と『河野一郎自伝』という二冊の自伝があり、鳩山をこの総裁選にかついだ話を書いている。それによれば、鳩山は中島飛行機製作所（のちの富士重工）の創始者で資金豊かな中島知久平《ちくへい》が対立候補だったために苦戦を強いられた。そこで、河野が実業家の議員だった久原《くはら》房之助に援助を頼んだところ、それなら総裁選は自分が闘い、当選したらすぐ鳩山に譲ろうと言われたため、鳩山を辞退させて久原総裁を実現した。ところが、これが完全に裏目に出てしまう。久原は鳩山に総裁を譲るどころか、軍部と結託して政党解消の音頭をとり、大政翼賛会が生まれてしまったという。

「あの時に、もし久原さんを総裁にせずにデモクラットの鳩山先生をあくまで推し立てて闘い、鳩山、中島、両派に政友会を分裂させておいたならば、ああまで簡単に政党は解消しなかったであろうし、軍国主義の時代もなかなか来なかったかも知れない」。そう述懐した河野は「鳩山先生に対してだけでなく、時代というものに対しても、相当な責任があると痛感し、今でも申訳ない思いに胸が痛んでならない」(『今だから話そう』)。それが戦後の鳩山擁立の原動力になった。

さて、いよいよ十一月九日に「日本自由党」ができ、鳩山は幹事長に河野を起用した。若さと馬力に加え、資金の調達能力も目立ったからだが、並みいるベテランの中で党運営には苦労したが、総務会長となった三木がそんな河野を何かと助けた。鳩山、三木、河野の結束は固かった。

同じころ、翼賛政治会にいた面々が看板を替えて「日本進歩党」をつくった。また、日本社会党、日本共産党、日本協同党などの政党も出そろって新たな年が明けるのだが、そこに待ち受けていたのがGHQが一月四日に発した「公職追放」の指令だった。

A項　戦争犯罪人
B項　陸海軍職業軍人
C項　極端なる国家主義団体、暴力主義的団体または秘密愛国団体の分子
D項　大政翼賛会、翼賛政治会および大日本政治会の活動における有力分子
E項　日本の膨張に関係した金融機関・開発機関の役員
F項　占領地の行政長官
G項　その他の軍国主義者および極端なる国家主義者

これらに該当する者は一切の公職についてはまかりならぬ、というお達しだ。これによって間もなく全国で二十八万人が公職を追われるが、とくに中央政界を直撃したのはD項だった。国会では二百七十七人の議員を要した進歩党の大半がこれに当たったほか、協同党は二十三人が全滅。社会党ですら十七人中の十人が追放された。自由党も四十三人の議員のうち三十人が対象となった。追放令の猛威は「追放だぞ」という流行語を生んだ。

衆議院は四月十日に初の総選挙を迎えた。新たな政党ばかりの戦いだったが、鳩山の自由党は四百六十六議席のうち百四十二議席を得た。三分の一に満たないながらも、第一党である。首相の幣原喜重郎は何とか居座ろうとしたが、三木らが社会党や共産党も巻き込んで退陣を迫り、とうとう総辞職させた。まだ旧憲法の下だから首相指名の選挙はない。幣原は五月三日に鳩山を後継首相にするよう天皇陛下に奏上し、四日には勅命により組閣という段取りまで決まった。鳩山は閣僚名簿も作ってその瞬間を待っていた。

まさにその日の朝である。GHQから鳩山に「追放命令」が届いた。「卑劣千万だ」と三木が言うと、鳩山は「ばかな話だねえ」と応じた。目前にあった「鳩山内閣」は、この瞬間に露と消えてしまった。

どうやら鳩山らはGHQを甘く見すぎていた。はじめこそ追放を免れた鳩山だが、GHQの中は複雑だった。この間の事情については増田弘の『公職追放』にも詳しいが、GHQが問題にしたのは、鳩山が①田中義一内閣の書記官長として治安維持法の立法に関与した、②文相時代に京都帝国大学の瀧川幸辰《ゆきとき》を「赤化教授」として辞職に追いやった、③訪欧の際にヒトラーと会い、中国侵略について話をしていた――などである。一方、擁護派は鳩山が東条内閣に反対して戦時中に国会から身を引いていたことや、軍部に協力する大政翼賛会が主導した四二年のいわゆる「翼賛選挙」に、翼賛協議会の推薦を得ない「非推薦」組の一人として当選したことなどを挙げていた。

GHQの追及にはなかったが、鳩山には大きな古傷もあった。一九三〇（昭和五）年にロンドン軍縮条約に調印した民政党の浜口雄幸内閣に対し、「天皇の統帥権を犯すものだ」と軍部から批判がおきる。このとき議会で浜口の追及に立ったのが政友会の鳩山一郎と犬養毅だった。明治憲法（大日本帝国憲法）の第十一条に「天皇ハ陸海軍ヲ統帥ス」、第十二条に「天皇ハ陸海軍ノ編制及常備兵額ヲ定ム」とあるのを根拠にしたものだ。浜口は反論してかわしたが、これで軍部の恨みを買い、後にテロの標的になる。鳩山の浜口攻撃は、軍部への政治の従属に道を開いたという批判は今日まで強い。

鳩山は後におそらく後悔したのだろう。十年後、民政党の斎藤隆夫が日中戦争を拡大させる軍部を痛烈に批判する演説によって衆議院を除名されたとき、鳩山は除名に抵抗して採決を欠席した一人だ。鳩山の二面性を物語っている。

鳩山を公職追放に追い込んだのは、戦後の「反共」ぶりだった。自由党の躍進をねらって保守層の票を狙うあまり、二月末に開いた演説会で「反共宣言」を出し、「反共連盟」結成を唱えたのがアダとなる。世界はまだ本格的な「冷戦」に向かう前だった。鳩山の宣言はGHQに影響力をもつソ連の反発を招いただけでなく、進歩的な論調に傾いていた日本の新聞、さらに欧米の外国メディアからも反感をもたれた。

占領下の政治に詳しい五百旗頭真によれば「鳩山の反共宣言を歓迎する者とマユをひそめる者とがいた。反共派を代表するウィロビー少将のG2は双手をあげて快哉を叫んだであろう。（略）しかし、ケーディスの民政局から見れば自殺行為でしかなかった。鳩山は斬新な改革的新党としてのイメージをかなぐり捨てて、反共保守を総結集する古い政治家の地金をむき出しにした」（『占領期』）。

四月六日、東京・丸の内の外国人記者クラブが鳩山ら四大政党の党首を招待した。鳩山はニューヨーク・タイムズの特派員に呼ばれて気軽に出向いたが、そこでは鳩山が三八年に刊行した『外遊日記　世界の顔』の英訳コピーが配られていた。欧州旅行のあとヒトラーやイタリアの独裁者ムソリーニとの会見談を盛り込んで書いた旅行記で、ヒトラーの労働政策などを称えた部分がある。記者たちはこれを元に「ヒトラーを讃えていたではないか」などと次々に質問を浴びせ、さながら糾弾の場になった。

首謀者だったシカゴ・サン紙の特派員マーク・ゲインの『ニッポン日記』によると、その翻訳はGHQの将校たちがくれたもので、「民主日本の次の総理」の過去の発言としては甚だふさわしくない内容があった。将校たちはこれで鳩山を追放しようとしたが、失敗に終わったので、コピーをゲインに委ねたのだという。G2の仕業に違いない。当日、別の特派員が口火を切って、会は査問の様相となった。

『世界の顔』では結論として議会主義の大事さを強調しており、鳩山は慣れない英語で弁明に努めた。だが、特派員らは鳩山批判の記事を書き、GHQに追放を促した。GHQではすでにG2が主導権争いに勝っており、総選挙後の成行きを見て土壇場で鳩山追放に踏み切ったのだろう。

鳩山は回顧録の中で、追放劇の伏線となった前年の出来事も書いている。新党づくりを進めていた九月十五日、朝日新聞に載った「新党結成の構想」という鳩山の長い談話のことである。ここで鳩山はアメリカの原爆投下を痛烈に批判した。「〝正義は力なり〟を標榜する米国である以上、原子爆弾の使用や無辜の国民殺傷が、病院船攻撃や毒ガス使用以上の国際法違反、戦争犯罪であることを否むことは出来ぬであろう。極力米人をして罹災地の惨状を視察せしめ、彼ら自身、自らの行為に対する報償の念と、復興の責任とを自覚せしむること」。

これは、朝日新聞の政治記者で後に鳩山の首相秘書官となる若宮小太郎による聞き書きだった。記事はGHQの逆鱗にふれ、朝日新聞は二日間の発効停止処分を食らう。GHQは朝日の編集局長を呼び出し、「戦勝国の米国を誹謗するとは何事だ、絶対に許せぬ」と怒りをぶちまけた。

こうした一連の出来事から、鳩山は回顧録に「戦時中も戦後も、アメリカという国は口に正義だとか自由だとか唱え乍ら随分無茶なことをする国だと考えていたし、この点では大いにアメリカを軽蔑していたので、追放が来てもまた乱暴なことをやりやがつたなと思つた位で別に驚きもしなかつた」と書いた。後の日ソ交渉における鳩山とアメリカの摩擦は、この追放劇から始まっていたというべきだろう。

代役となった吉田茂

鳩山はいなくなっても、自由党は第一党である。さて、どうするか。代わる人選を進めた鳩山らが一転二転の末に白羽の矢を立てたのが吉田茂だった。このとき幣原内閣で外相をしていたが、外務次官や駐英大使を歴任した外交官の大ベテランだ。戦争末期には終戦を働きかける工作に関与して憲兵隊に連行され、投獄されたこともある。一八七八（明治十一）年生まれだから、鳩山より五歳年上だった。

後に鳩山とは不倶戴天の敵となるのだが、鳩山によると「当時は政治観、世界観で二人の間はピッタリ一致していて、全く同じ政治の軌道を歩いた間柄だった」（『鳩山一郎回顧録』）。鳩山が欧州旅行をした折、駐英大使の吉田から相談を受け、日中戦争を拡大させないよう、首相の近衛文麿あてに電報を打ったこともある。

吉田は思わぬ要請にさんざんしぶったが、最後は外相公邸を訪ねた鳩山の前で総裁を引き受けた。その折に吉田が「条件」をつけ、巻紙に書いた親書を鳩山に渡した。鳩山はそれを後に紛失してしまい、記憶もいささかあいまいなのだが、『鳩山一郎回顧録』では「四カ条」だったとして、こう書いている。

「自分は政党のこととは全く関係がなくて分らんから、政党の人事については一切君の方でやってくれなきや困る。政党は一切君の力で押えてくれ。但し内閣の人事については干渉してくれるな――とこう吉田君が私に話した。又吉田君は自分は金はないし、金作りも出来ない。金の心配は君の方でやってくれなきゃ困る。俺は辞めたくなったら何時でも辞めるんだ。君のパージが解けたら直ぐ君にやつて貰う、とこういって吉田君はこれを四ヵ条に書いて私のところに持って来た」

もっとも吉田によると条件は三つで、『回想十年』では「金はないし、金作りもしないこと」「閣僚の選定には君は口出しをしないこと」「嫌になったら何時でも投げ出すこと」だった。鳩山の言うように「追放が解けたら直ぐ譲る」と約束したかどうかは後で水掛け論になる。どちらにしてもこの種の密約は決定的な意味をもたないものだが、吉田もこのとき「長くやろうという気はなかった」(『回想十年』)のは嘘ではあるまい。それにしても「金はつくらない」「閣僚人事に口出しするな」とは、吉田も強気に出たものだ。河野はこの前後に吉田を訪ねて初めて会ったが、いささかぎこちないやりとりがあって「この人と度々会っていれば、きっと衝突する」と直感したという(『今だから話そう』)。後に衝突は覆い隠しようのないものになる。

こうして吉田は首相となった。一度は総選挙で敗れて首相の座を降り、社会党などに政権を譲ったものの、再び返り咲いて長期政権を保つことになる。GHQへの協力と抵抗をうまく続けながら、戦後日本の復興に道筋をつけたことは言うまでもない。ステッキに葉巻、それに和服がトレードマーク。「ワンマン宰相」と呼ばれるほど権力を振るったが、官僚人脈を多用し、大蔵省出身の池田勇人を大蔵大臣に、運輸省出身の佐藤栄作を官房長官に大抜擢するなど、吉田直系の若手を育てた。一方で官僚エリートとは対極にある「たたき上げ」の田中角栄も、吉田に連なる人脈にあり、こうした師弟関係が「吉田学校」という言葉を生むことになる。「保守本流」と呼ばれる系譜でもあり、首相候補者の宝庫ともなった。そしてこの系譜は、後に鳩山が挑む日ソ交渉に激しく立ち向かうことになる。

追放された鳩山は軽井沢にこもった。畑を耕し、温室での野菜づくりや二頭の牛のための草刈りで、自然に親しみながら気を紛らわす。追放から一年ほどたったある日、畑の近くを通りすぎた二人の学生が「鳩山はどうしているのだろう」「もう死んだよ」という会話を交わすのを聞いて笑ったという。めまぐるしく動く世の中から忘れられたのだろうと書いたが、その実、鳩山はGHQや吉田のやることに無関心でなく、しばしば同憂の士らと会合をもちつつ、満を持して時を待った。

好きな読書もするうちに、欧州共同体の発案者で知られるクーデンホーフ・カレルギーの著書『自由と人生』の翻訳をして出版した。鳩山は後に「友愛」を政治信念として掲げるが、これはカレルギーの影響だった。後に孫の由紀夫も首相として「友愛」を看板にすることになる。

河野の追放と投獄

追放の悲劇は間もなく三木と河野にも襲いかかった。三木はかつて社長をした報知新聞が戦争を煽ったとされ、河野は国会での演説にふさわしくないものがあったという理由だ。いずれもこじつけられた感があり、鳩山直系の有力者を与党に残したままではやりにくいとGHQが判断したのだろうとも思われた。「小日本主義」を唱えてアジア侵略に反対した言論人の石橋湛山すら、吉田内閣の蔵相としてGHQと意見が対立したのがきっかけで「戦争協力者」だったとされ、追放の憂き目にあってしまうのだから、GHQの恣意的な選定法は明らかだった。

河野は追放後に製粉工場をつくったりもしたが失敗し、農作業に精出すようになる。次男の洋平はそのころよく馬を引いて田を耕すのを手伝ったり、ニワトリの世話をしたりした。生活は苦しくなり、土地や財物も売る日々だった。河野には三つ違いの弟、謙三がいた。一郎が追放されたため、四七年四月の総選挙に身代わり出馬したが、次点で落選。四九年の総選挙で当選した。後に一郎の復帰とともに参議院にくら替えし、ゆくゆく参議院議長となるが、このころそんなことは想像もできなかっただろう。

河野は「泣き面に蜂」の悲劇も味わった。政友会時代からの鳩山シンパでもあった「政商」の辻嘉六と親密になっていたことから、四七年の総選挙で神奈川県の自由党候補者らの面倒を見ようと、辻への紹介状を彼らに配ったことがやり玉に挙げられたのだ。

当時、旧陸軍が民間から接収した貴金属類や、残ったはずの軍需物資などの大半が行方知れずになる事件があった。ＧＨＱはその資金が辻らを通じて大物政治家に流れたと見て検察当局に一斉捜査を促す。その一環で、河野は公職追放中に政治資金を斡旋《あっせん》したとして「追放令違反」に問われたのだ。河野によると、取り調べの検事から斡旋を認めれば起訴されずに済むと言われて承諾。検事に調書をつくってもらって判を押したところ、結局、起訴されてしまった。だまされたと思い、検事とひと悶着あったが、らちが明かずに裁判になった。

河野は裁判で怒りをぶちまけたが、一審で「懲役一年」の判決が下りた。二審では「懲役六カ月」となり、上告すると最高裁で「禁錮四カ月」が確定した。終戦から四年たった四九年七月のことである。河野によると、追放令違反のケースは最高裁まで行くと審理が止まるのが通例で、自分以外はやがて追放令の解除とともに全員が放免された。河野だけが例外で、ＧＨＱが見せしめのために圧力をかけたものと信じた。

こうして河野は横浜の刑務所に入った。「まず洋服をぬいで、半そでのスフの青く染めたシャツ一枚、半分のモモ引き一枚、それから越中フンドシ一つ」にされ、独房に入れられる。畳三畳、窓が一つ、コンクリートの床にゴザが敷いてあり、うすっぺらの布団が二枚で、わびしさが身に浸みた。

余談になるが、河野はやがて箱根の農場で労務に服することになり、箱根に移送された。刑務所長のはからいでトラックの助手席に乗せてもらったのだが、ちょうど選挙区の神奈川県平塚あたりで故障して動かなくなった。車を降りてトラックを押していると、顔見知りの選挙民が通りかかる。青い囚人服の河野は顔を隠したが、すぐ分かってしまい、「河野先生が来た！」とどんどん集まってきた。このときの恥ずかしさは忘れられないと、よく口にした。

箱根では仙石原の刑務所に入ったが、今度は強盗や窃盗犯ら四十人と一緒の大部屋だった。アカにまみれた寝間着をもらい、部屋は汗とあぶらぎった臭いでむせかえっていたが、「牢名主」に会うなり「非常にお偉い方だそうですね」と言われて、その座を譲り渡された。こうなると、どこから持ってくるのか囚人服も洗濯してアイロンのかかったものになり、朝起きれば洗顔のお湯が用意される。出かけるときは、地下足袋が火であぶってあって温い。仕事も楽なウサギの番人だけで済んだ。囚人は差し入れで得たものを看守に与え、看守からはタバコをもらうなどの便宜をはからってもらう。ここでの二カ月では「生きた社会学」を学んだ（『今だから話そう』）。

出所するとき、「世話になった。これから出所して困ったことがあったらいつでも来なさい」

と皆に言い置いた。長女の多賀子らによると、実際に彼らの何人もが出所後に行き場もなく河野を訪ねてきて、しばらく家に住み込んだ。「昔なら任俠の親分になっていたかもしれない」と自分でも口にした河野は、確かにそんな親分肌だった。

A級戦犯となった重光

監獄暮らしと言えば、このころ巣鴨で惨めな日々を送っていたのが重光葵だ。鳩山が追放になる直前の四六年四月二十九日に突然、A級戦犯として連行された。この日はいまは「みどりの日」だが、敗戦までは昭和天皇の誕生日として「天長節」と言われた祝日だ。重光は「爆弾のまた落ちて来し天長の　芽出度かるべきその同じ日に」と詠んだ。この人もまた、鳩山、河野と絶えずギクシャクしながらではあったが、のちに日ソ交渉の重要な登場人物となる。

重光については自著の『昭和の動乱』や渡邊行男の『重光葵』などに詳しいが、一八八七（明治二十）年の大分県生まれで鳩山より四歳若い。戦前から中国や欧米との協調に努力する穏健派外交官の一人だった。

中国公使のころ陸軍が満州事変を起こしたが、重光は「政府を無視してなせるもののごとく、折角築き上げ来れる対外的努力も、一朝にして破壊せらるるの感あり。国家将来を案じて悲痛の念を禁じ難し」と怒りの公電を本省に打った。翌一九三二年、上海で日中が衝突する第一次上海事変が起きるや、大いに奔走して停戦にこぎつけた。ところが停戦の調印式で朝鮮独立家による爆弾攻撃にあい、右脚切断の重傷を負った。重光が松葉杖や義足で歩くようになったのはこの時以来だ。

駐ソ大使から駐英大使と、きらびやかな経歴を重ねたが、駐英大使のときに日独伊三国同盟が結ばれ、失意のうちに帰国している。さらに四一年、東条英樹内閣がついに英米との開戦に至ったことを嘆いたが、四三年四月、東条の強い要請にこたえて外相に就任した。戦争を始めてしまった以上、「アジア解放のため」という持論を国家の論理にしたかったからだ。「東洋の解放、建設、発展が日本の戦争目的である。亜細亜は数千年の古き歴史を有する優秀民族の居住地域である。亜細亜が欧米に侵略せられた上に其植民地たる地位に甘んずる時機は已に過ぎ去った」（『重光葵手記』）という趣旨で、戦争目的を「アジア解放」にすえる考えだった。

その方針が東条にいれられて、十一月に東京で「大東亜会議」の開催にこぎつけた。中国から親日的な汪兆銘政権や、満州国、フィリピン、ビルマ、そしてインドの仮政府などからトップが集まった。英米などの「大西洋憲章」の向うを張って「大東亜各国ハ協同シテ大東亜ノ安定ヲ確保シ道義ニ基ク共存共栄ノ秩序ヲ建設ス」など五カ条の「大東亜共同宣言」を出した。重光の理想主義が表れたのは確かだが、いかにも「後知恵」的な論理づけで、アジアの大勢を納得させるものではなかった。東条内閣に一貫して非協力だった鳩山や吉田と異なり、重光が東条に利用された感も否めない。

敗戦の直後には東久邇宮《ひがしくにのみや》内閣で再び外相となって敗戦処理にあたった。四五年九月二日に杖をつき、右脚をひきずる姿で東京湾上のミズーリ号に上り、降伏文書に署名したシーンは有名だ。しかし、実はそのあと、日本をＧＨＱの直接統治にしようとしたマッカーサーに面会を申し入れ、説得して間接統治の形に改めさせたことはあまり知られていない。天皇陛下をGHQの下に置くようでは日本の統治は危ないと強く進言した結果だったが、これが実ったことを「重光外交」の一番の功績だと見る人は少なくない。

その重光が戦後八カ月もしてからA級戦犯として捕えられたのだが、これはアメリカではなく、ソ連の検事が強硬に主張したためだと、獄中で聞かされる。戦時の外相としての責任が理由とされたが、実は駐ソ大使だった三八年におきた「張鼓峰事件」の処理をめぐり、重光がソ連の恨みを買っていたためだと重光は推測した。日ソの軍隊が満州とソ連、朝鮮の国境が交わる張鼓峰で衝突したもので、いわば翌年に起きるノモンハン事件の前哨戦だった。この処理のため重光は強気の姿勢で交渉に臨み、日本に有利な形で停戦に持ち込んだ。ソ連からすると、プライドを傷つけられた相手として記憶に残っていたのだろう。

A級戦犯のうち東条英樹ら七人が絞首刑となり、他が終身禁固刑となった中で、重光の「禁錮七年」は最も軽い刑だった。のちに減刑されて五〇年十一月に釈放されるのだが、それまでの四年半、重光は巣鴨の監獄で過ごすのだった。

獄中で重光が書いたのが『昭和の動乱』と『巣鴨日記』だ。前者は東京裁判に出されたさまざまな資料も読みこなしながら、戦争に至った「錯誤」の歴史を緻密に書き綴ったものだ。「日本の敗戦は、戦争に至る過去十余年の政治的破綻の集積である」「日本は、不幸にして大局上の判断を誤つたのみでなく、日本的焦燥感につきまとはれた。その結果は、始めから総てが玉砕型に陥つてしまつた」などとし、後に上下二巻で発売されるとベストセラーになった。腹心の外交官で、その推敲を頼まれた加瀬俊一は、後に『重光葵著作集1』のあとがきで次のように書いている。

「出獄すると、彼は直ちに拙宅を来訪して、本書の原稿を私に託した。それをみた時には本当に驚いた。原稿は裁判記録――大型のザラ紙にタイプ印刷してる――の裏に鉛筆でギッシリと記してあるのだが、それを束ねて荒縄でゆわえてある。積みあげると四メートルくらいになった。説明をきくと、配給される短かい鉛筆を用いたのだが、獄中では刃物はいっさい使わせないから、鉛筆を舌でなめて木皮をやわらかくしては爪でムシリとって、芯を出したのだという」

そんな作業を二年間も続けて書き上げたのだから、その執念には驚くほかない。一方、『巣鴨日記』は文字通り、巣鴨プリズンでの日々を克明につづったもので、東条英樹、松岡洋右、広田弘毅ら、監獄暮らしの仲間たちの描写や、得意の戯画、短歌などが挿入された読物だ。むごい看守に真っ裸にされて、口や鼻、耳から肛門まで「非常識な検査」をされる。松葉杖まで奪い取る米兵もいて、「粗暴きわまりなし」と怒りをぶつけてもいる。

後に日ソ交渉で何かといがみあう河野と重光が、ともに占領体制のもとで投獄の屈辱を体験したのは因縁めいている。だが、同じ屈辱でも、河野が鳩山ともどもアメリカへの恨みを膨らませたのに比べ、重光のそれは主として自分を獄中に追いやったソ連に向けられたに違いない。日ソ交渉における反目の裏には、この違いもあったのではないか。大衆的な囚人暮らしで「社会を学んだ」という河野と、いわば国家を背負って歴史を書きながら刑期を過ごした重光。その違いも象徴的である。

サンフランシスコ講和条約が結ばれると、重光は公職追放も解けた。『昭和の動乱』の発行で注目の人になると、五二年にできた改進党の総裁にかつがれる。自由党以外の保守や中道勢力が合同してできた政党で、大麻唯夫《おおあさただお》、松村謙三、芦田均、三木武夫らのつわものが集まっていた。

脳溢血からの再起

鳩山は第二の悲劇に見舞われた。五一年九月の講和条約調印を控えて追放解除が大量に発表されるなか、鳩山らの解除が遅れ、これは吉田の妨害に違いないとジリジリした。それでも、いよいよ解除が近いと見られた五二年の六月十一日、音羽の自宅に三木や河野らが集まって食事をしながら「これから」を語り合っていたさなか、便所に立った鳩山が倒れた。「耳の後ろのところから頭の内にかけて内出血するのが自分で分るのだ。ジーッと血が流れている。こりゃア参ったな、と思つた」（『回顧録』）あとで意識がなくなった。脳溢血だった。

こうして鳩山は闘病生活に入り、待ちに待った追放解除は八月五日に病床で迎えた。ラジオ局から差し出されたマイクの前でただ一言「うれしい」と言うのが精いっぱいだった。三木や河野も晴れて自由の身となっていた。

「もうダメか」といった噂をよそに、それでも鳩山はしだいに回復して行く。左半身にマヒが残り、車いすも使ったが、杖をついたり秘書の肩を借りたりして歩けるようになって行った。こんな鳩山を激励しつつ、一年もたつと三木や河野が吉田に約束を果たして政権を譲るよう迫るようになったが、そこから二年余り「吉田vs.鳩山」で展開された権力闘争は、除名や脱党、懲罰に不信任案、二度の衆議院解散など、ありとあらゆる策が入り乱れ、日本の政治史に例のない混乱期を生む。ここでは駆け足でそれを追ってみよう。ここにこそ、後に日ソ交渉をめぐって展開される対立の大きな伏線があったからである。

先制パンチを浴びせたのは吉田だった。五二年八月二十八日、突然、衆議院を解散したのだ。党の幹事長人事をめぐり、鳩山派の激しい突き上げで党内が混乱し、ようやく収拾したと思った矢先だった。追放解除で大量に立候補する鳩山系の候補者たちが、準備できぬうちにという「抜き打ち解散」である。池田や佐藤ら吉田の側近たちが考えた奇策だった。

これを鳩山は箱根の芦ノ湖畔に建つ箱根ホテルで休養中に知った。まさに青天の霹靂《へきれき》で、吉田憎しの感を深めたに違いないが、そんな鳩山を九月二日、吉田が突然ホテルに訪ねた。「療養見舞い」の形である。愛用のパナマ帽に白足袋の和服姿で現れた吉田を迎えた鳩山は、食堂で夕食を終えたところだった。注目の対面だけに新聞記者がついてきて、吉田と一緒に鳩山の部屋に入ろうとしたところ、吉田がステッキを振り上げて追い払う騒ぎになった。だから記者はだれも部屋に入れなかったはずなのだが、毎日新聞だけが翌朝、二人の交わした会話を詳しく再現した。こんな具合である。

首相　どうだい。
鳩山　なるべく歩かなければいけないんだ。つえはもちろん必要だがね。

（中略）

首相　ここは非常に気持のいいところだネ。

鳩山　とてもいいよ。韮山《にらやま》は野口　遵《したがう》の別荘で野口は脳いっ血になってから泣き上戸になった。

首相　君はしゃべり上戸かい。

鳩山　いや、そうでもないよ。新聞ではぼくが大分君の悪口をいっているように書いているがどうかね。

首相　いや、気にせんよ。

鳩山　ハト公のいうことなんか相手にしないわけか。

首相　はっはっは。ところで病気は？

鳩山　一時は死んだ娘が呼びに来るような気がしていたが、このごろは治った。脳いっ血にはいろんな症状があるようだな。

首相　君のはしゃべりすぎか。まあ病気は考えない方がいいよ。

鳩山　うん忘れるさ。

「韮山」とは鳩山が療養してきた伊豆の地名で、野口遵は知人の実業家のことである。会話はこんな調子で皮肉っぽい冗談まじりの雑談が続くが、吉田が「君の演説会は十二日だってね」と聞くなど、選挙のことも少し話題になる。鳩山が「公認問題で何かもめているというわさが飛んでいるが」と水を向けると、吉田がこう答えて終わった。

首相　まあどうにかやるさ。出たとこ勝負さ。君は病人なんだから、あまり考えるな。といってあんまり病人扱いするのもいかんし……厄介だね。それではこれで失礼する。

「病人なんだから」というセリフは同情の一方で、政治的には違った意味にもなる。だから「あんまり病人扱いするのもいかんし」と言い直したのだろうが、吉田は後に「病人に政権を渡せない」としばしば公言するようになる。

余談になるが、ホテルの一室で行われた二人だけの会話を、毎日新聞はどうしてこのように再現できたのか。記事に署名はないが、これは西山柳造という政治記者の特ダネだった。やはり毎日新聞の政治記者から安倍晋三の秘書となった長男の猛に聞くと、湖畔に建つホテルの外側に貸しボートで漕ぎ付け、岸辺から上がってホテルの壁に耳を当てて取材したのだという。猛はそんな武勇伝を学生のころ何度か父親から聞かされた。当時の箱根ホテルは木造でそれが可能だったのだが、いかにも時代を感じさせる逸話ではないか。

さて、いよいよ選挙戦が始まって二日目、鳩山は箱根を出て戦いに乗り出した。都内に入るとオープンカーに乗り換える。朝日新聞によると、先頭のトラックが「鳩山一郎でございます。元気な姿でただ今ごあいさつに参りました」と連呼し、沿道の「バンザイ」の声に応えて銀座通りを通り抜ける。「柳並木も商店の窓も鳩山さんを迎える人で一ぱい」で、花束をほうる人もいた。さらに東京駅八重洲口の近くを通るとビルの上から紙吹雪が舞った。ビルは鳩山の縁続きの石橋正二郎が経営するブリヂストンタイヤの本社だった。何とも派手な演出だったが、公職追放になって六年四カ月、悲劇の政治家の復活が人気を呼んだことがうかがえる。

このころの選挙戦はよくも悪くも相当に自由で、候補者名を書いた大きな看板をつけたトラックに大勢乗ってスピーカーでガンガン怒鳴るのが普通だった。街頭演説も支持者が集まってお祭り騒ぎだったものだ。

鳩山は九月十二日、東京の日比谷公会堂で「政界復帰」の第一声を上げた。会場は廊下にあふれるほどの超満員。主治医からブドウ糖の注射を打ってもらい、杖をついて演壇に立つと、「私はいま試験台に立たされている。私はこの健康で政治が出来るか、また激戦に耐えるかどうか、出来ると思ったら拍手をもって迎えてもらいたい」とやった。会場から「大丈夫、出来るぞ」という歓声と拍手……ドラマチックな登場だった。

演説では自由主義を柱とした「友愛革命」を提唱。各論では自衛軍をもつための憲法改正と、ソ連との戦争状態の終結を挙げた。「秘密外交を排す」とも強調し、日ソ国交正常化をしないのは「政治の怠慢」だとも言うなど、吉田政治をこき下ろすに等しかった。

憲法改正というタカ派的な主張と、日ソ国交というハト派的な主張だが、鳩山にとって矛盾はなかった。もし米ソの戦争が始まれば、日本はソ連に攻撃されて戦場になってしまう。だからソ連の脅威を取り除く一方、自分を守る軍備をもつことが平和のためだという理屈である。このころ生まれていた警察予備隊を「軍隊ではない」と公言する吉田の論を、「白馬は馬でないという論」だと批判した。

一方、吉田の方は二十五日、同じ日比谷公会堂で演説し、「民主政治にふさわしからぬ旧政治家の当選は国民の不幸」とやって、鳩山らに反撃した。

このころ朝日新聞に風刺漫画家の一人者、清水崑《こん》による「政党首脳を診察する」というコラムが連載された。党首に会っての会話を似顔絵つきで遠慮なく書いたもので、改進党総裁の重光に始まり、右派社会党の河上丈太郎、左派社会党の鈴木茂三郎らに続いて鳩山と吉田が相次いで登場している。そこで鳩山は「吉田政府には愛情がない」とズバリ。「ボクは人の名を呼び捨てにしたり、キサマなどと呼んだことはないが、吉田ばかりは、そう呼ばないとどうも対等につきあえない。損したような気になる。あんまりひとりで威張っとるもんだから。ワハハハ」。

一方の吉田は人を食ったような話をユーモラスにしつつ「鳩山の健康を正直に言っては先方に気の毒。取巻きもよくない」「鳩山はおしゃべりだから滅多なことは言えない。それが鳩山には不服なんだよ」「私は少くしゃべることを本意にしてるが、鳩山は沢山しゃべりたがって仕様がない」などと連発した。

ちなみに清水の見るところ重光の話はとらえどころがなかったようで、「ひどくゆったりと構えた話の中身に体温がない。押出し格服《ママ》は相撲とりのように立派ながら、目つきが食えない。黒ずんだマブタの奥に小さなひとみが冷たく厳しく光っている」と厳しかった。もっとも重光は初めての立候補、そして総裁としての遊説に手ごたえを感じていたようだ。『続重光葵手記』には選挙戦についての一文が挿入されていて、改進党が準備不足にもかかわらず、「自分が全国中を遊説した為め（略）、全国的に人気は沸き立つて来た。最近は新聞も之を書き立てる」「自分の出馬以来上げ潮であることは、著しい現象である」などと書いている。

さて、鳩山らは自由党の公認候補だったが、党本部とは別に選挙本部を設け、完全な分裂選挙となった。吉田批判にも力が入る。とくに河野一郎と石橋湛山の言動が目に余るとして、自由党の執行部は投票の二日前にこの二人を除名するという挙に出た。

学生だった洋平の記憶によると、これで河野の選挙事務所は燃え上がった。鳩山から激励電報がくる、石橋から「大いに頑張ろう」と電話がかかる、そして各方面から「吉田の陰謀を断固粉砕するよう各員いっそう努力せよ」といったビラが届くといった具合で急速に盛り上がり、選挙は圧勝に終わった。

選挙では公職追放からの解除組が百三十九名当選し、鳩山、三木、河野、石橋らの鳩山派、それに重光らが一斉に国会に登場した。特に鳩山には「悲劇の政治家」への同情票も多かったのだろう、東京一区で十五万票に迫る空前の大量票を得て当選した。吉田と会談して「河野、石橋の処分撤回」などを条件に吉田政権の継続に協力したが、鳩山派を中心とする五十一人が党内に「民主化同盟」をつくる。すると吉田は河野らの処分撤回をずるずる引き延ばして、党内はささくれだった空気に満ちた。

そんな折、通産相となっていた池田勇人に失言事件が起きた。池田はかつて蔵相時代に相次ぐ問題発言で物議をかもした「前科」がある。一つは米価の引き上げに際して「貧乏人は麦を食え」といわんばかりの発言。もう一つは、厳しい財政引き締め政策の下で中小企業の倒産が続くなか「多少の犠牲が出るのはやむを得ない」という発言だった。いずれも国会で追及され、いわば「放言大臣」の定評があったのだが、安定政権のもとで事なきをえていた。

ところが党内に鳩山派をかかえた今回は状況が違った。それを見越してか、十一月二十七日の衆議院本会議で右派社会党の加藤勘十がこれをむし返し、「五人や十人の国民は死んでもいいのか」と迫ったところ、池田が引っ掛かった。「倒産から思い余って自殺するようなことがあって、お気の毒ではございますが、やむを得ないということははっきり申し上げます」と開き直ってしまったのだ。

野党は挑発が成功したとばかり、池田に通産相不信任案を出す。すると、党の除名が解けなかった河野や石橋が賛成票を入れたほか、自由党内の鳩山派二十五人が本会議を欠席したため、賛成二百八、反対二百一のきわどい差で可決してしまった。

「ワーッと野党席からカン声があがった。隣り合せの社会党右派、左派が総立ちになって手をふりあげる。同時に、右の方の改進党も総立ちでカン声。中にはさまれた自由党の席は一瞬ボウ然とした表情で声ひとつ出ない。議席の吉田首相がニガ虫をかみつぶす。一人おいて池田通産相。これは血の気が顔中にのぼったように赤く、必死に興奮をおさえている表情だ」「反乱軍はこの時とばかりソッポを向いた。一票でもほしい幹部に「ハラが痛くなった」「アタマが痛い」と病人続出、サッサと帰宅したり、廊下で大笑いしたり」とは、翌日の朝日新聞の記事である。閣僚に対する不信任案が通った例は、後にも先にもほかに例がない。後に鳩山が首相として日ソの国交交渉に臨むとき、池田は「反対」の急先鋒になるのだ。

バカヤロー解散

だが、池田の辞任も三カ月後の大ハプニングに比べれば、まだ序の口だった。吉田は年末にようやく河野、石橋の除名を解除。年明けには党人事の刷新要求を飲んで佐藤栄作を幹事長にする一方、三木武吉を総務会長にすえたが、間もなく吉田が舌禍の主人公となってしまう。二月二十八日の衆議院予算委員会で、右派社会党の西村栄一が国際情勢について吉田に見解を迫った。そのうち吉田が「無礼ではないか」と言い、「何が無礼だ」と切り返した西村が「答弁できないのか、君は」と迫ると、吉田が思わず「バカヤロー」とつぶやいた。西村は「バカヤローとは何事だ」と激しく取り消しを迫る。吉田はしぶしぶ立ち上がると「不穏当であったから、はっきり取り消します」と答えた。西村はここで収めたのだが、これを絶好のチャンスとみた左右社会党と改進党が吉田に懲罰動議を出した。

裏では三木武吉が野党をけしかけていた。三月二日の本会議で動議は可決され、具体的な審議を懲罰委員会に委ねることになる。鳩山派の二十二人に加え、何と農相の広川弘禅《こうぜん》が率いる広川派の三十人が造反して欠席したのが決め手になった。

僧侶でもある広川は、吉田を支える自由党の実力者だったが、実は佐藤を起用した幹事長人事に怒っていた。自分こそ幹事長だと思っていたからだ。かねて広川と接触を深めていた三木がそこに目をつけ、広川を口説き落としたのだ。広川は「タヌキ」と呼ばれていたが、三木の方が一枚上で、新聞は「豆ダヌキが大ダヌキに化かされる」と書きたてた。翌朝の朝日新聞は社会面に吉田の三枚の写真を載せ、「口を「へ」の字に曲げた重くるしい表情」が吉田にとっての「最悪の日」を物語る、と書いた。

だが、吉田は広川を直ちに罷免し、自由党からも除名して強気の構えをとる。野党はついに内閣不信任案を提出し、三月十四日の衆議院本会議を迎えた。解散の構えをとる吉田におじけづいた広川派の多くは「反対」に回ったが、今度は覚悟した鳩山派が「賛成」票を投じたため、不信任案は可決された。首相の不信任案可決はこれが初めてだった。

吉田は『回想十年』でバカヤロー事件について詳しく書くのを避けつつ「取るに足らぬ言葉尻をとらえて、野党が提出した内閣不信任決議案に対して、党内から三十数名が裏切り離党して賛成投票をするに至ったため、僅少の差をもって不信任案が可決されたことだけは述べて置きたい。この一事は当時起った多くの奇怪事の中でも最大のものとして私はこれを忘れることができない」と書いている。鳩山らの造反がよほど腹にすえかねたのだろう。

だが、なお強気の吉田は解散に打って出た。鳩山派は他の造反議員らも加えて「分党派自由党」をつくり、今度は名実ともに分裂して争った。この結果、自由党は議席を大きく減らしたが、なお一九九議席で第一党で、鳩山の分党派は三五議席にとどまった。左右社会党が大きく議席を伸ばしたのだ。

選挙後の首相指名選挙では吉田らが第二党の改進党との連立を模索したが、重光は最終的に野党の立場を貫くことにする。こうして吉田と重光による決選投票となった末、吉田内閣が続くことになった。

吉田と河野の対決

三木が裏工作に秀でた策士なら、河野は大立ち回りが得意だった。七月六日にその本領を発揮し、衆議院予算委員会で吉田に切り込んだ。ややこしい話を一言に縮めれば、終戦直後から米軍が日本で買い付けて朝鮮に送った石炭、木材、ラジオなどの代金の中に、日本政府が肩代わりして払った「貸越金」があり、それが朝鮮戦争時にふくらんで四千七百万ドルに達していた。ところが、政府がその返済交渉を満足に行わず、返済が滞ったままだというのだ。河野は内部資料を手に入れて、事前の通告なしの「爆弾質問」に及んだ。

河野は長く外相も兼務した吉田に答弁を求めるが、答えない。寝耳に水の通産相や外相、農相らが答弁に汗をかく。河野はそれら矛盾を突きながら「なぜ交渉しないか」「これほど怠慢な内閣がありますか」と迫り、「吉田総理から聞きたい。ワンマンのわがまま者だから、あなたが言わなければあてにならない」と皮肉った。しかし吉田は答弁を拒んだまま休憩になると、「発熱」を理由に目黒の公邸に帰ってしまった。政府が改めてよく調べるとし、審議は翌日に持ち越された。

議事録を見ると、吉田が答弁に立ち、「米国政府との間には相当複雑しておる貸借があるのであつて、ある一部をとつて交渉が未了なりといつて、それをとつて怠慢というのは、言う方がおかしいと思う」と切返した。これに拍手が起きると、河野は「手をたたいて、あとで恥をかきなさるなよ」とすごみ、では、いつ交渉したのかと迫る。吉田は「外交交渉は、一々ここに公表することはできません」とはねつける。それを河野が「秘密外交だ」と攻めると、吉田は「河野君は外国と交渉をしたことがないから、そんなばかなことを言う」とやり返した。

河野の死後、映画会社の「大映」が過去のニュース映画を集めて『大衆の政治家　ありし日の河野一郎』という三十分の作品を作った。手元にあるそのDVDを見ると、翌日の激しい攻防のさわりが収められていた。河野は右手に持った資料の束を吉田の方に突き出して激しく振りながら、太い声で速射砲のようにたたみかける。「一体、これほど怠慢な内閣がありますか。これほど不真面目な内閣がありますか」。吉田がやおら立ち上がって早口で言いかえすのだが、「そんなばかなことを言う」というところでは、あごをしゃくりあげて河野に突きだしていた。

勝負はつかずに終わったが、吉田を追い詰める大立ち回りは大きな話題になり、河野一郎という政治家の迫力が世に広く知られた。吉田は死ぬまで河野のことを「あいつはマムシだ」とくり返して嫌ったと伝えられる。

だが、分党派の勢力は小さく、資金にも事欠くのが現状だった。その足元を見透かすように自由党から鳩山に「復党」の誘いが続き、とうとう鳩山ら多くが復党してしまうのだが、三木や河野ら八人がやせ我慢して復党を拒み、「八人の侍」と呼ばれる。資金不足を補うため、全国を回って有料演説会を開くなど苦労を強いられた。

いよいよ吉田を追い詰めたのは、超ド級の別件だった。五四年になると「造船疑獄」と言われる大事件に見舞われて、政界に激震が走ったのだ。

造船疑獄とは戦後に国策として造船が進められた際、利子軽減の法律がつくられたあと、これをめぐって業界から工作が行われたと問われた贈収賄事件のことだ。一月に強制捜査が始まり、業界や官界のほか政界からも自由党副幹事長の有田二郎ら四人が逮捕された。さらに事件は広がり、吉田の側近である幹事長の佐藤栄作や池田勇人にも疑惑は及ぶ。四月には東京地検特捜部が佐藤の逮捕を決めた。政界はまさに大騒ぎとなったが、国会の会期中だったため、吉田の意を受けた法相の犬養健《いぬかいたける》が検察に対して「指揮権」を発動し、逮捕を見合わせさせた。これで世論の怒りが沸騰した。

吉田内閣の退陣を求める野党の攻勢が強まり、野党から内閣不信任案が出されたが、自由党との合同も模索していた改進党が反対に回ったため否決された。自由党も必死だったのだ。ところが八月になると、吉田が自由党の支部長会議でまたも「暴言」を吐いた。「なぜ幹事長を逮捕せねばならぬのか。かるがるしく逮捕したり、また逮捕しなければ証拠が集まらないなどというのは、政党政治の破壊であり、民主政治の破壊となる」と持論を吐いた。そこまではまだしも「新聞には、このことについて面白半分に書いているが、かかる流言飛語には耳をかさず、政府を信じてもらいたい」などとやったからたまらない（『実録　政界二十五年』）。日本新聞協会は「流言飛語の根拠を示せ」と抗議し、衆議院決算委員会は吉田の証人喚問などを決めた。

そんな中、重光の改進党も吉田との決別を決意する。九月に鳩山が重光と会談して、民主党と改進党の合併による新党づくりが決まった。改進党の方が鳩山派より議席が多かったが、重光は「一兵卒になる」と言い、新党では鳩山総裁の実現に応じた。重光は外務省の先輩である吉田に個人的には近く、しばしば自由党に接近していたが、それを断ち切る決断だった。鳩山のあと自分にお鉢が回ることへの期待もあったと思われる。

今では信じられないことだが、吉田は攻撃をかわして九月末からアメリカ、欧州への船旅に出てしまった。ニューヨークからは豪華客船クイーンエリザベス号でパリに渡るなど、合計一カ月半に及ぶ長旅だ。途中、朝日新聞の同行記者がパリでものにした独占会見が十月五日の紙面に載っている。吉田は鳩山への政権禅譲について「病人に政権を渡すことは公私を混同することであり、また病人自身に対する友情の道でもない」ときっぱり言い、鳩山を「病人」と切り捨てた。

鳩山らはいよいよ吉田が帰国する直前の十一月二十四日に「日本民主党」を結党した。鳩山が総裁で、重光が副総裁、そして幹事長には岸信介が就いた。A級戦犯容疑で捕えられながら起訴を免れて釈放された岸は、曲折を経て自由党から当選。憲法調査会長となったが、吉田の「軽武装、対米協調」路線に反発して自主防衛、自主憲法を唱えたため除名されていた。

吉田は十一月十七日に帰ってきたが、引退どころではない鼻息である。民主党が内閣不信任案を出して退陣を迫ったのに対し、吉田はまたも解散で対抗し、ぎりぎりまで緊張が解けなかった。だが、もはや流れは押しとどめられない。最後は副総理の緒方竹虎が自ら「政界引退」まで決意して反対したため、ついに吉田は辞表を書くのだった。

こうして十二月九日、新たな首相指名選挙が行われた。緒方は第一党の後継者として勝利を期待したが、社会党が「吉田の後継者には政権をつくらせない」として鳩山に乗り、ついに鳩山政権が生まれた。すぐ総選挙をすることを社会党に約束しており、いわば「選挙管理内閣」だったが、鳩山の回顧録によれば、河野は何も言わぬまま、たまりかねて大声で泣き出した。悲喜こもごもの大転換である。だが「鳩山vs.吉田」の対立構図はこれで終わったわけではない。憎悪に満ちた因縁が噴き出すことになるのが、間もなく訪れる日ソ交渉での対立劇だった。

第3章
ドラマの始まり

悲願だった政権の座を得た鳩山一郎は、吉田茂とは対照的に「日ソ国交の回復」を政権の看板に据えた。それに呼応してソ連から突然の使者、ドムニツキーが鳩山邸にやってくる。ここから国交交渉のドラマが始まるのだが、鳩山が農相の河野一郎を頼みにしたのに対し、冷やかだったのが外相の重光葵だ。外交の要であるはずの外相と、首相・農相との不協和音は異常なことだったが、これがドラマを複雑にしていった。その幕開けから見て行こう

「飛車角」に伝えた決意

西岸良平の人気漫画を映画化してヒットした「ALWAYS　三丁目の夕日」をご覧になった方は、あのころの情景を思い描いていただきたい。

時代のシンボルとして描かれた東京タワーの建設が始まるのは、一九五七年のことだ。みじめな敗戦から十年余。大空襲によって廃墟のようになった東京の街は、朝鮮戦争（五〇―五三年）

による米軍支援物資の生産という「朝鮮特需」のせいもあって、「神武以来」と言われる空前の景気に恵まれ、活気を取り戻していた。「三丁目の夕日」のように、東北地方などから集団就職の少年少女が次々に押し寄せる。経済規模が戦前の水準を取り戻したことから、政府の経済白書が「もはや戦後ではない」という有名なフレーズを残したのはこの前年、つまり五六（昭和三十一）年のことである。

のちに「極右」の政治家となる一橋大学生の石原慎太郎が、小説「太陽の季節」で芥川賞をとり、弟の裕次郎がその映画化でデビューしたのも同じ五六年だった。自由奔放な青年の生きざまを描いて一世を風靡したこの作品は、新しい時代の到来を告げていた。

政治の世界も敗戦後の重苦しさから解き放たれて、激動の時代のただ中にあった。永田町の権力闘争がダイナミックに展開され、やがて吉田茂を倒した勢力が鳩山政権を実現するのは前章で見た通り。さらに分裂していた保守党が恩讐を超えて合同し、自由民主党（自民党）を作るのは五五年のこと。やはり左派と右派に分裂していた野党の日本社会党も統一され、「自民vs.社会」という政治の「五五年体制」がここで生まれることになる。

講和条約によって独立を果たした日本だが、それで晴れて国際社会に復帰できたかというと、そうとは言えなかった。条約に参加しなかったソ連との間では、戦争状態が法的に終わらぬままだったからだ。このため北方領土の返還はおろか、シベリアに連れて行かれた七十数万人といわれる捕虜のうち、なお戦犯とされた二千人ほどが帰還のあてもなく抑留されていた。国際社会への復帰に必要な国連への加盟も、安保理常任理事国として拒否権をもつソ連の了解がなくて果たせない。経済的な復活をしり目に、「戦後はまだ終わっていない」のだった。

一九五四年十二月十日に船出した鳩山内閣は、腹心の河野一郎を農相にしたほか、後に首相となる石橋湛山と三木武夫を通産相と運輸相に起用するなど、官僚人脈とは異なる「党人派」の大物起用が目立った。池田勇人や佐藤栄作ら官僚OBを育てた吉田茂とは対照的な布陣だった。

その中で、副総理・外相になった重光葵は数少ない「官僚派」だった。ナンバーツーで外相に起用されたのは、戦前からの豊富な外交キャリアに加えて、鳩山が主導した民主党に改進党を率いて参加し、副総裁となっていたことへの当然の配慮だった。そもそも民主党ができる前、重光の改進党の方が鳩山派より議席が多かった。重光にすれば鳩山政権はいわば双方の「連立政権」という気持ちがあったのではないか。

だが、内閣のエンジン役を担ったのが鳩山側近の河野だったのは、誰の目にも明らかだった。鳩山が最初の閣議で「官僚政治の打破」を掲げ、「明朗、清潔な政治」を目指す声明を出そうとしたとき、河野はすかさず国民に分かりやすい具体的な内容にすべきだとして、「大臣の公邸使用や護衛の廃止、公務員と民間業者とのゴルフ、麻雀の禁止」などを提案して声明に盛り込ませた。大衆心理を読むのにたけた河野ならではの発想であり、こうしたことが「鳩山ブーム」につながる。それは貴族趣味と言われ、官僚出身者を大事にした吉田茂とは対極的だった。閣内のナンバーツーでありながら、吉田と同じ外交官出身の重光にとっても、官僚と肌合いが異なる鳩山や河野には違和感が強かったに違いない。

組閣の後、河野は鳩山から東京・音羽の自宅に呼ばれた。そこには民主党総務会長になった三木武吉も来ていた。鳩山政権は内閣の屋台骨を河野が担えば、政界全体をにらみながら党の側で支えるのが三木の役割になる。

二人を呼んで鳩山は改めてお礼を述べたあと、いつになく真剣な顔つきになって「僕の政治家としての使命は、日ソ交渉と憲法改正にある」と切り出した。「僕をおいて保守党のなかには、これをやるものはないと思う。とくに日ソの復交については、僕の在任中にぜひとも結末をつけたい。ほかの問題はなんでも両君のいう通り、両君のカジの取りように従ってついて行ってもいいが、この二つの問題だけは、両君とも僕の意見について来てもらいたい」(『今だから話そう』)と言った。

ああ、本当にやる気なのだなと、二人は二年前に鳩山が政治活動に復帰の第一声を日比谷公会堂で上げた折、政治の二大眼目として憲法改正と、日ソ・日中の戦争終結をやりたいと演説したのを思い出した。中国はともかく、ソ連との国交は自分の手で開きたい。この日、二人にきっぱり申し渡した。

吉田政権へのアンチテーゼ

鳩山は組閣直後の記者会見で「第三次世界大戦を回避するためには、お互いに貿易を盛んにした方がよい。自由主義国家がソ連、中共を敵として、交際や貿易をしないことの方が、再び世界大戦を誘発することになると思う」と発言。さらに十二日、地元選挙区の東京・小石川小学校の講堂で開いた演説会では「私は、吉田君がとっていたような、秘密、独善外交を断じて排する」

と切り出して、日ソ国交正常化を強調した。アメリカとは違って英国のチャーチルが世界平和のため共産圏との平和共存を掲げていることを称えて「ソ連との国交回復を内閣の使命としたい」と宣言した。

この決意はどこから生まれたのか。もともと「自由主義」を掲げる立場から、ロシア革命で生まれたソ連の共産主義を強く嫌った鳩山である。四六年二月には「反共」の強調が公職追放にもつながった。そんな鳩山が「日ソの復交」を政権の看板にしたのには三つの動機があったといえよう。

一つは、いまだシベリアに抑留されている旧日本兵たちの存在だった。向こうで命を失った者も多かったが、そのほかはおおよそ帰還を果たした中で、「戦犯」とされてまだ帰還に見通しもつかぬ抑留者も千人以上いた。家族たちはその帰りを求めて政府に嘆願を繰り返していたが、吉田は国際赤十字などを通じて働きかけたものの、家族たちに会うことは避け、ソ連と直接交渉する術ももたなかった。これに対して情にもろく「友愛」を看板にしていた鳩山は、シベリア抑留兵の帰還なくして「戦後は終わらない」と考えたのだ。

かつて鳩山と親交のあった元首相の近衛文麿は、A級戦犯の容疑者として連行されるとわかって自殺したが、その長男で中国との停戦に向けて密かに奔走した陸軍軍人の文隆がシベリアに抑留されたままだった。文隆の悲劇は後に劇団四季の浅利慶太によって「異国の丘」というミュージカルにもなったので、ご覧になった方もいるだろう。鳩山のもとには多くの抑留者家族、中でも文隆の母にあたる近衛夫人からしばしば救出を懇願されていた。涙もろい鳩山にとって大いに気になることだった。

二つ目は国連への加盟だ。サンフランシスコ講和条約を経て日本は独立を回復したとはいえ、国際連合に入らなければ一人前とはいえまい。ところが講和条約に加わらなかったソ連が国連の安保理常任理事国の一員であり、「拒否権」を行使して日本の加盟を阻んでいた。鳩山はソ連との戦争状態にピリオドを打ち、国連加盟を認めてもらいたいとの思いを強くしていた。

そして三つ目だが、おそらくより根本的には、徹底的なアメリカとの協調路線をとって「反ソ」を貫いてきた吉田外交への対抗心だ。講和条約によって独立を回復したのは、まぎれもなく吉田の功績だが、このままでは外交に限界がある。アメリカの意に反してでも自主外交路線をとることで現状を打破することこそ、吉田にできなかった自分の使命だと感じていた。首相の座をようやくつかんだ以上は歴史に残る成果を上げたい。憲法改正には野党の強い反対があり、国論も割れているが、日ソの国交回復なら野党も巻き込めるという計算も働いていたに違いない。

その裏返しのように、アメリカは日ソの接近を図る鳩山に強い警戒心をもっていた。鳩山に「反米」の臭いをかぎ取っていたのだろう。しばらくしてアメリカの週刊誌『タイム』が表紙に鳩山のアップ写真を掲げて「鳩山論」を載せた。それを『文藝春秋』（五五年五月号）が翻訳して転載したのを読むと、鳩山人気の裏にある復古的な側面をとらえて辛辣だ。吉田から鳩山への政権交代について、次のように重要性を指摘していた。

「彼の引きうけた責任は、単なる人物の交替ということよりは遥かに重大なものだつた。つまり日本人は自由党をはたき出すとともに、日本人の大部分の目には、過去十年間にわたり、占領者アメリカの命令と勧告にただ易々諾々と屈従してきた政権としか映らなかつたものをも、同時にはたき出したのである」

鳩山の登場には、七二年に「日中」の国交正常化を掲げて首相となった田中角栄と重なり合うものを感じる。中国はソ連と並ぶ共産主義の大国であり、日中国交正常化がアメリカの思惑を超えて行われたことや、党内の激しい抵抗にあったことも共通しているからだ。官僚的で貴族的な吉田茂の長期政権に飽きた国民は、「悲劇の政治家」鳩山の登場にドラマを感じ、その開放的なスタイルも受けて「鳩山ブーム」が起きた。一方の田中には、学歴のないまま政界をはいあがって天下をとった「今太閤」の姿にドラマ性があったし、長かった佐藤栄作の官僚的政治からの大転換は、やはり熱い「田中ブーム」につながった。

だが、五十四歳で政権をとった田中に比べ、鳩山はすでに七十一歳。老齢にして半身マヒの鳩山には、若くてエネルギーに満ちた田中の迫力は全くなかった。しかも田中が盤石の与党自民党の中で大平正芳らの強力な主流派に支えられたのに比べ、鳩山は少数与党の悲哀をかこつ身である。河野一郎すら「きわめて困難な日ソ復交問題が、おそらく半年か、せいぜい一年ぐらいしかもてないだろうと思われていた鳩山首相の手で実現するとは、だれしも考えなかったに違いない」(『今だから話そう』)と感じていた。

ただ河野は一方で、日ソにかける決意こそ鳩山政権の推進力になると思っていた。「僕があれほど馬力をかけて仕事をし、また火中のクリを拾う気持にさえなって、日ソ交渉の仕事に当ったのも、先生のこの信念に動かされたからだといっていいだろう」と述懐。同時に、それを実現させることこそ、河野自身にとって実力者の地位を固める道だったのだ。

ドムニツキー登場

鳩山に対するソ連のアプローチは早かった。『鳩山一郎回顧録』には、内閣ができて一カ月余りたった五五年一月二十五日に「ソ連在日代表部のドムニツキー氏が、本国政府からの書簡を持つて私のところにやつて来た時から始まる」とある。それは鳩山が衆議院を解散し、選挙戦に突入した翌日のことだった。

もともとソ連は東京・狸穴《まみあな》に大使館を置いていたが、これは対日参戦とともに閉鎖された。占領時代は連合国軍総司令部(GHQ)の諮問機関として生まれた対日理事会のソ連代表部となり、ドムニツキーはその通商代表だった。その後、ソ連はサンフランシスコ講和条約に参加しなかったため、日本政府は再三、国外退去を命じたが、ソ連はこれを無視して「代表部」を名乗り続けた。ドムニツキーはその「臨時首席代理」と名乗っていた。この「代表部」については、当時の朝日新聞(一月三十日)に面白い記事が載っている。

それによると、退去要請の通知を無視され続けた外務省は、さすがに「実力行使」もできず、在京の「某国大使」を通じて退去を勧告してもらおうとしたが、「某国」の大使に断わられた。代表部は落ち着いたもので、一度は外務省に「人道上の問題から家族の入国を認めてくれ」と申し入れてきたほどだ。外務省は「こちらの人を本国へ帰してやる方が、より当然であり、より人道的であろう」と回答したという。国際的な混乱を考えれば、さすがに強制退去をさせるわけにはいかなかった。

代表部の人員は占領当時の三百数十人から激減して臨時首席以下十五人ぐらいだったが、確かなことは分からなかった。食糧は付近の店で買ったり、本国から送ってもらったり。乗用車は四、五台あり、ナンバーが占領当時のままなのは一種の違法行為だが、警視庁も見て見ぬふりだったという。適度に泳がして監視していたのだ。

さて、その代表部からドムニツキーが鳩山邸を訪れて長い交渉劇が始まるのだが、実はそれまでに一カ月ほどのプロローグがあった。鳩山はドムニツキーが外相の重光葵に書簡を手渡そうとして拒まれたという情報を得ており、「どうしても重光君が会ってくれないというので、直接私の所へ来ることになったらしい。私は、手紙を渡すために会いたいというのなら会っても差支えないと思っていた」と書いている。

ドムニツキーの来訪にはいまなお謎が多いが、これには共同通信の記者だった藤田一雄が関与していた。共同通信は五二年元旦にスターリンから日本国民への年頭メッセージをくれるように依頼して実現したいきさつがあり、それを手掛けて代表部とつきあいのあった藤田はソ連側に信用されていたのだ。その藤田が『文藝春秋』（五五年四月号）に手記を載せている。

そこでは仲介者の名を伏せて「新聞記者のX君」と表記しているが、後にそれが自分であることを認めているので、ここでは実名での引用とする。駐日代表部から藤田に連絡がきたのは、暮れも押し迫った五四年十二月二十七日のこと。代表部へ行くと、ドムニツキーは日ソの国交正常化をしたいという本国の文書を日本外務省に渡すよう訓令を受けたので、重光外相かその代理の谷顧問に会えるよう斡旋してほしいと自分に頼む。全権委任状ももっているという。外務省はソ連代表部の存在を認めず、いかなる文書も直接受け取ってくれないので藤田に頼んだのだ。

藤田の質問に対してドムニツキーは「両国間のすべての問題」を交渉するといい、サンフランシスコ条約は障害にならないというので、藤田はすぐ外務省に行くのだが、重光は「多忙」で会えない。谷に会うと「いま忙がしいから、そのように先方に伝えておいてくれ給え。大臣にはこの話はしないでくれ、頼むよ」とにべもない。それではと、重光の側近で外務省参与だった加瀬俊一に重光への取り次ぎを頼んだが、あとから「大臣に話を伝えたが、一向に興味を示さなかった」と連絡があり、やはり面会できなかった。

外務省はソ連が正式に交渉を申し入れるのなら、日ソ両国と国交のある第三国を通じて申し入れてくるべきであり、ドムニツキーに会えば代表部の存在を認めてしまうことになると警戒していたのだ。

二十八日夜にこれをドムニツキーに伝えると、非常に失望した様子である。そこで藤田は自分に任せてくれと言って、二十九日夜に民主党特別外交委員長の杉原荒太《あらた》を訪ねた。元外務省条約局長などを務めた参議院議員で、鳩山の外交ブレーンである。すると、杉原は非常な熱意を示して真剣に検討すると約束し、鳩山に話を伝えると、鳩山も強い意欲を示した。

鳩山は元旦に宮中参賀の場で重光と顔を合わせたので「あのソヴェトの文書はどうしたかね」と水を向けた。すると「あれは正式なものじゃないし、取りあげるわけには行きません」と言う。突っ込んだ話もできずに終わったが、その後も動こうとしない重光に鳩山は「重光のスローモーションには困る」と不満を漏らすのだった。

杉原は四日に重光と会ったが、拒絶の態度は変わらない。この間にドムニツキーも次第にいらだち、かねて懇意だった「日中・日ソ国交回復国民会議」事務局長の馬島僩《まじまゆたか》にも仲立ちを依頼。鳩山はいよいよ自分でドムニツキーに会う意向を固めて実現に至るのだった。

杉原の著書『外交の考え方』にもドムニツキーが出てくる。それによると、藤田の話を受けた杉原は鳩山に会う前に、まず重光に会って確かめたところ、重光は確かにドムニツキーの面会要請を断ったという。このため杉原が大晦日に鳩山と会うと、重光からは何ら報告を受けていないという。鳩山には、ドムニツキーが文書を持参するというのだから「文書を見たうえで、わが方として問題にならないものであるならば蹴とばせばよい。直ちに紙屑箱にほうりこんでも差支えない。頭から面会を拒絶して文書の内容を見る機会すら自ら封じることは、なすべきでないのみなら〔ず〕愚かなことである」と進言した。鳩山は納得して「重光君に話します」とのことだった。

鳩山が重光に「どうなった」と話したのは、その翌日だったことになる。

「一月七日」の怪

こうして鳩山が杉原を通じて連絡をとった結果、ドムニツキーが部下のチフビンスキーを伴って一月二十五日に音羽の鳩山邸を訪ねたというわけだ。

ドムニツキーの来訪から翌年秋に日ソ共同宣言が生まれるまで、日ソ交渉の全体を記録したものとして、二つの古典的著書がある。一つは、日ソ交渉の多くに全権代表として関わった松本俊一が六六年に著した『モスクワにかける虹　日ソ国交回復秘録』だ。これは二〇一二年に『日ソ国交回復秘録　北方領土交渉の真実』として再出版されたが、交渉当事者による記録として大きな地位を占めている。

もう一冊は、このころ日ソ交渉を取材した産経新聞政治部の久保田正明が八三年に出版した『クレムリンへの使節』だ。五六年には重光のモスクワ交渉に同行してもおり、後で書くように、この本はいまだ外務省が公開していない貴重な「訓令第一六号」をスクープするなど、実態に迫る記述が目立っている。

ドムニツキー来訪については藤田の仲介の話も詳しく紹介しており、そこには藤田が『文藝春秋』の手記で明かさなかった事実も書かれていた。藤田が面会を断られた重光に、自宅に押しかけて会った事実である。重光はドムニツキーについて「どこの馬の骨か分からぬ男に会うわけにはいかない」と言い、激論になったというのだ。これは藤田から直接聞いた話に違いない。藤田自身が『文藝春秋』に敢えてこれを書かなかったのは、日ソ交渉がまさに始まろうという時期に、外相がこのような態度だったことを明かすのは外交的によくないという配慮からだったのではないか。

以上の二冊は交渉全体の経緯を伝える貴重な書物で、これから本書でもしばしば引用させてもらうが、実はドムニツキーが鳩山邸を訪れた日については、二つの著書の記述が食い違っている。久保田は「昭和三十年一月二十五日の朝早く、二人の外国人が小石川音羽台にそびえる鳩山首相邸の急な坂道をのぼっていった。自動車はちかくの神社のそばに待機させてあった」と書き、この日に初めて鳩山と面会したように描いてある。これはこの日の鳩山の回顧録に、「新聞記者に見つかると、必要以上に騒がれるというので台所から入つて貰つた」と書かれているのと符合する。

ところが松本は、最初の来訪を「一月七日」だったとしている。ドムニツキーはこの日、二等書記官のチャソブニコフとともに音羽の鳩山邸に来て「戦争状態を終らせる国交回復の公文を交換し、大使を派遣し合い、そのあと領土、通商、戦犯、国連加盟などの諸懸案について交渉したい」と提案したと書いているのだ。これは後で述べる「アデナウアー方式」にあたる提案で、鳩山が原則的に賛意を表したとある。ドムニツキーは改めて二十五日に正式に文書をもってきた、というのだ。

このほか、読売新聞記者として後の鳩山訪ソに同行した戸川猪佐武の『小説吉田学校　第二部　党人山脈』が「七日」の面会について、二人の会話を含めて詳細に描写しているのをはじめ、多くの研究者やジャーナリストの著作も「七日に来訪」と書いている。

実はドムニツキーを最初に仲介した藤田は文藝春秋に寄せた手記に「一月二十五日午前八時すぎ、前夜の電話連絡にもとづいてドムニッ《ママ》キー氏はチェソフニコフ書記官と一緒に音羽の私邸で鳩山首相とついに会見した。一カ月にちかい努力がここに身を結んだわけである」と書いていた。そこに一月七日はない。ところが奇妙なことに、同じ藤田が三十八年後の九三年に政治記者ＯＢ会の会報に寄せた一文には「一月七日、音羽の鳩山邸での会談実現となった」と書き、「七日説」にくら替えしていた。

いったい七日の来訪はあったのか、それともなかったのか。疑問に思って調べてみると、実は七日の来訪は極めて疑わしいことがわかった。

単純な話なのだが、当時の新聞を見ると鳩山は一月五日に伊勢神宮を参拝したあと、伊豆・川奈のホテルに滞在中で、七日は音羽の自宅にいなかったのだ。『鳩山一郎・薫日記　下』でもそれは確かめられる。鳩山が音羽に帰ったのは九日で、すぐまた十日に夜行列車で岡山に向かう。さらに広島、山口を回り、岩国の空港から飛行機で東京に戻ったのは十四日だ。仮に二十五日の前に鳩山邸を訪ねていたとしても、それは別の日だったことになる。ドムニツキーが実は七日に川奈のホテルを訪ねていたという可能性もゼロではあるまいが、それはいかにも不自然だ。ホテルでは目立つし、同行記者もついている。リスクの面からも考えにくい。

ドムニツキーとの面会を仲介した杉原の『外交の考え方』にも、ドムニツキーの来訪は一月二十五日とあるだけだ。杉原はその朝、鳩山邸に呼ばれ、会談中は別室に控えていたと書いている。謎は残るものの、鳩山は二十五日にと回想録に書いており、これが初対面だったのではなかろうか。なお、鳩山日記には二十五日のドムニツキー来訪も書かれておらず、この日は杉原が朝来たことだけが記されている。勝手口からの密かな来訪だったので、筆者の薫すら気づかなかったのか、それとも「極秘」と思って日記にも書かなかったのか、不思議なことではある。

多くの著作が「七日」を採用しているのは、松本の著書を信頼してのことだろう。事実、七日に来訪と書いた二人の研究者から「松本の記述を信じた」と聞いた。藤田も後から松本の著書を読み、自分の知らない新事実があったと思ったのではなかったか。

では、松本はなぜ勘違いしたのだろう。真相は分からないが、『文藝春秋』の藤田の手記によると、ドムニツキーが馬島倜に会って鳩山への面会を依頼したのが一月六日だった。馬島はそれから杉原のほか鳩山に近い数人に斡旋を頼んでいるのだが、馬島をめぐる動きが「七日に鳩山を来訪」と松本に誤って伝わったのかもしれない。松本が日ソ交渉に関わるようになるのはこれより大分あとのことだが、いずれにせよ、この勘違いから「七日」説が独り歩きして定着したとすれば、怖いことだ。日にちの間違いだけならまだしも、この面会で両者がいわゆるアデナウアー方式で合意したように松本が書いたことの信憑性も否定せざるを得ない。歴史研究のうえで無視できない過ちだった。

さて、二十五日は鳩山が衆議院を解散した翌日だった。鳩山はドムニツキーに会うと、まず「ボクは共産主義は大嫌いなんだから、君たちの方で、日本に共産主義の宣伝をするためのチャンスをつかもうとする企てがあるならば、私は同意できない」とクギをさした。すると「あなたが共産主義嫌いであることはよく知つている。イデオロギーを押しつけて両国の国交が正常化できるなどとは、全く考えていません」と答えたので書簡を受け取ったという。

後で外務省が発表したところでは、ドムニツキーの書簡には以下のように書かれていた。

「ソ連邦は、対日関係正常化の熱望に促され、周知のごとく、終始一貫して両国関係の調整を唱えてきた。日ソ関係正常化の意図がある旨の意思表示は、なかんずく周知の一九五四年十月十二日付の中ソ共同宣言および十二月十六日のソ連邦外務大臣ヴィ・エム・モロトフ氏の声明中に行われている。鳩山総理大臣の最近の声明中において、日ソ関係の解決に賛意を表していることも世間に知られている。日ソ関係の正常化の希望は、また重光外務大臣によって、一九五四年十二月十一日の声明およびその後の諸声明において表明されている。

このような情勢を考慮に入れて、ソヴィエト側は、日ソ関係の正常化のため執りうべき措置について、意見の交換を行うことが時宜に適するものと信ずる次第である。ソヴィエト側は、モスコーまたは東京のいずれかにおいて行われるべき交渉のため代表者を任命する用意があり、この点について日本側の意向を承知したいと考えるものである」

共同通信のスクープ

ここに書かれた「十月十二日の中ソ共同宣言」と「十二月十六日のモロトフ声明」については後で説明するとして、「重光外相の声明」とは外相就任にあたって表明された外相談話のことで「われわれがイデオロギーに関係なく、全世界の国々と友好関係を作りだすのを望んでいることを記憶していただきたい。したがってわれわれは、自由世界と基本的に協力し、偏見なしに受諾できる条件で、中ソ両国と正常関係を回復することを望むものである」と述べてあった。鳩山の方針を踏まえたもので、重光にしては少し踏み込んだ印象があったが、その実、慎重だったことは前に見た通りだ。

新聞を調べてみると、ドムニツキーが鳩山邸に来る前の二十日、鳩山と重光は経済審議庁長官の高碕《たかさき》達之助を交えて官邸で会談し、ソ連、中国との外交について意見調整していた。この結果、ソ連との戦争終結については「ソ連側から働きかけてくるべきもので、日本側からとやかくすべきものではない」と確認したとある（一月二十日、朝日新聞夕刊）が、ドムニツキーに関してどんな議論があったのかは分からない。ドムニツキーの鳩山邸来訪がいつ決まったのかも分からないが、少なくとも鳩山の面会を重光は察知していなかったようだ。ドムニツキーの書簡は杉原が鳩山から預かって重光に渡した。外交の責任者の知らぬ間に首相がドムニツキーと会ったことに、重光や外務省幹部らは陰で激怒したようだが、自分たちはソ連の申し出を鳩山に告げぬまま門前払いしていたのだから、一方的にどちらかを責めることはできない。

首相と外相の考えがずれることは時にあるとはいえ、これほど露骨に対立した例は他にないと言ってよかろう。重光には戦前から戦後処理まで、自分ほど外交舞台で体を張ってきた人間はいないという自負があった。鳩山や河野のような「外交の素人」とは訳が違う、という思いである。さらに、民主党の結成に際して鳩山派より議席が多い改進党の総裁だった重光には、いわば連立政権を担っているという感覚があったのかもしれない。

外務官僚たちも鳩山を警戒していたから、外相と呼吸を合わせていた。首相からの指示があっても、外務省は「書簡には日付けも名前も書かれておらず、公文書の体裁を整えていない」として、なお冷ややかだった。なるほど外交的にはいかにも変則的だが、だから動かないというのは「動きたくなかった」からだろう。吉田茂の影響が強かった外務省幹部らには「英米、とりわけ米国との連携」を第一としていた。

四日後の二十九日、「鳩山・ドムニツキー会談」と書簡の存在が、共同通信の配信によって、全国の地方紙などで朝刊に派手に報じられた。藤田はドムニツキーからの許可がなかなか出ないなか、この情報が首相に親しい記者を通じてもれ始めたため、無断で書いたと明かしている。地方紙以外でも、共同通信の加盟紙である日経新聞などはこれを大きく伝え、ドムニツキーとの一問一答も載せた。「私はソ連外務省から今回の申入れを行うについて全権を委任されている」「内容は言明できないが、日ソ関係の正常化に関するあらゆる問題が含まれている」などと答えている。

鮮やかなスクープに朝日、毎日、読売などの大手紙が大慌てした様子が目に浮かぶ。二十九日の夕刊で一斉にこれを追いかけた。鳩山日記にはこの日に「ドムニツキー事件にて記者達沢山来る」とある。朝から鳩山邸に殺到したのだろう。鳩山はドムニツキーと会って書簡を受け取ったことを認め、折衝に意欲的なところを見せた。ドムニツキーもソ連代表部に詰めかけた記者たちの取材に応じている。

ここに及んでさすがに外務省も動かざるをえなくなった。ニューヨークの国連にオブザーバーの日本代表として駐在していた沢田廉三《れんぞう》に連絡し、ソ連の国連代表を通じて手紙の真偽を確かめたところ、間違いなくソ連政府の書簡であることが確認された。こうして二月四日の閣議で初めてソ連との交渉の開始が正式に決まるのだが、それには鳩山と重光の考え方の調整が必要だった。

鳩山と重光には日ソ交渉の考えにも大きな違いがあった。ソ連との戦争回避や抑留者の帰還にウエートを置く鳩山は、難しい領土問題の解決を後回しにしてでも「戦争状態の終結宣言」や国交回復を急ぐべきだと考えていた。これに対して重光は、ソ連が国交正常化を狙う意図を「日本における世論工作」にあると警戒する一方、将来に問題を先送りすべきでないとして、あくまで領土問題を片づけて平和条約を結ぶべきだとの考えだった。

閣議の前に鳩山と重光は会談し、意思統一を図った。戦争終結宣言が先だとか、懸案交渉が先だとか、決まった態度をとらず、交渉しやすいところから話し合うというもので、交渉の具体的な進め方は外相に一任することとした。実はこの前日、鳩山と重光が相談して、鳩山側の杉原と、重光に近い外務省顧問の谷正之が深夜までじっくり話し合い、妥協案をまとめていた。その話が『外交の考え方』に出てくるが、鳩山があっさり了解したのに対して重光はしぶしぶ応じていた様子がわかる。それでも朝日新聞は、「今まで外務大臣として無視されていたのがいささかカンにさわった」重光が、閣議決定後の記者会見で「交渉方針は私に一任された」と力んだと報じている（二月五日）。

もっとも鳩山は七日、遊説で鹿児島に向かう車中、記者たちに、これから始まる日ソ交渉の首席全権に杉原荒太が「適任だ」と話して、さっそく重光をいらだたせる。九日の朝日新聞によると、これについて記者団から聞かれた重光は「個々の人が想像や意見をのべるのは仕方ない」と不機嫌に答え、「私のいうことが政府の意見だ」と突っぱねた。鳩山の「おしゃべり」は重光にとって悩みのタネだった。

こんなことから、鳩山と重光は二月十二日に鳩山邸でじっくり話し合う機会をもった。この時も前夜に杉原と谷が意見を調整しており、日ソ交渉は性急な態度はとらず、成り行きに応じて弾力的に対応することを確認した。さらに首相と外相の「共同談話」が出され、改めて「交渉の仕事ならびにこれに関する正式発表は外務省一本の手で行う」ことを確認。さらに首相、外相とも東京に不在のケースが多いので、谷と杉原が事務的処理にあたることも、わざわざ確認された。ソ連との交渉の前に、閣内で外交交渉のような手続きが踏まれていたことには驚くほかない。

こうして閣内の対立を糊塗《こと》して日ソ交渉に踏み出すのだが、この対立が結局は深刻な結果をもたらしていく。

フルシチョフの新方針

ソ連にもこのころ大きな政変があった。すでに独裁者のスターリンは五三年三月に亡くなっており、改革を目指すフルシチョフが曲折を経て第一書記となって実権を掌握していた。そのうえ首相だったスターリン派のマレンコフが解任され、フルシチョフの腹心であるブルガーニンが首相となったのだ。フルシチョフはブルガーニンとともに外交路線の改革に進むことになる。

フルシチョフとはどんな政治家だったのか。一八九四年四月生まれだから、このとき六十一歳。父は炭鉱夫で、本人は十五歳の時からウクライナで工場労働者として働きながら共産党で頭角を現し、三十五歳にしてモスクワのスターリン記念工業アカデミーに入学を許された。その後もスターリンの忠実な部下として出世を果たしたが、スターリンの死後、やがて権力を握った典型的な「たたき上げ」の政治家である。共産党の大会でスターリンが進めた個人崇拝や独裁、そして粛清などを徹底的に批判する秘密演説を行い、権力を確立するのは、一年あとの五六年二月だった。「彼は不快な方法で自分自身を賛美し、犯罪者を野放しにし、自分にもっとも近い協力者を秘密警察の拷問室に送り込み、陰険にも自分の最善の友を自殺に追い込んだ……」という具合である。

ドムニツキーの書簡が届いたのは、スターリン批判の一年ほど前だが、フルシチョフは外相のモロトフがスターリン外交から脱皮できずにいると不満を募らせていた。そののちモロトフも更迭されるのだが、フルシチョフはブルガーニンとともにモロトフをせっついて交渉を急いだ。スターリンの対日政策が失敗だったという反省からだった。

一九一七年のロシア革命を指導したレーニンの死後、スターリンはライバルのトロツキーを追放してソ連共産党の書記長となった。さらにトロツキーに連なる者をはじめ、政界、軍から知識人らに至るまで、空前の粛清を重ねながら独裁権力を確立した。その犠牲者は五十万人から数百万人と言われ、人類史上稀に見る「恐怖政治」を敷いた。一方でナチスドイツとの戦争を制した戦略家でもあり、日本との戦争にも中立条約を破って最終場面で参加。満州に侵攻して大量の捕虜をシベリアなどに抑留したほか、ヤルタ会談での成果をもって北方領土の占領を命じたことは前章で見た通りである。

こうして「対日戦勝国」となったソ連は、GHQの構成メンバーになると、東京の駐日代表部に大量の職員を送りこみ、日本の共産化をめざして活発な情報宣伝活動をくり広げた。また、七十万人を超えた捕虜を各地の収容所に入れて過酷な労働を課す一方、いわゆる洗脳工作を進め、日本の帰還者が共産党に入るよう大がかりな工作も進めた。

しかし、GHQによる日本の占領政策は事実上アメリカによって進められ、ソ連の思惑はほとんどはずれた。そのうえサンフランシスコ講和条約への調印を拒んだことから、日本との交戦状態に終止符を打てぬまま、東京には大使館も置けずに取り残されてしまった。「代表部」が日本外務省から再三、立ち退きを要請されるようでは、日本での宣伝政策もままならないと思ったのだろう。

日本との関係改善へゴーサイン

権力を掌握したフルシチョフがソ連の共産党大会でスターリン批判の「秘密報告」に踏み切るのは、日ソ交渉が始まったあとの五六年二月だが、その前から世界に資本主義と共産主義の共存は可能だとして、しきりに東西の「平和共存」を訴えるようになっていた。そうした中で日本との関係改善も模索し始めていた。五三年の十二月にシベリア抑留者の日本への送還を始めたうえ、五四年十月には北京から大きなニュースを提供した。

舞台は、毛沢東によって中華人民共和国が建国されて五周年を記念する祝賀行事だった。そこにフルシチョフが参加し、毛沢東らと一枚岩の団結を誇示したのだが、このとき二人は「対日関係に関するソ連と中国の共同声明」を出した。「両国政府は、互恵の条件によって、日本と広範な貿易関係を発展させ、並びに日本と密接な文化上の連繫を樹立することを主張するものである。同時に両国政府は、それぞれステップを踏んで日本との関係を正常化させたいと願っていることを表明する」という中身だ。それまでの敵視政策から百八十度転換した日本へのエールにほかならない。ドムニツキーが持参した書簡で触れられた「中ソ共同声明」とはこのことだ。

ところが、首相が長い外遊の旅にあった吉田政権はこれを全く無視する。中ソ共同声明の発表は西ドイツで知ったが、ソ連が日ソ中立条約を破って日本を攻撃したことに強い不信感を表明し、まともに取り合おうとしなかった。頭からソ連を信用していなかったのだ。フルシチョフにすれば全くの肩すかしだったが、そこに日ソ国交の復活を掲げる鳩山政権の登場である。「待ってました」の思いだったに違いない。

ドムニツキー書簡にもあるように、ソ連は鳩山政権ができて間もなく外相のモロトフが日ソ関係打開に関する声明を出したが、これは重光の声明に応えるものだった。その経緯について、『日ロ冷戦史』などの著者である法政大学教授の下斗米《しもとまい》伸夫が、ソ連の外交文書から分かったという以下の経緯を教えてくれた。

ソ連外務省は重光の声明に対する肯定的な声明を出そうと考え、その原案を次官のフェドレンコが書いた。ここでは関係の「改善と発展」を目指すとされたが、モロトフは関係の「確立と発展」に修正し、十六日の共産党中央委員会で「モロトフ声明」の発表を決めてもらった。中央委員会はこれを公表する前に中国政府に伝えたというから、中国への気遣いがわかる。中国とソ連の間が急速に悪化するのは、これよりかなり後のことである。モロトフの声明はモスクワ放送が十七日に報じ、政府機関紙『イズベスチヤ』には二十二日に載った。

モロトフがことを急いだのはフルシチョフの指示があってのことに違いない。首相の鳩山にではなく、重光の声明に対応しようとしたのは、まずは外相レベルでことを運ぶのが適当だと考えたからだろう。それで、モロトフ声明から一歩進んだ「交渉の意思」を重光に直接伝えようとしたのが、ドムニツキーの面会申し入れだった。ところが、それを拒まれて、さぞ面食らったことだろう。そこから鳩山のもとを訪ねることになった経緯は先ほど書いた通りである。

それにしても、ソ連はどうして日本との国交を開こうと考えたのか。フルシチョフの証言を整理してまとめた『フルシチョフ　封印されていた証言』には、スターリンによる戦後の対日政策に対する徹底的な批判がはっきり書かれている。

「戦後、われわれの喉にひっかかったままになっていたもう一つの刺は、日本との平和条約が結ばれていないことだった。（中略）正義はソ連国家に関してはは回復されていたが、外交的な解決がなされていなかったのだ。それはすべてスターリンの異常な考え方のせいだった。もし彼が日本軍国主義が粉砕された直後の状況をそのまま正しく評価していたら、この国の進歩的なひとびとと接触する条件が熟したとき、わが国は日本にわが国の代表を置くことができていただろう。しかし、われわれは、自ら孤立化したために、この条件を生かせなかった。われわれは、自分たちの頑迷さと愚かさに対して大きな重い代償を支払ったのだ」

「わが国は（講和条約に）調印すべきだった。どうしてわが国が調印しなかったのかわからない。たぶん、虚栄心か自負心の問題だったのだろう。だが、何よりもそれは、スターリンが、自分のできることとアメリカに対する彼の影響力とについて誇大な考えを持っていたためだった」

「もし大使館を置いていれば、われわれは日本の世論や有力者に近づいていただろうし、日本の企業と貿易関係を結んでいただろう。われわれはそういう機会をすべて逸した。それこそアメリカが望んだことで、それは彼らの利益にかなった。彼らは、わが国の代表がほかの国に存在することを欲せず、総じて言えば、われわれを孤立化させたがっていた。それが、ソ連国家の誕生以来、彼らが遂行してきた封じ込め、非承認、そして干渉の政策である。われわれは、自らこの餌を呑み込んで、アメリカの侵略的反ソ勢力を大いに喜ばせた。このすべては、われわれに先見の明がなかったせいだった」

NHKの『これがソ連の対日外交だ』でもフルシチョフは以上の見方を語ったあと、「我々が東京へ復帰すれば、日本国民、特に進歩的な勢力の利益となるだろう。ソ連の大使館が東京に再開されれば、日本の今の政策に不満なすべての勢力を磁石のように引き付けられるだろう」と述べていた。あけすけなフルシチョフらしい対日戦略の独白であり、いささか楽観的にすぎる期待だったこともわかる。そうと知ってか知らずか、鳩山の思いとフルシチョフの思いがかみ合った。もっとも鳩山をはじめ日本政府はフルシチョフにかなりの実権があるとは知りつつ、ソ連の最高指導者は首相のブルガーニンだと見ていたようだ。二月十六日にドムニツキーが、今度はブルガーニンからの手紙を鳩山に届けにきたことにも理由があろう。手紙の趣旨は、モスクワでも東京でもよいから直ちに交渉を始めようという申し出だった。鳩山は後に自ら訪ソする直前にもブルガーニンと意思確認の書簡を交換するのだが、ブルガーニンこそそうした政治判断を下しうる人物だと考えていた。

鳩山政権が日ソ交渉に乗り出すことを決めたとき、日本ではすでに選挙戦の真最中だった。二月二十七日に行われた投票では与党の民主党が鳩山ブームに乗って大きく躍進し、第一党の地位を得たが、過半数にはまだ遠かった。やがて日ソ交渉は六月からロンドンで始まることになり、交渉を任された日本の「全権代表」には衆院議員に当選したばかりの松本俊一が選ばれた。元駐英大使の外交官ＯＢである。鳩山が当初「適任だ」とした杉原は、鳩山に近すぎるとして重光が難色を示したため、第二次鳩山内閣の防衛庁長官となっていた。

ソ連側は前駐英大使のマリクが「全権代表」になったロンドンがしばし交渉の舞台となる。「全権代表」とは、日露戦争後のポーツマス会議に派遣された小村寿太郎のように、本来は文字通り外交交渉の現場ですべてを委ねられる存在だったが、通信事情が発達してからは質が変わった。重要な判断は本国政府に仰がなければならなかった。日ソ交渉という晴れ舞台で成果を収めたかった松本は、その悲哀をいやというほど味わうことになる。

第4章
幻に終わった「二島返還」

日ソ交渉を任された松本俊一は、五五年六月からロンドンでソ連のマリクと向き合った。交渉の第一ラウンドである。やがてマリクは歯舞、色丹の二島を返して平和条約を結ぼうという思い切った提案を示した。フルシチョフからの指示だった。松本は大いに喜ぶのだが、外相の重光葵が鳩山に相談することなく、外務省幹部らと図ってこれを蹴るように指示する。あくまで「四島返還」を求めろという趣旨だった。戦後史の大きな分岐点だったが、ここでは二島返還による平和条約が幻に終わった「交渉の第一ラウンド」を見ていこう。

訓令第一六号

日ソ交渉の全権代表となった松本俊一《しゅんいち》は、駐英大使などを歴任した外交官の出身で、戦前に重光が外相だったころ次官として仕えた仲でもある。全権代表とはいえ、外務大臣の指揮を受ける立場だった。ところが、交渉に臨む松本の積極姿勢は鳩山や河野に極めて近かった。鳩山―河野と、重光―外務官僚ラインの確執、いうなれば「二元外交」の中で、松本は板ばさみになる。

松本によれば、衆議院選挙に立候補した松本の応援のため重光が二月に広島へ来た際、日ソ交渉について松本にこう話した。「これは鳩山が非常に熱心で、ソ連の態度を非常に甘く考えているので、自分としてもやむを得ず賛成をしたが、自分のみる限りではこの交渉はなかなか一筋縄ではいかないし、長引くであろうし、また非常に困難であろうと思われる。しかし、総理である鳩山が熱心である以上やらねばならない」(『日ソ国交回復秘録』)。

このときはまだ自分の問題だと意識しなかった松本だが、議員バッジをつけ、さらに全権代表となってからは、政府内のこの不一致を痛感することになる。

そもそもドムニツキーの面会要請を拒んだ重光にはソ連に対する嫌悪感が強かった。しかも鳩山がそのドムニツキーに極秘で会い、重光の面子がつぶれる。鳩山が「党人外交」を掲げて頭越しに外交を進めようとしたと見て、職業外交官としてのプライドが傷つけられたのだろう。しかも重光には、自分はただの外交官ではないという自負がある。鳩山内閣のナンバーツーでありながら、反ソ的な心情といい、外交官としてのプライドといい、むしろ鳩山外交を「素人外交」と決めつける吉田茂に通じるところが大きかった。

ソ連との交渉開始を決めたあと、路線の対立はまず「アデナウアー方式」の是非に表れた。後に西ドイツのアデナウアーがモスクワで交渉した際、東西ドイツの分断という難題を後回しにして、まずソ連との国交を開くことに同意したことから「アデナウアー方式」という言葉が生まれる。とはいえ、この時まだ西独とソ連には国交がなく、アデナウアー方式という言葉もなかったのだが、領土問題を後回しにして国交を開き、早く抑留者を帰してもらおうという鳩山の考えは、後にアデナウアー方式と呼ばれることになる。

これに対して、日米協調こそ第一だと考える重光は、ソ連との国交回復だけを急いでも実益は乏しいと見ていた。あくまで領土の懸案を処理して平和条約を結ぶのが本筋だと考えたのだ。

外務省はロンドンに向かう松本に「訓令第一六号」を発した。これから始まるソ連との交渉はこの線で行えという指示である。極めて重要な文書だが、それゆえか外務省はいまだにこの訓令を公開していない。だが産経新聞の久保田が、その内容を『クレムリンへの使節』に書いている。おそらく松本から入手したのだろう。以下に紹介しておこう。

「訓令第一六号」

今回のソ連邦との国交正常化を目的とする交渉に当たっては左記により使命達成に万遺憾なきを期せられたい。

記

一、(交渉の目標)交渉は日ソ関係を正常化するため日ソ平和条約(平和関係の樹立、外交使節の交換、諸懸案の解決をふくむ)の締結を目標とするものである。

二、(わが方の基本的立場)わが国は桑港条約・安保条約等によって明確に自由陣営に属するものであるから、(略)国交正常化の暁において、相互に相手国内において国内秩序保持に反する宣伝活動をなさざることとし、その旨の先方の確約を取りつけられたい。

三、（諸懸案の解決）前項につき先方が異議を有せざることが明確になった場合には、左記諸懸案の解決につき折衝にはいられたい。

イ、わが国の国連加入にたいする拒否権不行使

ロ、戦犯をふくむ抑留邦人全部の釈放・送還

ハ、領土問題

（一）ハボマイ、シコタンの返還

（二）千島、南樺太の返還

ニ、漁業問題（だ捕漁船、乗員の送還を含む）

ホ、通商問題

四、（交渉の重点問題）前項の問題については、わが方主張の貫徹に努力されたく、とくに抑留邦人の釈放・送還及びハボマイ、シコタンの返還については、あくまでその貫徹を期せられたい。（略）

五、（非容認条件）先方の提示しきたることあるべき条件にして、わが方が絶対に容認しえざるもの左のとおり。

イ、安保条約の改廃

ロ、中立条約の締結

ハ、日本領土の特定地域または海域の無防備化

ニ、日本の防衛力の規模または装備、兵器の種類等、主権の制限

ホ、賠償の要求

ここでは交渉の目標として「平和条約」と明記され、アデナウアー方式は排除された。一方で「領土問題」については、（一）ハボマイ、シコタンの返還、（二）千島、南樺太の返還、の二つに分けられており、さらに「交渉の重点問題」には「わが方主張の貫徹に努力されたく、とくに抑留邦人の釈放・返還及びハボマイ、シコタンの返還については、あくまでその貫徹を期せられたい」と書かれていた。これと同じ内容が「日本の交渉方針」としてアメリカに伝えられていたことが、早大教授の田中孝彦によって発見されている（『日ソ国交回復の史的研究』）ことなどから、久保田の記述に間違いはあるまい。

このころの日本政府は国後、択捉について、サンフランシスコ講和条約で日本が放棄した「千島列島」に含まれるという見解をとっていた。それは条約を結んだ吉田内閣がとっていた見解であり、南千島に属しない「歯舞、色丹」の返還を実現することが当時の最大公約数的な悲願だったのだ。

訓令一六号は杉原荒太と谷正之が練って作ったものだ。そもそも杉原は鳩山が首相になる前の五四年二月に「二島返還」で平和条約を結ぶことを進言していた。その書簡が音羽の鳩山邸を改装した「鳩山会館」に展示されている。一方、谷は重光に近い原則論者で、訓令一六号はそんな杉原と谷の合作で、妥協の産物とも言えた。交渉の目標が平和条約と明確にされたほか、互いに「国内秩序保持に反する宣伝活動」をしないことの確認をまず求めることにしたのは重光・谷の主張が通ったと言えるだろう。

田中孝彦の見るところ、それはアメリカの意向でもあった。実はドムニツキーが鳩山を訪ねた直後の一月二十六日に国務長官のダレスが「覚書」をつくり、その中でソ連が国交回復後に日本国内で「諜報、破壊、宣伝工作のネットワーク」を拡大しないよう、何らかの取決めを結ぶことを日本に求めていたのだ（『日ソ国交回復の史的研究』）。

一方、領土についてはどうだろう。日ソ交渉についてはアメリカ人学者のドナルド・ヘルマンによる『日本の政治と外交　日ソ平和交渉の分析』があるが、そこでは松本へのインタビューを踏まえて、松本が得た「訓令」は以下のような内容だったと書いている。

「その第一は、歯舞・色丹は無条件的に固有の日本領土として主張すべきこと、そしてこれが最も大切な点であるが、これらの諸島の返還をもって、平和条約妥結のための満足すべき条件と見なすべきこと、という点であった。第二に、南千島は「歴史的根拠」にもとづいて要求すべきものとして重要視されてはいたが、それは一般的協定のための不可欠の条件とは考えられていなかった。第三に、北千島および南樺太は、たんに取引の材料として主張すべきものとされていた」

ヘルマンのいう「訓令」の存在は明確でなく、田中孝彦は訓令一六号の「追加訓令」だと解釈しているが、これは正式の訓令ではなく、松本が訓令一六号の中の「交渉の重点問題」について、そのような説明を受けた、あるいはそう解釈したということではないか。外務省が歯舞、色丹だけで「満足すべき」と訓令に書くとは思えないからだ。

ただし、外務省の方針が松本のいう三段階だったことは、前述のETV特集に登場した当時の条約局長下田武三の証言からもうかがえる。そこでは「千島列島全体と南樺太の返還」は「一二〇％の希望」であり、次に「南千島（国後、択捉）と歯舞、色丹の返還」が第二段階の要望、そして「最小限の希望達成」が歯舞、色丹の返還――だったと話している。下田は『戦後日本外交の証言　上』でも同趣旨のことを書いた。受験にたとえるなら、二島返還が「滑り止め」として容認されていたと見ることができる。

この三段階論は、鳩山・杉原の考えと重光・谷の考えの折衷案だったと言えよう。鳩山は二月二十五日の参議院本会議で、南樺太と千島列島もソ連に返還を求めるかという野党の質問に対し、歯舞、色丹は「所属が明瞭」だから主張するのは当然だが、南樺太と千島は「サンフランシスコの条約がある」として、ただちに主張するわけにはいかないと述べていた。アデナウアー方式によらず一気に平和条約を結ぶのなら、二島返還が現実的だと鳩山が考えていたことが分かる。

一方、重光はたとえ最後は妥協するにしても、まずは四島で押せるだけ押していくべきだと考えていた。そうでないと国民の納得が得られないうえ、アメリカに対する顔向けもできないと考えたのだろう。訓令十六号は二つの考えの妥協の産物だった。

ソ連が示した「二島返還」

松本がロンドンに出発する直前の五月二十六日、鳩山は重光と松本の二人を従えて、野党の党首たちに相次いで会った。交渉について説明し、意見を聞く形で協力を求めたのだ。そのことが重光の日記（『続 重光葵手記』）に書かれている。それによると、吉田茂の後を継いだ自由党総裁の緒方竹虎は、抑留者の問題をこの交渉に絡めることに反対し、「交渉の国内準備態勢の不備」を指摘するなど、交渉は「時期尚早」だと正面から水を掛けた。

一方、左右に分かれていた社会党は左派委員長が鈴木茂《も》三郎《さぶろう》、右派委員長が河上丈太郎《じょうたろう》だった。彼らとの会談については「鳩山の態度は恰も兄弟に会ふが如く打つて変わつてあり」。そのあと衆議院の本会議で重光が日ソ交渉の報告演説をしたのに対しても、「社会党は与党の如く、自由党は益々野党振りを発揮す。前途容易ならず」。続く翌日の参議院本会議でも同様で「前途多難」と書かれている。重光の目には自由党の反対はもとより、社会党が与党のように振る舞うことにも不安を抱いたようだ。このころアメリカも、日ソが国交を開くことで日本に親ソ的な世論ができていくことを一番心配していた。

さて、ロンドンでの日ソ交渉は六月から、ソ連大使館と日本大使館を交互に使いながら始まった。相手は駐英大使となっていたマリクである。思い出していただけるだろうか、マリクはサンフランシスコ講和会議の際、ダレスの示した草案に強く抵抗した国連大使だった。その後、駐英大使になっていたのだ。戦前には駐日大使も務めており、問題の所在を知り抜いた外交官だった。

一方の松本も駐英大使の経験者だった。日ソの大使館はどちらもハイドパークから近いケンジントン・パレス・ガーデンという並木通りにあって、歩いて数分の距離にある。一回目の交渉で、まず松本が「交渉は長くかかりそうなのでゆっくりやりましょう」（『日ソ国交回復秘録』）と話しかけた。重光から「急ぐな」という指示を得ていたためでもあったが、マリクは笑いながら「二、三カ月でかたづきますよ」と答えた。駐日大使だったマリクと外務次官を務めた松本は旧知の間柄だった。

訓令に基づいて、交渉はあくまで平和条約を目指す正攻法の方針で行われることになった。平和条約にあたって日本側が重視した懸案をざっとあげるなら、

（一）抑留者の釈放と返還を果たす
（二）サンフランシスコ講和条約と日米安保条約を守る
（三）北方領土の返還を得る
（四）北方海域における漁業への配慮と抑留漁民の返還を得る
（五）日本の国連加盟にソ連の賛成を得る

などだった。裏を返せば、ソ連側がほとんどのカードを持っていたということだ。中でも最も難しいテーマが北方領土だったことは疑いない。マリクは交渉開始から間もなく平和条約のソ連案を示した。そこでは日本の国連加盟を支持し、賠償も放棄するなどの姿勢を見せたが、抑留者の送還は平和条約の締結後だとし、北方領土については国後、択捉はもちろん歯舞、色丹もソ連の領土であることを明確にした。

さらに日本を驚かせたのは、日本に軍事同盟に参加しないことを求めたうえ、宗谷、根室、津軽、対馬などの海峡の自由航行を「日本海臨海諸国」に限定することも要求していた。つまり日米安保条約を破棄し、日本海側に通じる海峡にアメリカの軍艦を通すな、という高飛車な要求であった。ニューヨークタイムズは「日本、ソ連の条件に震撼す」という見出しでこれを報じた。

だが、これはスタートにあたってのソ連側の言い値だった。松本はひとつずつ反論し、特に抑留者の返還は平和条約を待たずに実現すべきだと求めた。これに対してマリクは少しずつ譲歩の姿勢を示していく。「戦犯」とされる抑留者について即時の送還は認めないものの、軍人千百六人、一般人三百五十七人だと数字を明かし、「平和条約の締結後ただちに特赦を行い送還する」と回答した。スターリン時代には考えられない柔軟姿勢だった。

やがて、いったんモスクワに帰っていたマリクがロンドンに戻ると、八月五日の交渉後に日本大使館の庭で松本とお茶を飲みながら「ほかの問題が全部片づけば、歯舞、色丹を引き渡してもいい」と口にして松本を驚かせる。さらに九日の交渉で、正式に切り札を切った。日米安保条約の破棄は求めないと明確にしたうえ、領土については平和条約が結ばれれば歯舞と色丹を日本に引き渡してよいと受け取れる重大な譲歩だった。松本がマリクに念を押すと、「そう、両島は日本に譲るんだよ」と明確だった（『クレムリンへの使節』）。いまのロシアもそうだが、北方領土について「返還」という言葉は決して使わず、恩着せがましく「引き渡し」だという。しかし、意味するところは同じだ。

マリクの提案はフルシチョフの決断によるものだった。なぜ、突然この提案が出てきたのか。『日ロ関係史』の河野康子・下斗米伸夫論文などによると、七月十二日にモスクワで行われた共産党中央委員会総会で、フルシチョフらが外相のモロトフら保守派に対して外交の路線論争に勝ち、十八日にはブルガーニンがジュネーブで米英仏の首脳らと会談して平和共存の雰囲気を高めていた。それを背景に、フルシチョフが一気に日ソの平和条約を急いだと考えられる。

さらに、マリク交渉団の一員だったソ連外務省のチフビンスキーは二〇〇六年、日本のメディアに内幕を明かしていた。フルシチョフはマリクに対して「君たちはお茶ばかり飲んでいる。もうたくさんだ、終わらせろ」と言って二島の引き渡し案を示すように指示したが、それはもともとマリクらが考えていた「最終案」だったというのだ。チフビンスキーはNHKのETV特集『クレムリン・緊迫の7日間――日ソ国交回復・50年目の真実』（三月二十一日）で次のように語った。

「我々にとって想像外でした。フルシチョフの案は最終案だったのです。まだその段階ではないのに、フルシチョフはその最終案を提示しろと言ったのです。私たちは最終案なしで平和条約にもっていけると考えていたのにです。フルシチョフは二島を引き渡せばすぐ平和条約にサインできると思ったのです。外務省はぐずぐずしていて何もできないが、自分はさっさと全部片付けることが出来ると見せたかったのです。フルシチョフは短気でした」

この焦りが結果として裏目に出たというわけだが、マリクから新提案を受けた松本はこれで一気に妥結できると喜んだ。表向き冷静を装って不満そうな顔をしつつも、あとから「これで交渉は出来上がったも同然だ」と、随員と手を握り合うほどだったのだ。

それというのも、日本の方針は「北方四島の返還」が原則ではあるものの、訓令一六号からもうかがえるように、何とか歯舞、色丹さえ返してもらえれば……という現実的判断があったからだ。現実には歯舞、色丹の返還すら難しいとの見方が多かったからなのだが、ソ連の新方針はあっさり出てきた。

もっともマリクは「ほかの問題がすべて片づけば」という条件をつけていた。それまでに抑留者の帰還や国連加盟などに応じ、ソ連が当初求めた日米安保条約の破棄も取り下げたが、アメリカを締め出す「海峡航行権」の問題については譲歩の姿勢を示しておらず、それは歯舞、色丹の返還との見合いで交渉しようと思っていたのかもしれない。松本はそこを詰めた様子はないが、逸《はや》る気持ちを抑えられずに、すぐ本省に以下の「機密電」を打った。

「領土問題にかんするソ連側の発言はソ連側がなんらかの条件のもとに、ハボマイ、シコタンを放棄し――この点については会談を終わり懇談したさいマリク全権は明白にその意思を示唆した――本件交渉をまとめんとする意図を表したものであって、きわめて重要と考えられるから、いま少し交渉が進行するまで絶対極秘のふくみとせられたく、追って卑見申しすすむべきも、右取り敢えず」

握りつぶした重光

ところが、ここから意外な展開が待っていた。いくら待っても、重光からの回答が来ないのだ。重光が日記の中でマリクの提案について全く触れていないのは異様なほどだが、それほどこれを無視したかったのだろうか。彼は「絶対極秘に」という松本の言を逆手にとるように、首相の鳩山にすらこれを報告しないまま、外務省内で一部の幹部と相談し、緘口令《かんこうれい》を敷いた。そして、予定通り十二日に郷里の大分へのんびり墓参りに出かけたのだ。

久保田によると、瀬戸内海を行く船上で、何も知らない同行記者たちに対して「日ソ交渉はあえて急ぐ必要はない。いずれ適当な線で妥協するかどうかの決定に迫られることになるかもしれないが、どうしても納得できないときは交渉をやめるということも考えなくてはなるまい。ソ連から五のものを得ても、米国にたいして十のものを失うようなことになれば、日本としてアブ蜂とらずになるから充分戒心しなければならない。領土の決定をするには旧連合国間で話しあいをしなければならないからだ」と話した（『クレムリンへの使節』）。

明らかなカムフラージュだったが、朝日新聞が伝えた船中や宿舎での重光談話は、さらに「虚偽」に満ちている。「ソ連は世界的に現状維持の政策をとっている。日本に対してもその通りの政策で臨んできており、ハボマイ、シコタン諸島などの領土問題について、これらの地域をソ連が占領している現状を変えまいとの態度をとっている」。そして、じっくり構えて交渉をしたうえで満足がいかなければ「交渉を打切ることとも」という内容だ（八月十四日夕刊）。

「訓令一六号」に関わった杉原がもしマリクの回答を知ったら、間違いなく前向きに反応しただろう。だが、鳩山にも知らせなかった重光が、防衛庁長官になっていた杉原にこれを伝えるわけもない。重光は松本の報告を胸に抱えたまま、かねて予定していたワシントン行きの準備を進めた。

重光の訪米ははからずも河野と岸信介を含めた三人のセットで実現することになっていたのだが、河野が重光の出発より二週間以上前の八月九日にまずロンドンに寄ったことが重光の神経をいら立たせた。河野によれば、ロンドンでの日ソ交渉がうまく進まぬ中で「外務省と現地の意見の食い違いを調整したり、全権の松本俊一君に、国内政治に対する認識を深めさせる目的」もあり、イギリスとの通商協定問題を表向きの理由にしてロンドンへ出かけたのだ。

しかも、よりによって河野出発と同じ九日の毎日新聞に「日ソ交渉、妥結急ぐ」「首相　訪英の農相に指令託す」という記事が載ったからたまらない。「交渉は外務省に一本化する」という確認に反すると受け取った重光は、この日の閣議で「報道が本当なら重大だ」とやり玉に上げた。鳩山は軽井沢の別荘で静養中だったが、官房長官の根本龍太郎から鳩山に電話をかけさせてクギを刺す。重光の日記には「鳩山之を否定し、日ソ方針は既定方針通りと云ふ」とあるが、自分の頭越しで河野が交渉に介入するのが我慢できなかったのだ。

鳩山と河野の全面否定にもかかわらず、少なくとも日ソ交渉についての「情報収集」がこの訪英の真の目的だったことは間違いない。鳩山は『回顧録』でこうぼやいている。

「私は、ロンドンからの情報を得るのに随分不自由をした。外務省には松本君から会議の模様を詳細に報告したものが届いていると思うけれども、外務省は、いくら催促しても、それらしいものを私の手許に廻してよこさない。来るのは大ざつぱな電報だけである。そこで八月には、ほかの用事もあつてヨーロッパに出かける河野君に頼み、ロンドンで松本君に会つて激励すると同時に、実情を聞いて貰うことにした。案の定、河野君からは、「松本君からは、たしかに詳細な報告を送つている」といつて来たが、とうとう最後まで、私の眼にはふれなかつた」

重光にすれば、交渉は外務省に一本化することになった以上、鳩山にかき回されたくないとの思いだったのだろうが、鳩山は気が気でなかったのだろう。

奇しくも河野が羽田を発った九日に、ロンドンでは松本がマリクから「二島引き渡し」の正式提案を聞くことになる。河野はロンドンで松本の話を聞き、悦に入ったことだろう。新聞報道も活気づいた。十三日の夕刊各紙にはロンドンで松本と会った河野が交渉の方針で「全面的に意見が一致した」うえ、松本が記者会見で「不安は解消した」と発言したと載った。重光から返事がなく心配していた松本が、思わずもらした言葉だったのではないか。さらに十五日には毎日新聞が「日ソ交渉〝早期妥結〟の線へ」という特ダネを報ずる。いわく「今後日ソ双方の譲歩が行われ、日本側としても要求の最低線として〝歯舞（はぼまい）諸島、色丹（しこたん）島は日本領有〟の確約まで到達すれば、年内にも妥結の可能性が濃いとの見方が強まっている」というのだった。

松本がマリク提案をオブラートに包みながら観測情報として流したのだろう。沈黙する重光に対し、流れを作ろうとの意識がみてとれる。だが、毎日新聞の報道とは裏腹に、外務省は全く違った方向に進んでいた。吉田茂の親米路線が染みついた外務省に、日ソ交渉の推進派はほとんどいないせいもあり、重光は「歯舞、色丹だけで満足すべきではない。領土問題は改めて国際会議を開いて決めるべきだ」という結論に傾くのだった。

松本がマリク提案を外務省へ伝える極秘電を打ったあとも、鳩山の日記や回顧録、そして重光日記にすらマリク提案が全く出てこない。代わりに何が書いてあるかを突き合わせてみると、日本側の異常な様相が浮かび上がる。

まず『鳩山一郎・薫日記』によると、鳩山は十三日に軽井沢で社会党委員長の鈴木茂三郎の来訪を受けた。後の『鳩山一郎回顧録』によると、そこで鳩山は日ソ交渉の経過を詳細に説明したうえで「領土問題を後廻しにして、まず抑留者の帰還や国連加盟などを早く実施させる方法をとらなければ駄目だ」と協力を求めていた。重光が抵抗したアデナウアー方式を断念していなかったことが分かるが、マリクが数日前に重大提案をしていたとはつゆ知らなかったこともうかがえる。

一方、重光は訪米を間近に控えて十九日に鳩山を訪ねており、重光日記には「渡米及日ソ交渉、賠償問題等に付て懇談協議す」と書いてある。一方、鳩山日記にも「五時重光氏、松本氏（官房副長官の松本滝蔵か）、鮮魚沢山頂く。報道陣ひしめき合ふ。夕食を共にして帰京さる」とあり、食事をしながらゆっくり話し合ったことがわかるが、中身の記述はない。回顧録には重光と会談したことすら記述がない。マリクによる肝心の提案については何も話されなかったからだと想像できる。とかく開けっぴろげで秘密を保てない鳩山の性癖を警戒した面もあろうが、鳩山、河野と外交の主導権争いをしてきた重光だけに、ここは自分に情報を集中させて主導権を握ろうとしたに違いない。

何と重光はこの二日後の二十一日に、吉田茂を滞在先の箱根に訪ねた。重光日記には「私より、吉田氏は国家の元老としての心構へが必要にして、党派を超越して国家を救ふの責任ありとて反共勢力の結集を説き、時局救済を考案すべきを進言す。吉田氏も外交の事にて御役に立てば何なりと申越され度し等と好意を示す。防衛、経済、賠償等に付き充分懇談す」などとある。鳩山を訪ねた時の記述とは違い、何とも熱の入った書き方だ。日ソ交渉についてどれだけ突っ込んで話したかは分からないが、「反共勢力の結集」で一致したというのだから、ソ連からの新提案や外務省の方針も伝えたうえで意気投合した可能性がある。重光の心情は、対ソ外交で社会党と組んだ鳩山より、はるかに吉田に近かった。最高権力者である鳩山は蚊帳の外に置かれていた。

こうした中、二十日の朝日新聞が「南千島は譲らず」という政府の方針を大きく伝えた。ここにはソ連が「歯舞、色丹の引き渡し」という譲歩を示した事実が全く抜けており、むしろ日本政府がそれまで主張した「南樺太と北千島の返還」を断念するところに記事の主眼があった。一方的に日本が柔軟姿勢を打ち出したうえで、南千島つまり国後、択捉の返還要求は譲れないという方針を固めたという筋書きになっている。世論を誘導しようという外務省幹部の巧妙なリークだったのだろう。

驚いたのはロンドンで東京の訓令を待っていた松本だった。焦りに似た気持ちを抱いた松本は、ここに至ってマリクの提案をリークし、二十五日の毎日新聞が「歯舞、色丹の日本領有、ソ連側、条件付承認を示唆」とスクープした。鳩山はキツネにつままれたような思いで派手な報道合戦を見ていたのではないか。頼りないといえば、まことに頼りないが、このとき重光はすでにアメリカに発っていた。鳩山日記によれば、同じ二十五日に外務省顧問の谷が軽井沢を訪ねているから、毎日新聞を見て説明に来たのだろう。『クレムリンへの使節』によれば、谷はようやくマリクの新提案について報告したうえ、こんな巧妙な説明をした。

「ソ連がハボマイ、シコタンを譲ると言ってきたことは予想外の成功だと思います。しかしこの件については米国の意向を聞いてみる必要がありますので、いますぐ妥結することは得策ではありますまい。とりあえずハボマイ、シコタンのほかクナシリ、エトロフをもう一押ししてみて、もし、それが駄目なことがはっきりしたら、そのときに妥結しても遅くないと思います。時期的には年内に充分間にあいます。そうなれば「ソ連抑留者にもう一冬、ソ連のきびしい冬を越させたくない」という総理の念願も必ず達成できると思います」。鳩山にはこれに待ったをかける術がなかった。

一方、河野の外遊には義弟の越田覚造（東海硫安取締役総務部長）が農林省の調査員という肩書で随行していた。その越田が私的に残した旅行記を見せてもらうと、河野はロンドンのホテルに滞在中の四日間、「松本全権と毎日会見して国内情勢を伝え、対ソ交渉の運び方について研究」していた。だが、その内容を鳩山に伝えたのは次の訪問地パリに到着した直後だった。河野は越田に命じて鳩山に宛て「北方領土に関する報告」を書かせたのだ。越田はホテルの自室に籠って手紙を書き、帰国するお役人に託した、と書いている。旅行記に手紙の投函日は書いてないが、パリ到着の当日だとすると十五日である。これが鳩山のもとに届くまで、当時の航空便で何日かかったか定かでないが、谷が鳩山のもとに報告に来た二十五日までには受け取っていたと思われる。

不思議なのは、河野がマリク提案についてロンドンからすぐ鳩山に伝え、相談した様子のないことだ。当時の通信事情は今とは全く違って簡単でなく、しかも極秘事項だけに普通の電話で話すことはできなかったのかもしれない。「極秘電」を打つには外務省を通じるほかなく、都合が悪い。それに河野も、まさか重光がソ連の提案を鳩山に全く隠しているとまでは思わなかったのではないか。

河野はこのころ進んでいた民主党と自由党の「保守合同」の動きが気になっていた。日ソ交渉に向けるアメリカの目にも不安を感じていた。ワシントンで重光や岸と合流し、アメリカの反応も確かめようと思ったのだろう。だから、松本がマリクの新提案を説明して妥結の好機だと訴えたのに対して、河野は「それはまことに結構だが、東京の事情はなかなか複雑である。とにかく私はワシントンへ行って、重光外相や岸幹事長と一緒にアメリカ首脳部に会うことになっているので、それが終るまでは交渉をあまり進めないでおくように」と水をかけた(『日ソ国交回復秘録』)。

松本には河野の態度が煮え切らなく思われたようで「内政上の考慮からか、多少右顧左眄する態度を示したことについては、やむを得ないと思いながらも、しばしば河野さんの真意を測りかねたこともあった」と記している。東京を離れて状況がよくわからぬうえ、鳩山とじっくり話すことができないだけに慎重になったと思われる。

重光、河野、岸――奇妙な訪米団

ところでワシントンに重光、河野、岸という異色のトリオが出かけることになったのは、どんな事情からだったのか。鳩山回顧録によれば、当時、米軍の駐留経費に対する防衛分担金を削減しようとしてアメリカとの関係がギクシャクする問題がおきていた。そこで鳩山は、この問題も含めて鳩山内閣の考え方をアメリカによく説明し、意見交換する必要があると思い、だれを派遣するか考えた。吉田色に染まった外務省の関係者でない方がよいと思っていたのだが、この話を閣議でするると、重光が「私が参ります」と、いきなり名乗りを上げた。戸惑った鳩山であるが、重光はかねて訪米のタイミングをうかがっていたのだ。

重光だけでは心配だと思った鳩山は、河野がヨーロッパの帰途アメリカに寄ることを考えていると知り、河野に重光との合流を頼んだ。「河野君なら安心してまかせられる。私の考え方を間違いなく伝えてくれる」と思ったからだ。ためらった河野はこれを受け入れて、幹事長の岸も誘ったのだと書いている。

だが、河野によると、少し事情が違う。重光との同行を申し出たのは河野の方だったというのだ。これによると、河野はロンドンに行くついでに農産物をめぐる交渉のためアメリカに寄ろうと考えていたところ、重光の訪米計画を知り、三木武吉に相談のうえ鳩山の内諾を得た。岸も誘うことにしたのは、保守合同や対米政策についてゆっくり話し合ってみたいと思ったからで、岸はしぶったが、将来に備えてアメリカを理解することはもっとも大事だと説得して決心させたという。岸は全く予期していなかったが、鳩山から特に頼まれて一緒に行った、と話している（『岸信介の回想』）。

実際のところ、訪米に熱意を燃やしていたのは重光だった。防衛分担金の問題を話し合おうと、これより四カ月前に重光が訪米を申し出たのだが、アメリカが「国務長官は多忙だ」と拒んだ経緯があった。防衛分担金の打ち切りを言いだす鳩山政権の対米政策に不信感をもっていたうえ、日ソ交渉の行方にも警戒心をもっていたからだ。外相の訪米を拒むことでお灸をすえようとしたのが本音だろう。「日ソより、まず日米関係だ」と考えた重光は、その後も訪米実現の機会をうかがっていた。

春名幹男の『秘密のファイル　ＣＩＡの対日工作』によると、それから三カ月後の七月末、重光は駐日大使ジョン・アリソンに会って「日米安保条約の改定」を提案した。アリソンが国務省に報告したところでは、日米安保条約を相互防衛条約にして中ソの共産主義同盟に対抗することが目的だが、在日米軍が順次撤退することや、防衛分担金の打ち切りなどが盛り込まれていた。重光はやっと実現した訪米で、安保条約の改定を打診したかったのだ。鳩山と相談したふしがなく、この提案は独自の発想だったようだが、重光はこれを国務長官のダレスと話し合い、次期政権をうかがう外相として大きな成果を上げたいと考えていた。

ワシントンでの重光は気合いが入っていた。二十八日にホテルで三人が顔を合わせ、大使や公使らも交えて打ち合わせ会をした。翌日、国務長官のダレスと会談することになっていたのだ。河野によれば、配られた英語の資料の説明を聞くと、日米安保条約の改定を主張しており、同席した岸ともども唐突感をもったが、その根拠は激しい反共トーンに彩られているばかりである。河野が論旨に疑問をはさむと、重光は「その点は、どうぞお任せ願いたい。ちゃんと確信があってやっていることである」「ご心配にはおよばない」と自信満々なので、それなら任せようということになった。

ところが翌二十九日、ダレスとの会談は重光の期待を全く裏切った。重光が三十分ほど英文の原稿（外務省はいまも情報公開していない）を朗読すると、ダレスが立ち上がって真っ向からとうとうと反論する（『今だから話そう』）。その言い分を要約すれば、安保条約を改定しろと言っても、いまの日本の憲法では自衛隊を海外派兵できず、共同防衛の責任は負えないではないか、という趣旨だった。春名の明かした秘密ファイルによれば、ダレスは「日本政府に新しい条約を運用する団結と結合力、能力があるのかどうか、私には確信が持てない」と言い渡し、重光の面目はまるつぶれだった。

もっとも河野は「重光さんにも感心したことがある」と書いている。ダレスにやられても、重光は起ち上がって「どこの国の憲法に、はじめから侵略的な海外派兵を肯定している憲法がありますか。アメリカの憲法と日本の憲法とを比べてみて、この点についてどこが違うのか」とやり返す。ダレスと激論になってハラハラしたが、「こうした緊張した空気のなかでの重光さんの態度は、さすがに堂々としている。やはり戦前の日本の外交官は見識をもっている。おそらく、こういうところが吉田とか重光とか、戦前派外交官の立派な点だと思った」というのだ。リップサービスだけではなかったかもしれない。

英語のできない河野は岸にうながして発言をさせ、空気を少しなごませたと書いている。米側の秘密ファイルによれば、ダレスは最後に「条約改定論議は時期尚早だが、新条約締結に必要な条件とは何なのかを検討するのは時期尚早ではない。（略）本当の問題は日本の防衛能力の発展をどう支援するかだ」と結論づけて終わった。実は、この教訓を生かして岸は首相になってから「安保条約改定」に突き進むことになるのだが、大混乱の末にそれが成就するのは五年後のことだ。

それは別にして、重光には自分がアメリカに信用されているという自負があったが、『秘密ファイル』によれば、それは全くの思い違いだった。春名は「重光葵外相は、日本人にも理解しにくいタイプの性格で、親しみを欠く、冷たい人物、と言われた。アメリカ側は重光を『親米』とはみていなかった」と書いている。国務省は鳩山とともに重光を「吉田茂の敵対者」と位置づけ、また元駐英大使の経験などから「親米」ではなく「親英派」だと見ていたのだ。そして鳩山政権の外相として防衛分担金の打ち切りや、在日米軍の撤退を視野に入れた安保改定案を提案するとは、話の分からぬ人物と映ったのだろう。

彼らの目には「重光、河野、岸」という三人の構成も不思議に見えた。河野と岸は松本とともに翌日、国務省に次官補代理（極東担当）のシーボルトを訪ねた。占領中に事実上の駐日大使として動いた日本通の人物だが、そこで岸は「共産主義の脅威の程度については、重光外相とは個人的に見解が違う。外相は危険を大げさに誇張していた。……日本で共産主義と戦う基本的な問題は、保守勢力の強力な連合をつくることにある」と述べ、アメリカ側を喜ばせた。シーボルトは「岸さんのコメントで最も安心させられた」と言ったという。すでに岸に目を付けていたアメリカだが、この訪米で岸の評価はまた高まった。

しかし、その岸が先に退出すると、今度は河野が「岸さんよりもっと率直に話しましょう」と売りこんで、国内政局の説明をしたという。日ソ交渉の推進でとかく「反米的」と見られがちな河野だっただけに、「本音の政治家」としてアメリカの信頼を得ておきたかったのだろう。まことに奇妙な訪米団だった。

河野にとってこの訪米の収穫は、ワシントンの帰りにニューヨークで岸とじっくり話し合う機会を得たことだった。河野によれば、岸に対して保守合同と日ソ交渉をやりとげて鳩山政権をまっとうさせてくれれば「君が総理大臣になるまで絶対に支持しよう」と初めて打ち明け、岸も「異存はない」と応じて「盟友の関係」を結んだ（『今だから話そう』）という。岸も「根っからの政党人である君と、官僚出の僕が、若い世代を代表する二人として、固く手を握っていこうじゃないか、ということだったわけです。その時河野君は冗談半分に、俺は床の間に座る柄じゃない、床の間にはお前を座らせてやる、ただ俺がやってやらなければ、お前は政治のことがよくわからないだろうから、とにかく二人で仲よくやろう、と言ったものですよ」（『岸信介の回想』）と明かしている。翌年、猛烈な反対を乗り越えて鳩山のモスクワ行きが実現した折、岸が保守合同後の自民党幹事長として大いに苦労した。それを考えると、この訪米の意味は小さくなかった。

さて、本題に戻れば、ワシントンではソ連から提示された「二島返還」について河野が重光らと相談した形跡がない。河野はニューヨークに着いた二十一日に記者会見して、ロンドンで受けた感触から「交渉はそう長引くことはあるまい」と見通しを述べていたのだが、「領土問題に不介入」と重光に約束させられていただけに、鳩山抜きにはこの話を持ち出しにくかったのだろう。重光は日ソ交渉についてもダレスに語ったはずだが、同席した河野らの回想録にその記述がないところを見ると、重光がソ連の「二島返還」提案に触れたかどうかは疑問だ。河野らに聞かせたくなかったのではないか。

しかしダレスは、一般論の形でソ連への譲歩に水をかけた。米側の記録を分析した田中孝彦の『日ソ国交回復の史的研究』によれば、ダレスはまずソ連外交の柔軟化はソ連の弱さの表れであり、それは共産圏に対する強硬な外交のゆえだと強調した。さらに、これまでの日本の対ソ外交に満足を表明したうえで「ソ連に対してたとえ小さな譲歩をしたとしても、何の見返りも期待はできない」とクギをさした。

公開された記録を見る限り、ダレスの発言には「二島返還」はもとより「領土問題」の具体的な言及もなかった。一見、不思議なことだが、田中孝彦はすでに外務省から報告が伝わっていて、だからこそダレスは重光の交渉姿勢に満足を表明し、具体的な発言を控えたと見ている。ソ連の新提案については八月三十一日に英国に伝えられたことが分かっており、その前にアメリカに報告したことは容易に想像できるとも指摘している。

一年後に重光は、同じダレスから強烈な「恫喝」を受けて衝撃を受けるのだから皮肉だが、このときはダレスの発言に我が意を得たりと思ったに違いない。河野もそれ以上に口をはさめなかったのではないか。

重光はすでにワシントンから指示を発し、外務省は二十七日、ロンドンの松本に新たな訓令を発していた。「二島で妥協してはならない。四島返還を主張すべきだ」という趣旨である。これには松本が愕然《がくぜん》とした。マリクの提案からはすでに二週間がすぎていた。

鳩山を警戒したアメリカ

春名幹男の『秘密のファイル』は、鳩山政権が日ソ交渉に踏み切った後のアメリカ政府の見方を浮き彫りにして興味深い。以下、しばらくそれを紹介して行こう。

政権をとった鳩山が五五年二月の総選挙に勝利したあと、国務次官補代理のシーボルトが国務次官のフーバーに報告した在日大使館の分析には「鳩山は感情的で、国際問題で幼稚だ。国民の喝采を好む」とあり、吉田のような「親米」ではないとしていた。それから間もない四月、外相の重光葵が米軍に対する防衛分担金の削減を交渉しようと訪米を考え、アメリカに拒まれた。その結果、翌年度の予算で防衛分担金は増額で決着するのだが、重光は四月十七日の日記に「一時は内閣の運命を決する迄に考えた。三日間は眠られなかった」と書いたほどで、よほど辛かったのだろう（『続 重光葵手記』）。

この一件について駐日大使のアリソンは、国務省への秘密電報で「鳩山政権にとって荒っぽい目覚ましとなった。鳩山政権はこれまで、良好な日米関係の必要性を口にしていたが、それはリップサービスだけだった。鳩山とその周辺はようやく、アメリカは軽くみることができないし、日本はアメリカにとって日本が考えるほど重要でないと認識し始めた」と辛辣《しんらつ》に報告している。

アメリカが特に警戒したのが日ソ交渉の決定だった。五五年三月十日、ホワイトハウスで行われた国家安全保障会議（NSC）でCIA長官のアレン・ダレス（国務長官の弟）が「日本は、千島列島の少なくとも二島、歯舞、色丹両島の返還の希望を公言している。ソ連は歯舞を返還するわずかな可能性がある」と指摘した。すると、兄の国務長官ジョン・フォスター・ダレスが、そんなことになれば、次は日本が沖縄の返還を強く求めるだろうと、警戒感をあらわにした。

もともとアメリカは小笠原と沖縄については日本の潜在主権を認め、いずれ返還しようと考えていたが、朝鮮戦争をきっかけに長期の保有を考えるようになっていた。それだけに、日ソ交渉が悪影響を与えることを恐れたのだ。アメリカは北方領土と沖縄の問題をサンフランシスコ講和条約のときから意識していたが、日ソ交渉の開始によって改めてそれを強く意識せざるを得なくなった。ソ連が北方領土の返還によって日米の離反を画策することを恐れたのだ。

日米の間でも腹の探り合いが始まっていた。田中孝彦の『日ソ国交回復の史的研究』は米国の史料を発掘し、さまざまな日米のやりとりを明かしている。それによると、例えば二月四日、駐米公使の島重信が国務次官のフーバーに会い、「米国がヤルタとサンフランシスコでソ連にクリル諸島を与えたのは誤りだったと暗黙の承認を与えれば、現政府が世論の姿勢を親米的にするのに役立つだろう」と要望。その一方で領土問題での「ミニマムな受け入れ可能な条件」について、ソ連が千島列島の返還を将来再考する希望を残しながら「歯舞、色丹の返還」をすることだ、と述べた。

NSCは四月九日に「米国の対日政策」を採択したが、そこでは日ソの国交樹立には反対しないが、それが日中の外交関係につながることには強く反対することが謳《うた》われた。また、歯舞、色丹については日本の返還要求を支持するものの、千島列島と南樺太については「ソ連の主権主張に同調しない」との表現にとどめられた。

ただ、これをふまえて国務次官補のシーボルトが四月二十日につくった覚書では、アメリカは歯舞、色丹の返還要求を支持するだけでなく、「すくなくともクリル諸島の一部を要求する日本の主張を激励する強い政治的理由がある」と書いた。日ソ交渉が進展するのを好まないアメリカは、日本が歯舞、色丹だけで満足することに警戒を持ち始めていたことが分かる。シーボルトの覚書は間もなく駐日大使のアリソンを通じて外務省顧問の谷に伝えられた。ロンドンでの日ソ交渉が始まる前のことである。この文書は梶浦篤（電気通信大教授）が発見したと、和田春樹が『北方領土問題』で紹介している。

和田によると、交渉が始まった六月一日、アリソンは日本の詳細な分析をワシントンに送った。外務省や自由党、財界などがソ連に警戒心をもって強硬姿勢をとっていることを評価しつつ、それが鳩山内閣の首脳たちのまき散らす楽観論や妥協論にかき消されて、日ソの国交回復が望ましく可能だという気分が支配的になっていると分析。「外務省の交渉担当官たちは概してロンドン交渉に熱意を示さず、ソ連の実質的譲歩の見通しにはペシミスティックであり、ロシア側が「理性的な」提案を出せばとたんに飛びつきかねない世論と民主党のつけこまれやすさを非常に心配している」と書いた。さらに具体的な懸念に踏み込んでいるのが注目される。

「日本人により効果的なのは（ソ連が）米国との結びつきから離れるように誘う餌として譲歩を行うことだ」とし、歯舞、色丹の返還、場合によっては国後、択捉に「日本の潜在主権」を認めることもあり得るとしたのだ。「日本の潜在主権」を認めるというのは、沖縄や小笠原と同じ形にするということだ。アリソンはさらにこうしたソ連の譲歩が、アメリカによる沖縄などの返還と米軍の引き上げを条件に約束される可能性にも触れた。北方領土の成り行きが沖縄に影響することを、ここまで具体的に予想していたのは興味深い。

とあれば、ソ連が現実に「二島」の引き渡しを提案したとき、アメリカは動揺したに違いない。ところが、国務省の公開資料の中には、肝心の八月にアリソンから本国に送られた報告が一本もない。訪米した重光がダレスに詳しく説明したとき、ダレスは「日本は交渉をとてもうまくこなしていると思う」と答えたが、それまでに相当な情報を得ていたからだろう。

その一方、アメリカの駐英大使館から国務長官に送られた三本の電報が「機密不解除」になっていることが分かった。このような状況から和田春樹は「ソ連譲歩の決定的なニュースをめぐって深刻な文書の往来があったことをうかがわせる」（『北方領土問題』）と見る。実はイギリスも当初は日ソの接近を警戒していた。駐日大使のデニングは二月、本国に送った報告で鳩山の態度を「ロシアの手玉にとられかねないものであり、日米関係を困難な立場に追い込む」と書いている（田中孝彦『日ソ国交回復の史的研究』）。イギリス外務省も鳩山を「反米的伝統主義者」ととらえ、日ソ国交への取り組みが日本のナショナリズム高揚と表裏の関係にあると見て警戒していたのだ。

しかし、北方領土の主権については日本ともアメリカとも違い、極めてクールに見ていた。五月に出された北方領土についてイギリス外務省の公式見解が出され、それは公表されていないが、田中孝彦が「要約」を入手していた。簡単に書くなら、以下のような内容だった。

（a）南樺太はソ連の主張が正しい（b）日本は千島列島の法的主権を喪失しており、事実上の主権をもつソ連はおそらく法的にも主権を獲得した（c）歯舞と色丹は日本の一部であるとの見解に傾いており、日本への返還に反対しない――。ソ連が千島列島に法的主権も獲得したというのは「時効に基づく」という、外務省の府立顧問フィッツモリスによる見解だった。

第一章で書いたように、サンフランシスコ講和条約のころから、イギリス外務省は千島列島についてはソ連の主張を優位に見ていたが、それに変わりがなかったのだ。だが、英国はこの見解をアメリカに伝えて牽制《けんせい》しつつも、日ソ交渉に介入することはなかった。特にデニングはアメリカが過剰に介入することは反米ナショナリズムを煽ることになって危険だと見ており、むしろ日ソの国交によってナショナリズムの捌《は》け口ができると楽観するようになっていた。英国らしい的確な観察ではなかったか。

外務官僚らの作戦

しかし、日本の外務省には英国外務省ほどのゆとりがなく、幹部たちの目にはアメリカしか入らなかったのか、鳩山にも知らせぬまま「二島」を拒むという結論を急いだ。雑誌『世界』は五六年十一月号に匿名記者座談会を組んだが、そこである記者がこんな証言をしている。ロンドン交渉が始まる前は外務省にも歯舞、色丹の返還を予想した人はほとんどおらず、だから強硬論者は交渉をつぶすため「口喧《やかま》しくハボマイ、シコタンと言っていた」。ところがソ連が二島を返すといきなり伝えられたため「強硬論者はそれを上廻るものを言いだした」というのだ。それが国後、択捉の返還だった。

和田春樹らの観察によると、二島での妥結に反対する急先鋒は、欧州参事官の寺岡洪平だった。かつて吉田茂の秘書官をした人物であり、外務次官の門脇季光などもこれに同調した。いずれも吉田茂に極めて近かった。「ロンドンでの交渉を補佐するため」として駐オーストラリア大使から駐英大使に転じたばかりの西春彦もその仲間だった。松本とマリクの交渉を横目に、それを補佐すべき駐英大使が「二島」妥結を促す松本とは正反対の極秘電を本省に打っていたことになる。

条約局長だった下田武三の回想録『戦後日本外交の証言　上』によると、重光の考えは「いずれ適当な線で妥協するかどうかの決定に迫られることになるかも知れぬが、いま急ぐ必要はない」という引き延ばし論だった。だが外務省幹部らの反対論は、「引き延ばし」よりも「交渉つぶし」が目的だったと思える。彼らに強かったのは、吉田やアメリカと重なる強い「反ソ」意識だった。ソ連と安易に国交を結べば、日本で堂々と思想工作をしたりスパイ活動をするに違いなく、それは避けたいという考えだった。

欧米局第六課長（ソ連課長）となった法眼《ほうげん》晋作も大きな役割を果たした。のちに外務事務次官になる彼は、ロサンゼルス総領事をしていた五五年七月初め、急ぎ本省に呼び戻された。退職後に『日本人にとってソ連は危険国家だ』を著すほど「ソ連嫌い」になる法眼は、課長に就任するなり省内の大先輩から「ロシア人は口がうまいからだまされるな」と忠告された話を書いている。

北海道新聞の本田良一は『日ロ現場史』の中で、法眼の妻泰子と後に外交官となる次男の法眼健作（元カナダ大使）に取材していた。健作によれば、ロンドンから松本俊一がマリクの「二島返還」提案を伝える極秘電を外務省に打ったとき、それを最初に目にしたのが担当課長の法眼だったのは間違いないという。和田は、この電報が外務省の上司を通じて吉田茂に報告され、ひいてはアリソンにも伝わった可能性があると見る。

法眼はその後も、翌年にロンドンで再開された松本の交渉に続き、モスクワでの河野一郎の漁業交渉、重光の領土交渉、さらには鳩山らの交渉にも随行する。法眼が千島列島についての政府の解釈を大転換させたという証言は後で紹介するが、法眼の妻泰子によれば自ら「おれが（本省へ）行ってから、四島返還に変わった」「ロンドンで、おれが「二島じゃだめだ、ぜったいに四島で頑張らなきゃ大変なことになる」と主張した」とよく語っていたという。

日本政府が考えていた「歯舞、色丹」という現実的な最低ラインは、こうして「四島」に引き上げられた。それは、これまで見たようにアメリカと外務省のタッグマッチだったに違いない。鳩山はその前にあまりにも無力だった。

「千島列島」と国後、択捉

さて、ヤルタ協定でもサンフランシスコ講和条約でも「キーワード」となった千島列島（クリル・アイランド）とはどの範囲なのか。その定義は明示されていなかったが、ソ連が「国後、択捉まで含まれる」と考えただけでなく、講和会議での吉田演説に見るように、日本も初めはそう考えていたことは疑いない。

実は、外務省が終戦から一年余りあとの四六年十一月に作ってGHQに提出した英文の「千島列島、歯舞、色丹」という文書があった。これが講和条約に向けての重要資料となるのだが、そこでは国後、択捉を「南千島（Southern Kuriles）」と表記し、得撫島以北の島を「北千島（Northern Kuriles）」と表記した。それは地図上にも書き込まれ、歯舞、色丹の二つは北海道の一部だとしていた。日本政府は公開を拒んできたが、九四年にウォータールー大学の原貴美恵がオーストラリア公文書館で見つけた貴重な資料である。外務省にとっては「吉田演説」と並ぶ「不都合な真実」というべきか。

サンフランシスコ講和条約の批准にあたっては、国会でまさに千島列島の範囲が問題になり、条約局長の西村熊雄が有名な答弁をする。五一年十月十九日、衆議院の特別委員会での質疑をポイントをしぼって抜き出すと、以下の通りだった。質問したのは北海道選出の高倉定助《さだすけ》（農民協同党）である。

高倉定助　（条約の条文を挙げながら）条約の原文にはクリル・アイランド、いわゆるクリル群島と明記されておるように思いますが、このクリル・アイランドとは一体どこをさすのか。

吉田茂　千島列島の件につきましては、外務省としては終戦以来研究いたして、日本の見解は米国政府に早くすでに申し入れてあります。仔細のことは政府委員から答弁いただきます。

西村熊雄　条約にある千島列島の範囲については、北千島と南千島の両者を含むと考えております。

南千島とは国後、択捉両島のことである。西村は「南千島と北千島は、歴史的に見てまったくその立場が違うことは、すでに全権がサンフランシスコ会議の演説において明らかにされた通りでございます」と付け加えたものの、日本が放棄した千島列島には国後、択捉が含まれるという解釈を日本政府が明確にしたわけだ。吉田のサンフランシスコ演説と同じ解釈だった。なお、吉田が言ったように、すでにアメリカに申し入れたという外務省見解こそ、原貴美恵がオーストラリア公文書館で見つけた文書だった。

高倉はなお、「樺太・千島交換条約」を挙げて「千島列島」の範囲について別の解釈を示しながら迫るのだが、西村はあくまで「現在に立って判定すべき」だとして、「北千島及び南千島を含む意味であると解釈しております」と念を押した。

翌十月二十日、やはり北海道選出の小川原《おがわら》政信（民自党）が千島列島の範囲について食い下がったが、外務政務次官の草葉隆圓《りゅうえん》は千島列島が「北千島、中千島、南千島」に分けられるとしたうえで、「現在は千島と申しますと、一帯を千島として総称されておると、一応解釈いたしておる」と否定した。西村も草葉も、サンフランシスコ講和条約に全権団の随員や顧問として参加した当事者だ。

翌年、講和条約が発効すると、衆議院本会議は七月に北方領土の返還を求める決議を採択した。与野党の共同提案で、そこでは「歯舞、色丹島については、当然わが国の主権に属するものなるにつき、速やかにその引渡しを受けること」とされていた。決議文にも趣旨説明にも「国後、択捉」は全く出てこない。外相の岡崎勝男は発言を求め、「歯舞、色丹島等につきましては、当然わが国の主権に属するものと考えています」と述べた。国後、択捉については、政府も各党も主権を放棄したと考えていたからに違いない。

ロンドンで松本俊一がマリクとの交渉に当たっていたとき、この政府見解は生きていた。外務省の訓令一六号も、その前提で発せられたことになる。ところが、この解釈がやがて百八十度変わってしまう。それは重光がマリクの提案を蹴ったころが分岐点であり、外務省の条約局長が西村から下田武三に代わってからのことだ。五六年二月十一日の衆議院外務委員会で、政府は「統一見解」を示す。民主党の池田正之輔《まさのすけ》の質問に対して外務政務次官の森下国雄がこう述べた。

「それでは今の南千島の問題のそういう誤解を解くために、ここにはっきりと一つ声明をいたします。この南千島、すなわち国後、択捉の両島は常に日本の領土であったもので、この点についてかつていささかも疑念を差しはさまれたことがなく、返還は当然であること。（略）サンフランシスコ平和条約はソ連が参加しているものではないが、右平和条約にいう千島列島の中にも両島は含まれていないというのが政府の見解であります」

先の西村局長の答弁をはっきり覆《くつがえ》すものだった。ただし、その論拠は「国後、択捉が一貫して日本固有の領土であり、侵略によって略取したものではない」というにすぎず、国後、択捉の「南千島」が「千島に入らない」という論拠は示せなかった。

和田春樹が「詭弁」と強く批判するように、説明の苦しい大転換だった。そして、長く外務省で日ソ外交に打ち込んだ佐藤優の表現を借りるなら、この新見解によって「新しい物語」ができた。「国後、択捉が本来、日本の領土である」という事実と、サンフランシスコ講和条約で「日本がこれを放棄した」という事実は全く別問題なのに、新見解はそれをすり替えて、前者をもって後者の事実を打ち消してしまったのだ。だが、佐藤が言うように、少なくとも「日本が放棄したことがある」という歴史的事実は「神話によって覆すことはできない」（『日ソ国交回復秘録』解説）。

新見解を考え出したのは、先に挙げた法眼だったという証言がある。外務省OBで社会党の衆議院議員となった森島守人《もりと》は、二月二十三日の衆院外務委員会で、マリクの提言を受け、重光外相の訪米中に法眼がサンフランシスコで放棄した千島について「南千島を含まぬという意見を出したことは事実」だとし、それをもとに鳩山の了承を得て「四島返還」の訓令がロンドンに発せられた。それが「偽らざる事実」であり、「証拠なら幾らも出します」と述べたのだ。証拠は出されなかったが、証言には自信があったのだろう。

森島は外務官僚だった経験に照らして「千島の範囲」の矛盾を繰り返し突いた。三月十日の衆院外務委員会では「この重大な領土問題に関する主張を三、四年の間に変えてよいか」と国際的な信用を損なうと追及したが、重光らの答弁は苦しい。そして「一番利害関係を持ち、条約の当事者であるアメリカの意見など十分当時の事情を聞かなければなりません。その聞いた結果がかようなものであるとするならば、それに基いて考えて国際的には少しも差しつかえないのじゃないか」と、アメリカに下駄を預けるのだった。

千島列島に国後、択捉が含まれることを認めた吉田茂のサンフランシスコ演説についても、重光は「吉田総理もはっきりと南千島が日本の固有の領土であるということを指摘しておるのでありますから、日本の意向というものはその当時から明らかであった」と「すり替え答弁」で言い逃れる。さらに条約局長の下田は、ここで「北方領土」という言葉を「歯舞、色丹」と「国後、択捉」を総称する意味で初めて使った。下斗米伸夫によると「それまでの北方領域とか北方領土という表現は漠とした北の紛争地域程度の含意であったが、今や下田によって北方領土=固有の四島という政治的定義がなされた」（『日本冷戦史』）。

やがて苦しい日本政府の立場にダレスが応えたのが、これより半年余り後、鳩山訪ソを目前にした五六年九月七日に出された「日ソ交渉にたいする米国覚書」である。

「米国は、歴史上の事実を注意深く検討した結果、択捉、国後両島は（北海道の一部たる歯舞群島及び色丹島とともに）常に固有の日本の領土の一部をなしてきたものであり、かつ、正当に日本国の主権下にあるものとして認められなければならないものであるとの結論に到達した」

いかに「詭弁」だとしても、サンフランシスコ講和条約の条文を起草したアメリカによるお墨付きにほかならなかった。先にみたようにイギリス外務省が否定し、アメリカ政府の中でも「無理がある」とされて採用されなかった見解である。ソ連を警戒するあまりの思い切った豹変だった。北方領土の問題がはっきり新たな段階に入ったことを物語る。

北方領土の「神話」はその後、どんどん独り歩きしていく。それは五年後の六一年十月三日、池田勇人首相の答弁で完成に至る。池田は野党の質問に対して、千島列島には国後、択捉が含まれないという見解を強調して、かつての西村条約局長の答弁を「間違いと思います」と言い放ったのだ。

「外務大臣がガンだ」

さて、「あくまで四島返還を」という重光の判断を理不尽だと思いながらも、松本俊一は訓令に従わないわけにはいかない。八月三十日の会談で、やむなく日本の主張を次のようにマリクに回答した。

（一）択捉、国後、色丹、歯舞の四島については、平和条約の効力発効とともに日本の主権が回復される。

（二）南樺太、千島列島については、なるべく速やかにソ連を含む連合国と日本の交渉によって帰属を決定する。

（三）北方四島に駐留しているソ連の軍隊と官吏は条約発効後九十日以内に撤退する。

北方四島ばかりか千島列島全体や南樺太まで白紙に戻せというのだから、マリクが驚かぬわけがない。フルシチョフの方針に沿って「二島」という切り札を切れば、日本は乗ってくると読んでいたからだ。マリクは呆れたように「日本側がそういう無理な提案をなされるなら、誠意をもってこの交渉を妥結する考えがあるかどうか疑わしい」（『日ソ国交回復秘録』）と答え、国後、択捉は絶対に譲れないし、その他の領土問題もサンフランシスコ講和条約で結論が得られたもので、いまさら国際会議に委ねることはあり得ないとはねつけた。

こうして二人が描いた交渉の方向とは全く違う展開になって、交渉は行き詰まったまま、九月二十一日に「中断」に陥るのだった。マリクは「残念だが、結局、君のところの外務大臣がガンだ」（『クレムリンへの使節』）と松本に言い残してロンドンを去った。

ソ連の交渉団メンバーだったソ連外務省のチフビンスキー（後に駐日大使）は「日本側はむだな抵抗をしたと思います。（略）交渉中、つねにアメリカ側からの大きな圧力が感じられました。具体的にはダレス国務長官などからです。彼らはソ連への敵対心を露《あらわ》にし、反共的な立場を貫いていました。彼らが危惧したのは、もしソ連が日本との関係正常化を達成すれば、ソ連が、日本の破壊工作分子を利用し、反米宣伝を行うのではないかということでした」(『これがソ連の対日外交だ』)と語っている。フルシチョフが日本との国交正常化によって日本に大きな影響力を行使できると楽観的に見たのと裏腹に、アメリカは日ソの国交正常化を過大に心配していたのだろう。

奇しくも時を同じくして九月九日に大型代表団を引き連れてモスクワに入った西ドイツ首相のアデナウアーは、フルシチョフ、ブルガーニンらと厳しい交渉を繰り返した。その結果、東西の統一や平和条約といった課題を後回しにして、まず外交関係を樹立するべきだとの共同宣言を発表した。「アデナウアー方式」という言葉はここから生まれた。

九月二十一日には日本から超党派の訪ソ議員団(団長、北村徳太郎、野溝勝)がモスクワを訪れたが、会談に応じたフルシチョフは一人でまくしたてた。「ロンドン交渉がはじまってから、もう四カ月もたっている。四カ月という時日は合意に達するのに不充分な期間ではない。現に西ドイツとはわずか五日間の交渉で妥結し、両国の国交が再開し、ドイツ戦犯を送還する措置がとられているではないか。われわれは戦争状態終結、外交関係樹立、戦犯釈放をまず解決することが最善であると考える」(『クレムリンへの使節』)。

アデナウアー方式の提案である。さらに、領土問題はすでに国際的に確定されており、歯舞、色丹についても本来ならソ連領として解決済みだとしつつ「この諸島があまりにも日本の北海道に近接しているので、日本の利益と両国関係の友好を考え、日本側が諸問題に理解を示すなら、ハボマイ、シコタンも解決されると信じている。しかるに日本側は交渉の引き延ばしをはかっている。マリクと松本はロンドンでお茶ばかり飲んでいる。交渉の延引は日本のためにならない」としゃべり続けた。せっかく温情を示したのに、日本はなぜ乗ってこないのか、と言わんばかりであった。

松本は十月一日に帰国すると、すぐ鳩山に会い、ソ連案は最終的なものであり、これによって妥結へ向けて世論を説得するように促した。鳩山はそれに同調して、松本に世論への訴えかけを頼んだ。このため松本は十月五日の毎日新聞で政治部長との対談に応じ、「歯舞、色丹返還が最後の線」という見出しで次のように語っている。

「私の考えでいくとしたら、十一月に交渉を再開してクリスマスまでには妥結するだろうと思っている。もはや日ソ交渉については再交渉の余地はない。これに対する慎重論はいわば決裂論である。ソ連は最後の条件を出して、もうこれ以上は一歩も引かぬといっている。私はサンフランシスコ条約を念頭において考えたらよいとしばしば語ったが、これは同条約で南樺太、千島を放棄したという大前提があり、私はこれで将来の解決は示唆されたものと思う」

読売新聞での対談でも、松本は「向こうとしては歯舞、色丹を返せば解決できると思っていたのが国後、択捉が突如として出てきたので向こうもビックリした。日本が欲張っているという気持を持っているようですね。だからもう少しようすをみようということになっているんじゃないかと思う。（略）そういう実情を国民にも政界にも了解してもらって対策を立ててもらおうと考えている」と理解を求めたが、新聞論調は「四島」にどんどん傾いていく。あとで書くように、政府の見解が大転換して、放棄した千島には「国後、択捉は含まれていない」という新解釈が生まれるのもこのころだった。

同時に、永田町では「保守合同」への動きが激しくなっていた。鳩山の与党民主党と、吉田茂ら野党の自由党が、恩讐を超えて合併しようというのである。こうしていまの自由民主党（自民党）が生まれるのだが、そのことが日ソ交渉にも大きな影を落としていく。

保守合同で「四島返還」に

さて、自由党は日ソ交渉に冷ややかなばかりか、鳩山政権を何かにつけて揺さぶった。憲法改正を掲げた鳩山に社会党などが食い下がるのはまだしも、自由党の攻め方は「尋常一様ではなかった」。来る日も来る日も両院の本会議や委員会に引っ張り出されて質問の集中攻撃を受けたとして、回顧録に以下のように書いた。

「朝は十時から、夜は十時、十一時までという日が続いたことも決して珍しくない。しかもその間、昼食をたべるために与えられる時間は大体三十分足らず、むし風呂のような暑さの中で、水を飲むことはおろか、夕食さえ食べさせて貰えないような日も幾日かあった。（略）新聞記者などから聞くところによると、当時、自由党は、ボクを体で参らせてしまおうという作戦であつたらしい。『鳩山は、あの通りの病体だから、連日連夜、国会に引張り出していじめれば、三ヵ月もたゝぬうちに必ず体も精神も参り切つて死んでしまうに違いない』というのだつたそうだ。道理で激しかつたのも無理はない。あんな苦しかつたことは私の長い〳〵政治生活でも初めての経験であつた。よくも続いたものと今から思つてもぞつとする」

少し前には国会で猛然と吉田政権に挑んだだけに、今度はその仕返しという気分があったのだろう。閣僚たちへの陳謝の要求や戒告決議案、不信任案なども連発された。少数与党の悲哀をつくづく感じさせられたのだった。

そんな中で、三木武吉が世の中を驚かせたのが五五年四月十三日に放った「爆弾発言」だ。遊説で訪れた大阪での記者会見で民主党と自由党との「保守結集」の必要性を訴え、そのためには鳩山内閣が総辞職してもいいし、民主党は解体しても構わないとぶち上げたのだ。総選挙で勝ち、鳩山政権が本格的に動き始めたばかりのタイミングだけに世論を驚かせるに十分だった。

三木による自由党の攪乱作戦と受け止める向きも少なくなかったし、両党には猛反対の声が渦巻いた。だが、三木は本気であり、民主党幹事長の岸信介と自由党総裁の緒方竹虎とは気脈を通じていた。カギは自由党の有力者で三木とは犬猿の仲だった大野伴睦と十回も会談を重ね、ついに意気投合したことだ。左右に分かれた社会党がしだいに得票を増やしていたことが背景にあったのだが、その両派は十月に統一を果たす。保守が分裂していれば社会党に政権をとられても仕方ないという危機感は保守の両党に広がる。こうして三木の構想が実を結び、十一月十五日に自由民主党（自民党）が生まれた。

鳩山と吉田による長い抗争ドラマがここに大きな結末を迎えたのだが、二人の確執が幕を下ろしたわけではなかった。吉田は鳩山と一緒になることを拒み、自民党には参加せず無所属の道を選ぶ。佐藤栄作もこれに従って火種を残した。

それでも緒方竹虎や池田勇人をはじめ自由党のほとんどが自民党に参加したのだが、政策路線をめぐっては憲法問題のほか、外交や領土問題の扱いも焦点になった。民主党はアメリカ一辺倒とも言える吉田外交の路線転換を目指してソ連、中国との関係改善をねらっているのに対し、自由党はソ連との国交回復には消極的で、領土問題でも南樺太の返還まで要求するほど強硬だったからだ。

どう折り合いをつけるか、ぎりぎりまで交渉が行われた結果、結党大会の二日前にようやく妥協に達した。日ソの領土問題では、さすがに南樺太の返還要求ははずされたものの、あくまで国後と択捉を含めた「四島返還」を求める方針が決まった。二島返還というソ連の提案には応じないという外務省の方針が、与党の「党議」となったのだ。こうして生まれた自民党の党議はその後の日ソ交渉に大きな枠をはめることになる。鳩山にとっては与党が過半数を得るというメリットの半面、与党内に吉田派という大きな反主流派を抱え込む結果になった。

特に二島返還で日ソ交渉の打開を狙った松本から見れば、保守合同は「日ソ交渉の進展を著しく妨げること」でしかなかった。「重光外相と旧自由党系の人々とが結合して、俄然反日ソ交渉の勢力は比重を増大したことは否めなかった」(『日ソ国交回復秘録』)からである。

鳩山や河野は、やがて日ソ交渉の土壇場でそれを嫌と言うほど味わうことになる。

第5章
一か八か、河野一郎の勝負

日ソの交渉が中断に追い込まれると、ソ連は報復のように北洋漁業の大幅規制を打ち出して日本を揺さぶった。そこで出番がきたのは農相の河野一郎だ。モスクワでソ連首相のブルガーニンとの必死の直談判に挑み、漁業条約の締結にこぎつけるとともに、国交交渉の再開へ道を開く。しかし、首相のブルガーニンとの会談は河野が日本側の通訳を入れずに行ったため、領土で「密約」を結んだのではないかとの疑惑も呼んだ。ところが……。その謎が解けるのは四半世紀も後のことだった。

ソ連のしっぺ返し

日本側がソ連の「二島返還」案を蹴ってから数カ月、年明けとともにロンドンで交渉が再開されたが、このままでは進展を望むべくもない。三月になると交渉は決裂したのだが、間髪を入れずにソ連が強烈なしっぺ返しに出た。北海道の北に広がるオホーツク海全域からベーリング海の西域、つまりカムチャツカ半島の東西両側を「漁業制限区域」に指定して、事実上、日本漁船を大幅に締め出す方針を決めたのだ。

当時、日本海ではサンフランシスコ講和条約が発効する直前の五一年二月に韓国が海上にいわゆる「李承晩ライン」を引き、竹島（韓国名・独島《ドクト》）を含む海域を韓国領として囲い込んでいた。これ以来、「独島」は韓国独立のシンボルとなり、李ラインを越えた日本漁船が次々に拿捕《だほ》されるのだが、それに加えて北洋漁業へのソ連のこの仕打ちは、首相の名をとって「ブルガーニン・ライン」の宣言と呼ばれた。

ソ連の通告によると、この区域での漁業について、

一、あらゆる漁夫はソ連の漁業相から特別許可を入手したうえでサケ漁をすることができる。

一、漁業ができる期間は五月十五日から九月十五日までとする。

一、初年度である五六年の総漁獲量は五万トン、二千五百万尾を超えてはならない。

としており、日本を狙い撃ちしたのは明らかだった。ソ連は北洋・太平洋沿岸での日本の「乱獲」のためサケ資源が絶滅の危機に瀕している、と警告を発していたからだ。

日本の水産業界にとってはとんでもないことになった。日本のサケ・マス漁は戦後すっかり衰退したものの、講和条約のあと再開されて、やがて戦前の水準を超えるようになっていた。五五年には過去最高の漁獲高を記録し、出漁船団も十四に及んでいた。五六年は十九船団、五百隻に増やす予定だっただけに、水産業界のショックは激しかった。それどころか、北洋漁業を一つの推進力にしていた日本経済にとっても大きな打撃である。これによって漁船の拿捕も激増し、漁

民の連行も増えることになる。

内閣にあって最も衝撃を受けたのは河野だった。水産も担当する農相に就任してから、サケ・マス漁業の拡張に旗を振っていた矢先だっただけでなく、そもそも河野は水産業界と密接な関係をもっていたからだ。

ソ連の通告は日本の乱獲を理由にしてはいたが、領土交渉の中断を受けて、日本を揺さぶろうとの狙いがありありだった。歯舞と色丹の返還というマリクの新提案は、フルシチョフが外相モロトフの抵抗を押し切って勝負をかけた決断だっただけに、このままでは外交的にも内政的にも立場がない。いわば威信をかけての「次の勝負手」だったのだろう。

日本政府は「公海自由の原則に反し、国際法違反である。日本の乱獲の事実はなく、一方的な言いがかりだ」と反論したが、らちが明かない。サケ・マス漁は六、七月には出漁しなければならず、待ったなしだ。政府はこの問題で日ソの漁業条約をつくるための交渉をソ連に申し入れ、鳩山は腹心の河野をモスクワに送ることにした。

「魚屋」の出陣

リスクが大きいだけに河野は最初渋って、漁業事情にも詳しい経審庁長官の高碕達之助を送るように進言したが、高碕も二の足を踏んだ。領土の絡んだ話だけに、みな荷が重いと感じたのだ。そこで河野にお鉢が回るのだが、河野の兄貴分にあたる三木武吉も河野が失敗した場合のことを考えて反対した。ロンドンの交渉が決裂した際も松本を支援した河野に対して「河野の奴、ざまを見ろ」と国会で触れ回った議員がいたほどで、成り行き次第では政治生命にも関わりかねないと考えたのだ。だが鳩山は、「行詰りになった日ソ交渉の道を開くためにも是非行ってもらいたい」と河野を口説いた。

鳩山は河野に「場合によっては自分自身、モスクワ訪問をしてよいとも考えている」と明かして、「よく向うの考えを打診し、先方の事情を調べて来てもらえないか」(『今だから話そう』)と言った。殺し文句でもあり、断るわけにはいかないと、河野は腹をくくった。河野はもともと北洋漁業に大きな実績をもつ日魯漁業社長の平塚常次郎に引き立てられ、副社長や社長を任されたことすらある。また、日本水産社長の鈴木九平とも懇意にするなど、政治資金も水産業界を大きな頼みとしていた。とても他人事ではなかったのだ。

後にソ連公使となる外務省の新井弘一《ひろかず》がこのころ吉田茂を訪ねると、河野の派遣について「魚屋に魚の交渉をさせる馬鹿はいない」と吐き捨てるように言ったと、著書『モスクワ・ベルリン・東京』に書いている。吉田は河野を「魚屋」と皮肉り、鳩山を「馬鹿」扱いしたわけだが、違う意味で面白くないのは重光だった。自分の息のかかった外交官の派遣を考えていたからだ。

重光の生涯を描いた阿部牧郎の小説『勇断の外相』には、閣議で重光が河野派遣に異を唱え、これに反論する河野とやりあう場面が出てくる。

重光　外交は外務省の所管です。(略)失礼だが、ソ連相手の交渉は素人には無理です。

河野　いや、たしかに私は外交は素人だが、魚にはくわしい。これは漁業交渉だから、所管大臣たる私が首席代表になっても、すこしも不都合はありませんよ。

重光　魚は農相の所管でしょう。しかし、外交は外相の所管です。諸外国と条約を結ぶ行為が外務省以外の役所でなされてはならない。

河野　外務大臣、それは戦前の外交大権時代の考えですよ。戦後、天皇が担当大臣の輔弼《ほひつ》によって行使する国権というものはなくなった。犯されざる外交大権はもう消滅したのです。外交権は国民のものだ。いまは総理の指名があれば、だれもが国を代表して外交交渉ができるのです。

ここで鳩山が割って入り、河野に軍配を上げるのだが、以上のやりとりは小説ならではの創作だ。作者の阿部にも確認したから間違いないのだが、しかしこれは当時の状況をよく承知したうえでの創作であり、二人の考え方の違いが端的に示されていた。重光には確かに「自分こそ外交を任された存在だ」という自負が強く、そこには戦前の「外交大権」の感覚も抜けなかった。吉田茂が「河野君は外国と交渉をしたことがないから、そんなばかなことを言う」と切り捨てた答弁を思い出すが、河野は外務省の外交にこそ問題があると思っているから、かみ合うはずがなかった。

重光が警戒したのは、河野が領土交渉にも介入するに違いないということだった。そこで河野派遣に当たっては、目的はあくまで「漁業交渉」であり、それ以外の交渉には関わらないという枠がはめられた。だが、河野は羽田を発つとき記者団の質問に対して「もちろん私の資格は漁業代表であって、国交回復についてはこちらから積極的に交渉する資格はない。しかし、先方からいろいろ言ってくれば国交回復についても話は聞いておきたいし、この意味で日ソ国交回復交渉によい影響があることを期待している」と答えた。鳩山の真意をオブラートに包んで話したわけだ。

当時のモスクワ行きは、スカンジナビア航空（ＳＡＳ）機で東南アジアから中東、そしてヨーロッパに入り、ストックホルムからモスクワ入りを図るルートが一般的だった。まだプロペラ機の時代であり、この間、少なくとも三日はかかる長旅である。

こうして河野がパリに着いたとき、さっそく重光との間でひと悶着起きた。実は交渉に先立ち、ソ連側から日本政府に対して「東京駐在のドムニツキーを漁業交渉のためモスクワに召喚し、それに代わる者を数名、東京に送りたい」という申し出があったのだが、外務省がこれに返事をせぬまま放置していたのだ。河野はパリでその事実を知って「外務省がソ連の要望を握りつぶしている」と激怒した。

外務省としては、そもそもソ連の東京代表部の存在を認めていない。だからソ連が漁業交渉を利用してその存在を認めさせようという腹だと読んで、慎重に構えたのだが、河野は「そんな官僚的な形式論によって、自分がこれから行う大事な交渉を不利にされたのではかなわない」と憤慨した。重光の嫌がらせだとみて、河野は外相あてにパリから電報を打った。「……本問題解決せざれば、われわれは入ソせず、返電はストックホルムにて待つ」（『今だから話そう』）。

こうしてパリからストックホルムに入ったが、滞在二日目になってようやく重光から「詳細は日下ソ連に問い合わせているので、ひとまずモスクワ入りをされたし」という返電がきた。すると、河野は「とんでもない。はっきりさせるまではモスクワに入れない」と、居座りを決め込んだのだ。この対立が新聞報道もにぎわして「ストックホルム居座り事件」と呼ばれることになる。

やがて、官房長官の根本龍太郎と首相秘書官の若宮小太郎から、河野に相次いで国際電話が入った。「東京で責任をもって解決するから、すぐソ連に入ってもらいたい」という鳩山からの伝言だった。鳩山が河野と連絡をとりたいと言っても外務省がろくに動かなかったようで、やむなく若宮が新聞社に調べてもらったり、ストックホルムの市役所に直接電話したりして、やっと河野の居所をつきとめた。「これには開いた口がふさがらなかった。そんなバカな話があるだろうか。(略)外務省は全くソッポを向いていて、なに一つ協力しまいとしていた」と河野は書いている。

政界や新聞社は、どっちもどっちの内輪もめと見た。当時の朝日新聞の記事は「日ソ交渉の早期妥結派と慎重派の根深いケンカの現れであってみればムリはない。その上に河野、重光をめぐる個人的な感情問題もからんで来ているわけだ。いずれにしてもこんどのゴタゴタは対ソ外交を前にして内部的な問題にムダな精力を使ったものである」(四月二十七日)と書いた。ソ連代表部の件は暫定的に日本が認めることでとりあえずけりをつけ、河野は四月二十八日、ようやくモスクワに乗りこんだ。

いざ、クレムリンへ

四月二十九日に始まったモスクワでの交渉は予想通りなかなか進まなかった。相手は漁業相のイシコフである。漁業条約とは別に、海難人命救助に関する協定については順調に合意が進んでいったが、漁業の方は話がかみあわない。イシコフはブルガーニン・ラインをやめるどころか、制限水域を大きく膨らます案まで出してくる始末だ。河野は途中で方向転換し、せめてこの年だけの暫定協定をつくりたいと申し出たが、イシコフは取り合わない。

新聞各紙には連日、モスクワ発の原稿がトップ扱いで載り続けたが、朝日新聞の大見出しをたぐれば、「ソ連側の態度強硬」「制限措置、譲らず」「日本側　悲観的な見通し」「暫定協定は絶望か」「ソ連側、主張曲げず」という具合だった。

イシコフは漁業条約について「両国の間に国交があってできることで、国交のないところに条約はあり得ない。戦争状態に条約のないことはおわかりだろう」と言う。その国交については「お国の方で、いやだいやだといって、ロンドン交渉が決裂になったという事情は、あなたもよくおわかりだろう」。日本側の主張した「公海自由の原則」については、国交が回復され、両国が和平の状態にあるならともかく、そういう状態にないのだから、一方的な宣言によって苦情を言われる覚えは毛頭ない、と反論した（『今だから話そう』）。

まさに開き直った態度なのだが、どうにもならないのは敗戦国のつらさである。とはいえ、これで引き下がったのでは話にならぬ。河野は問題が領土がらみである以上、イシコフを相手にしていても仕方ないと考え、八日の会談で「ブルガーニン首相と面談したい」と申し入れた。行政問題だけに最高責任者はブルガーニンだと考えていたのだ。イシコフはこれに応じ、後から「明日朝十時にホテルで待っていてくれ、こちらから案内に行く」との知らせがきた。

河野の一行にはカナダ大使の松平康東《こうとう》が次席として、水産庁長官の塩見友之助や外務省欧米局参事官の法眼晋作らが随員として参加したほか、水産界から大日本水産会副会長の藤田巌、大洋漁業社長の中部謙吉、日本水産社長の鈴木九平、日魯漁業北洋部長の品田藤次郎という大物がずらり顧問として加わっていた。特に河野は水産界の重鎮たちと昵懇《じっこん》の間柄で、河野がモスクワで相談相手としたのは役人よりも彼らだった。

宿舎にはソビエツカヤホテルが用意されていた。外国賓客がよく案内されるホテルだが、それだけに部屋には盗聴器がセットされていて、話はソ連側に筒抜けになる可能性がある。だから河野は中部や鈴木と一緒に外に出て、街を歩きながら相談した。久保田正明は『クレムリンへの使節』の中で「春とはいえモスクワはまだ寒い。コートの襟をたてた小柄な日本人三人が通りをゆっくり歩き、その後を同行記者団がつかずはなれずついていった。時には激論も交わされ、「それは駄目だ」というような大声が記者団のところまで聞こえてくることもあった」と書いている。ブルガーニンとの会談についても、随員や顧問らが大通りに出て相談した結果、河野が単独で会談することに決めた。

いざ九日の朝、ソ連側の迎えがやってきて、河野はその車でブルガーニンの待つクレムリン宮殿に向かう。度胸では誰にも劣らぬ河野もこのときばかりは異様な気分になった。何しろスターリン時代の暗い印象がつきまとう伏魔殿《ふくまでん》のようなところである。「人間ひとりぐらい消されたってわかるまい。数々の粛清が行われてきた場所だ」。

そういえば、東京を発つ日、羽田空港までの車に同乗した次男の洋平は、いつになく神妙な表情で父親からこう言われた「今度の交渉は決して容易なものではなく、何が起きるかわからない。外務省の支援もないし、ましてや大使館もない。もし俺に万一のことがあったら、あとはお前、しっかり頼むぞ」。水盃《みずさかずき》のような雰囲気で、いまだに忘れられないと洋平は言う。交渉の難しさに加えて、ベールに包まれた共産主義のソ連、しかも恐怖政治の舞台となったクレムリンに向かう不安を吐露したのだろう。

モスクワのクレムリンとはどんなところか。ロシアの起源は九世紀にさかのぼるが、もともと「城塞」を意味するクレムリンは十二世紀に造り始められたと言われ、皇帝らの大小の宮殿を中心にした膨大な複合建築体だった。一九一七年のロシア革命後はソ連政府の本拠地として使われ、世界に威厳を誇った。敷地内には庭園や武器庫、ロシア正教の聖堂、巨大な鐘などがあり、クレムリンの前に広がる広大な広場が有名な「赤の広場」である。現在のロシアの大統領府は帝政時代の元老院だった建物で、ソ連時代には共産党や政府のトップがここで執務していた。

クレムリンの城門をくぐった河野は、よほど大きな威圧感を感じたに違いない。「この瞬間に味わったいいようのない感じは、生涯を通じて経験したことのない緊張感とでもいおうか、いやそれともちがう。僕は今までに二度ほど監獄生活を送ったが、実をいうと、あの監獄の赤レンガの門をくぐる時よりも嫌な気持がしたものだ」

車はやがてブルガーニンのいる建物の玄関に横づけになった。いかめしい軍人が直立不動の姿勢で立っており、衛兵司令だと名乗ると、自分のあとからついてこいと言われた。ここからエレベーターで三階に上がり、ブルガーニンの執務室に至るまで廊下に立った衛兵がいちいち敬礼するし、秘書官室や武官室などを通るたびに軍人らが五、六人ずつ敬礼する。威圧感は徒《ただ》ならぬものがある。しかもブルガーニンの執務室の扉は二重ドアで、最初のドアをあけると一坪ほどの空間があって、次のドアに進むのだ。何という壁の厚さだろう。

ここまでは外務省から通訳として随行した参事官の新関《にいぜき》欽哉が一緒についてきた。ところがブルガーニンの部屋に入ろうというとき、河野は「キミはここで待っているように」と言って、新関を控室で待たせた。ブルガーニンにはイシコフや外務省の次官らが同席したが、日本側は河野一人で、ソ連側の通訳だけを通して話をしたことになる。

このことがのちのち大きな問題になった。「密約を交わしたのではないか」などの疑惑も生む原因になる。とくに重光との対立が決定的になるのだが、それについては後で書こう。

ブルガーニンの素顔

首相のブルガーニンはフルシチョフが最も信頼する同志で、息の合ったコンビを組んでいた。白いあごひげがトレードマークだったブルガーニンとは、一体どんな人物だったのだろう。

フルシチョフより一歳若い一八九五年六月生まれで、当時、六十歳。ロシア革命のあとロシア共産党（ボリシェビキ）に入党し、やがてＫＧＢ（ソ連国家保安委員会）の前身である情報機関に入って「反革命」の取り締まりや赤軍の統制に腕を振るった。こうして次第に頭角を現し、モスクワ市での活躍でスターリンに認められて権力の階段を上がり、共産党中央委員に選ばれた。第二次世界大戦では前線での政治指導に当たり、大戦終了後はソ連副首相兼軍事相に就任。元帥の称号を与えられて政治局員となった。

五三年のスターリン死後、マレンコフ体制の中で第一副首相となり国防相も兼務したが、五五年にフルシチョフが実権を握って第一書記となると、やがてマレンコフに代わって首相（正式名は閣僚会議議長）に就任。フルシチョフはオーストリアの占領に幕を引いて平和条約を結ぶなど、スターリンとは全く違った外交を展開したが、ブルガーニンはこれを補佐した。ソ連と対立関係に陥っていたユーゴスラビアをフルシチョフとともに訪問して大統領のチトーに和解を申し入れるなど、平和共存外交の一翼を担った。五六年の党大会でフルシチョフが行ったスターリン批判の秘密報告にも同調したことは言うまでもない。

暴れ馬的な迫力と愛嬌が同居した個性をもつフルシチョフに比べ、ブルガーニンは地道に党官僚の道を歩んできた正統派だが、それだけにフルシチョフには頼りになる存在だったのだろう。やがて独裁的になったフルシチョフが五七年に党内の反発から解任の危機にさらされたとき、ブルガーニンもこれに同調して逆に失脚してしまうのだが、このころのブルガーニンはフルシチョフと蜜月の関係にあった。

河野とブルガーニンの会談には日本の外務省に記録がない。通訳もいなければ、記録する官僚もいなかったからだ。従って日本側としては河野の記憶に頼るしかないのだが、その河野はこの夜に同行記者団をモスクワ市内の中華料理店に招き、会談内容を説明した。共同通信の配信を載せた日経新聞（五月十一日）によると、記者とのやりとりは以下の通りだった。会談を終えてきた興奮がまだ冷めやらぬ様子が分かる。

まず河野は、ブルガーニンとの会話を聞こうとする質問を制して「クレムリンに入るころから聞いてくれ」と言い、自分から次のように説明し始めた。

ほんとうにクレムリンの奥深く連れていかれたよ。植込みをいくつも通って行くと大きな建物があった。立派な兵隊がいてね、僕に何かしきりというんだ。通訳が「この人は衛兵司令です。彼が案内するといっています」と説明してくれたので、握手をして案内を願った。それからエレベーターに乗せられた。ホテルにあるのと同じやつだ。ソ連の部屋の天井は物すごく高いからね、随分乗ったと思ったが、帰る時に歩いて見たら二階だったよ。

また兵隊のたくさんいる部屋に入った。この隣の部屋がブルガーニン首相のいる総理室だ。五、六十畳はある大きな部屋だ。ちょうど日本の議長のイスみたいなのがあって大きな机がある。そこからグッと机がU字形に並べてある。ブルガーニン首相が出てきた。（略）まあ座れというからサンキューといって座ったが、首相は僕の前に座った。

ブルガーニン首相の隣にはイシコフ漁業相、その隣にはフェドレンコ外務次官が座った。僕の隣には通訳が座った。ブルガーニン首相はまず「よくきてくれました」といった。僕はモスクワのもてなしのお礼を言った。ブルガーニン首相は「君はクレムリン宮に入った初めての日本人だ」といっていた。

このくだりに飛びついた日経新聞は記事に「クレムリンに入った最初の日本人　河野さん」という大きな見出しをつけ、社会面のトップに配置したのだが、これは事実ではなかった。この記事によると、記者の一人が、戦前にモスクワで日ソ中立条約を結んだとき外相の松岡洋右がクレムリンに入ったのではないかと聞いたが、河野は「あれは外務省（で調印）だろう」と答えている。だが実際には、調印式も祝賀会もスターリンが出てクレムリンで行われていた。

重光のように戦前に大使としてモスクワに赴任した者も、少なくとも信任状奉呈式のためクレムリンを訪れていた。ブルガーニンが河野に「初めての日本人」と話したとすれば、「戦後初めて」という意味だったのではないか。河野は確かに戦後、初めてクレムリンを訪れた日本人だった。

派手に紅茶をこぼす

会談については河野が『今だから話そう』で生き生きと描写している。これによると、部屋の奥から現れたブルガーニンは思ったより柔和な顔つきで、真っ白なあごひげをはやした品のよい人物だった。

テーブルにはケーキや煙草などが並べてある。これは漁業相の部屋も同じだったが、日本の役所には大臣室にチョコレートや飲物を用意しておくというような習慣がないので、河野は驚いた。ブルガーニンは煙草の箱を二つ出し、一方はソ連の一番優秀な葉を集めて作ったものだが、他方は原料をミックスしたもので外国人が好むと説明して「好きな方を」と勧める。煙草好きの河野は後者に火をつけた。すると「私の国ではお茶を飲む習慣があるのだが、ここにお茶を出してもよいか」と聞く。同意するとレモンティーをすぐ持ってきて、これをソ連側の同席者を含めてみんなに配った。見ると「二合五勺（引用者、四五〇CC）も入ると思われる大きなコップ」で、ブルガーニンは一気に飲み干してお代わりを注文した。

さらにお代わりがくると、彼は角砂糖をちょっとお茶に浸し、お茶の色で赤くなったその砂糖をボリボリ噛みはじめた。河野は「これは、おれの前で随分失敬な奴だな」と内心思いながら、「時に……」と話を始めた。

「じつはきょうは御挨拶に伺ったのだが、貴国との漁業交渉が、本年度の問題については、話に入らないので非常に困っている。なんとか特別なお計らいを願いたい。特にお目にかかる機会を得た際にお願い申し上げたい」

ここで、とんだハプニングが起きた。河野が話を進めるうちに勢いがつきすぎたのか、振った手が大きなコップに引っかかって、ひっくり返してしまったのだ。思わず「あっ」といったが、もう追いつかない。飲みかけのコップではなく、お代わりの分をそのままひっくり返したのだ。特大カップのレモンティーがそこら一面に流れてしまった。テーブルに敷かれたきれいなラシャがすっかり濡れてしまったばかりかブルガーニンの隣に座った通訳のワイシャツも色が赤くつき、洋服もぬれてしまった。

河野は思わず「弱った、弱った、これはしまったことをした」と情けない声を出したのだが、ブルガーニンが助け舟を出した。河野の顔を見ながら「あなたは非常によいことをやった。そんなに困る必要はない。ソ連では、お茶がひっくり返るということは、エンギのいい証拠で、これであなたとの話は非常によくなるだろう。だから、なにも心配する必要はない」と言ったのだ。

さすが熟練の政治家である。慰めの言葉にちょっとホッとした河野だったが、給仕がきてそれを拭き、すぐ新しい布を掛けるのを見ながら「これはもう駄目だ、きょうは負けた。とんでもない粗相をしてしまって、相手に慰められるようでは到底この勝負は勝ち目がない」と感じた。ただでさえ気後れする交渉である。いよいよ絶体絶命のピンチに思われたことだろう。

勝者の論理

だが、このまま終わったのでは話にならぬと思いなおし、「まあよろしく頼む。北洋に出漁ができぬということでは、日本としては大いに困る。まず今年のことはよろしく頼む」と言って、お辞儀をした。こうして会談はようやく中身に入るのだが、河野を慰めたばかりのブルガーニンがこの話になると高飛車な態度に豹変する。数日後の朝日新聞に載った「会談詳報」によると、河野が「日ソ国交回復についての見解を伺いたい」と聞いたのに対して、ブルガーニンは次のように、とうとうと語った。

「貴国の鳩山首相が日ソ国交回復に熱意をもっていることは承知している。しかしさきのロンドン交渉の経過をみると、日本の政府および国民は国交回復に熱意がないのではないかと疑いたくなる。わが方としてはハボマイ、シコタンを譲り、海峡航行の問題も譲り、譲るべきものは全部譲った。それにもかかわらずエトロフ、クナシリまで返せというのは、日本に交渉をまとめる気持がないからだといいたい。一九〇五年にわが国が日露戦争に敗けた時、日本は仮借なくわが国の領土を奪った。それなのに今度は敗けた日本が南千島まで返せと無理難題をいうのは、第二次大戦で苦労をなめたソ連の国民の気持を理解しないいい方だ。ロンドン交渉みたいなものなら幾らやったって意味はない」

イシコフが河野に語った強硬な発言と変わらぬトーンで、さらに迫力があった。朝日の記事によると「このあたりでブルガーニン首相の顔から微笑が消え、鋭い眼光に変り、体はテーブルの上に乗り出してきた」。ブルガーニンは続ける。「日本がそういう態度なら、こっちから頼んで無理に国交回復してほしいとは少しも思わない。それでわが国は別に差支えないのだ。しかし、国と国が平和にやってゆくということは大事なことだし、日本としてもわが国と平和関係に入って貿易を拡大することは非常に大切なことではないのか」

この発言は、二島返還による解決を拒んだ重光を非難する趣旨でもある。河野は我が意を得たりと思ったのではないか。案の定、朝日の「会談詳報」によると、彼は「ご意見は一つ一つもっともだ」と応じたとある。会談には河野しか日本人はいなかったのだから、この「詳報」は河野が記者に話したものに違いない。

会談当夜に中華料理屋で行った記者との懇談でも、河野は似たようなことを言っていた。先に紹介した日経新聞の記事によると、ブルガーニン発言に対して「大臣は黙っていたんですか」という記者の問いに対して、河野はこう答えていた。

「仕方がないじゃないか。とにかくソ連のいうことは理屈が通っていますよ。日本にはソ連が参戦しただけで領土を取るのはケシカランという考え方を持っているものがいるが、それなら平和条約は結ばない方がいいんだ。こういう考えは捨てるべきだ」

戦争で負けたのだから、悔しくとも領土をとられて仕方ないと割り切っていたように受け取れる。そもそもマリクが示した二島返還で平和条約を結んでいればよかったのに、重光が拒んだからこんなに苦労しているのではないか、という思いがのぞく。

これが国後、択捉のソ連の帰属についての「密約」説にもつながるのだが、それでも河野はブルガーニンに対して「お説はごもっともですが、今の日本の国情、世論がまだそこまでいっていない」と反論したと記者たちに説明していた。ソ連の言い分もわかるが、日本の状況からして国後、択捉の返還を放棄するわけにはいかないという意味である。「四島返還」という自民党の党議を考えれば、そう言わざるをえないのだが、このあたり、河野の話は煮え切らない。

さて、朝日の伝えた「詳報」では、二人の会話はさらにこう続いた。

河野　ただ一点だけ納得できないのは抑留者を帰してもらえないことだ。

ブルガーニン　アデナウアー首相のやったようにすれば、戦犯の問題も漁業の問題も解決するではないか。

一部の戦犯は釈放する用意があるが、後でイシコフ君からその書類を受取ってもらいたい。

ずばり、アデナウアー方式の提唱だった。領土問題を後回しにして国交を回復すればいいという提案であり、このブルガーニン発言が後に河野の主張の基盤となる。残された抑留者の返還は国交に先立って一部実現させると約束したのも朗報だった。

だが、さらに漁業の問題で河野が食い下がる。

河野　ところで漁業の問題はぜひ解決したい。この交渉がまとまらないと日本の世論が承知しない。

ブルガーニン　国交がないのに漁業の暫定協定とかを作ってどうなるか。どうも日本はわが国との戦争状態がまだ終っていないということを忘れているようだ。貴下と私とはこうして仲よく話しているが、国家と国家との厳密な関係は違うのだ。

これまたイシコフ発言の域を出ない厳しい発言だ。朝日の「詳報」によれば「ブルガーニン氏にたたみこまれて河野氏はとりつく島がないという困惑した感情におちいり、最後に必死の勇を揮って次のように見解を開陳した」。

河野　漁業など当面の問題を解決して既成事実を一つ一つ積上げて行くことこそが、日ソ国交回復のため必要なことではないか。そうしなければ国交回復の糸口はつかめない。

ブルガーニン　分った。その問題はなおイシコフ君とよく話合って欲しい。（イシコフ氏の方を見て）君も協力してあげて欲しい。

ここで一時間五十分にわたった会談が終わった。ようやく漁業交渉は妥結のめどが立ったのだが、朝日の「詳報」によれば、すっかりブルガーニンに押しまくられて、「河野氏は息もつけないような気持になっていた。／首相室を出た瞬間、精魂尽き果てた河野氏はホッと太い息をついたという」。

外交交渉の真剣勝負で大臣が神経をすり減らすことは時にあるものだが、それでも官僚が脇を固めて行うのが通例だ。その点、日本の外務省をも向こうに回す形で、ただ一人密談に臨んだ河野にすれば、失敗の許されない勝負であり、まさに「精魂尽き果てた」の思いだったのだろう。このあと河野はイシコフと会談し、漁業条約の締結で合意するとともに、七月三十一日までに日ソ国交回復交渉を再開すると約束したのだった。

必死の熱弁

河野は帰国後間もなく『中央公論』（五六年七月号）に手記を寄せている。そこではブルガーニンについて「ただ坐つているときは、実に温顔の好々爺であり社交的なキサクな人だが、ひとたび論じ出すと言々火を吐くといつた調子で、あたかも日蓮宗の坊主のようだつた。半身に構え、身体を乗り出して、説き去り説き進めるブルガーニンの態度はさすがに世界第一流の政治家だという感を深くした」とある。

また自伝の『今だから話そう』には、ブルガーニンとの会談のやりとりを書いていて、朝日の「詳報」と概ね趣旨は同じである。ただ、河野が意を決して熱弁を振るった部分が詳しく書かれているので紹介しておこう。それによれば、河野は紅茶をこぼして「これは駄目だ、勝手にしろ」という気持ちに落ち込んでから、ふと心境が変わり、こんな風に反撃したのだった。

今度は僕にいわして貰いたい。あなたのいうように、一方的に勝手なことを、ソ連のような強い国の最高首脳部がいっていたのでは、世界の平和を絶対にもたすものではない。世界の平和というものは、およそあなたのように、譲歩をしようと思えば譲歩のできる地位にある人、どうでも自分の思うようにできる人が、その平和のために寄与するという考えがなければあり得ない、と自分は確信する。しかもあなたは、日本の国情については、十二分に承知しておられるはずだ。日本では鳩山首相のような考えの人もあれば、それは絶対にいけないという考えもある。また、社会党のような考えもあれば、共産党のような考えもある。日本の国論はいま帰一するところを知らない状態であることは、あなたも御承知のとおりである。そういう日本と、ソ連の間に国交をまとめて、世界平和に寄与しよう、もしくは日ソ両国民の将来の幸福をこい願おう、というあなたの言葉は立派だけれども、そのためあなた自身が、なんらの犠牲を払うとか、なんらの努力をしようという考えがなくて、なんで世界的な大政治家になり切ることができようか。

少なくともあなたが、ソ連の総理大臣として、世界の平和に寄与しようという考えがあるならば、また、日本の実情が判っており、そしてこの日本の輿論、日本のいうところを、少しでも日ソ両国の国交調整のために寄与せしめよう、これをまとめるために信頼しよう、協力しようという気持があるならば、当面の漁業問題が一体なんであろうか。これを一年間、あなたの方が理解して日本にやらしたとしても、基本的な〝クナシリ、エトロフ〟の問題に、なんにも関係がないではないか。これをあなたが、理解することによって、少なくとも日ソ両国の民族的な感情が一歩前進し、ソ連に対する日本の理解を、一歩強めることになるのは事実だと思うのだが、これくらいのことがソ連の総理大臣として、できないのか。それができないならば、あまりえらそうな議論はしない方がよい。

あなたはロンドン交渉、ロンドン交渉というが、日本の松本君は、いわば一外務官僚（実際には外交官出身の衆議院議員）に過ぎない。僕は少なくとも自由民主党の指導者ではないか、その指導者に向ってあなたのいまいったことは無礼じゃないか。そういう態度で、なんで日ソの国交の調整ができるか。私がいまここで、一方的な主張をして、黙ってモスクワを引き上げて行けば、少なくとも両国の国交調整というものは、当分の間あり得ないということを考えなければならないし、またその責任は挙げて、あなたが負わなければならない。

いささか恰好よすぎる河野の述懐ではある。新聞報道ではブルガーニンに一方的に攻められた印象が強かっただけに、この自伝では名誉回復の狙いも込めただろうから、かなり脚色があったとしても不思議はない。だが、それなりに腹をくくって反論したのだろう。河野はブルガーニンの反応をうかがったが、意外にも腹を立てる様子もなく、熱心に聞いていた。河野は最後にこう迫った、とある。

「あなたは日本をあなたの意見に賛成させようということよりも、あなたのいう世界平和のためにあなたがやろうという崇高な理想を実現さすべき立場にあるじゃないか。どうして一体漁業の暫定取決めが出来ないのか。こういうことを成立さすように努めることが、本当にあなたのいう平和達成の道ではないか」

ロンドンで松本が進めたような条約の解釈論や法的な議論ではなく、トップの政治家と政治家らしい話し合いをしようというのが河野流だった。そこでブルガーニンは「よく判った」と答え、イシコフに「すぐに河野君のいうことを聞いて暫定協定に協力してやり給え」と命じたというのだ。河野は狐につままれたような気持ちながら、うれしさで一杯になったと書いている。

ここでいう「暫定協定」とは、漁業条約が発効するまでの間、とりあえず日本の漁業を再開させるための協定だった。漁業条約の発効を待てばこの年の漁期を逃《のが》してしまう。河野はこの問題を片付けたかったのだ。

さて、クレムリンまで同行しながら会談の場に入れなかった外務省参事官の新関は、この間、控室で待たされたままだった。『クレムリンへの使節』によると、クレムリンでは十五分おきに鐘が鳴ることになっており、新関は待機中にその鐘が鳴るのを七回聞いたという。

河野とイシコフはクレムリンを去るとすぐ漁業省に向かった。イシコフは河野に「あなたはうまいことをやった。これで一切はできることになったから、早速事務的にとりまとめをやろう。

そして早く話をまとめて、あなたが予定どおり帰るのに間に合わそう」と言った。イシコフも自分が建前を述べてきたことを自覚していたのだろう。

こうして漁業条約が結ばれ、この年の漁業の暫定的な取り決めとして六万五千トンの漁獲高で合意されることになる。同行の記者たちは興奮しながらモスクワ発の原稿を送った。朝日新聞の翌十日の朝刊には一面トップで「日ソ漁業協定妥結す」「あす調印　漁獲制限も解決」と謳った。「漁業交渉妥結」と「抑留者の一部送還」という二つの朗報を受けて、社会面も躍動する。十日の夕刊では「業界はホッと一息」「赤飯たいてお祝い」という漁業関係者、あるいは「予期しなかった喜び」という抑留者の家族らの反応が見出しになった。

もっとも、朝日の「詳報」にあったように、河野の消耗は激しかったようだ。『今だから話そう』では「この日、僕はクタクタにつかれた。会談が終り、またもと来た幾つかの部屋や、長い廊下を通り抜けて、玄関に出て、自動車のドアをつかまえた時にはじめて、僕は呼吸をしている、という意識がうまれたほどだ。それと同時に、いっぺんに緊張感がゆるんで、ゲッソリした気持になってしまった」と述懐する。

「考えてみると、日本では実力者だの、なんだのといわれて、いい気になっているが、全く愚の骨頂である。こうして、世界の実力者と四つに組んで談判してみると、日本という国が一体、世界のどんな地位にあり、どのくらいの実力があるかがはっきりとわかり、国の力というものの重大さをあらためて認識して、寂しい、悲しい気持にもなったものである」とも書いた。実感の吐露だろうが、コップの中で足を引っ張り合う日本の政界に対する皮肉を込めたのだろう。

前述の日経新聞の記事によると、ブルガーニンとの会談のあと中華料理屋で行った記者たちとの懇談の最後は、外務省へのあてつけのように、河野のこんな発言で締めくくられていた。

「とにかくモスクワの気候が暑いのか寒いのか分らないような連中が外交をやるのだから、日本の外交はおして知るべしだ。直接ソ連のハダに触れないでああだ、こうだというのは危険ですよ」

土壇場の攻防

実は、こうして結ばれた漁業条約と海難条約には重要な条件がつけられた。「平和条約が結ばれるか、国交が回復されるまでは発効できない」というのだ。これに伴って、国交正常化の交渉を七月三十一日までに開始することでも合意し、河野とイシコフの名でそれらを「共同コミュニケ」として発表した。外交ではしばしば合意事項を「共同コミュニケ」として発表するが、「共同声明」と違いがない。

ただし、この合意には最終局面で奇妙な「待った」がかかり、河野は再びピンチに見舞われる。いよいよ調印しようという時になって、「いままで一遍も顔を見たことのない男」（『今だから話そう』）が突然出てきてイシコフの隣に座り、「この調印をした条約は、条約文にもあるとおり、国交の調整がなければならないということは勿論であるが、この条約が発効しなければ、暫定協定はないということを、改めて通告する」と言い放ったのだ。

そんなバカな、と河野らは反論した。ブルガーニンは暫定協定に協力しろと言ったではないか。

この男はどんな立場なのか、どんな権限をもっているのかわからないが、イシコフは何も逆らえないようだ。らちが明かず、ソ連の通訳にもブルガーニンの言葉の確認を求めたが、彼も答えない。そこで河野の怒りが爆発した。

「お前の国の総理大臣が、嘘をいうのならば、そんな国と条約を結んだり、協定をしたりしても、何にもならない。ブルガーニンは、ついまだ三日前に、イシコフもお前（通訳）も立会って、おれとそういう話をしたじゃないか」「全然そういうことがないといって、おれに判を押せという話があるか。そういう馬鹿げた国とは判を押さない。判を押さないで、おれは東京に帰る」。最後は「ブルガーニンのところに行って聞いてこい。そのために二日待ってやる」と言い渡した。

「おれは東京に帰る」とは河野も強気に出たものだが、内心は穏やかでなかったようだ。『中央公論』での手記には「ベッドに入つて寝てから「あんなに強いことをいつて、もし決裂になつたら、今年の漁業はどうなるのだろう」としばらく眠れなかつた」と書いている。それでも強気が功を奏した。翌日の夕方になって、「全部あなたのいうとおりだ」と返事が来て一件落着となったからだ。

だがそれから、土壇場でまたもめる。漁獲高をめぐる微妙な争いだったが、これが片付いて話がまとまったのは帰国前夜の深夜だった。調印式が行われたのは何と翌十五日の午前四時すぎ。暫定措置ではこの年の漁獲高について、日ソの主張の間をとって「六万五千トン」で妥協したが、成文化はされず、いわば紳士協定として扱われた。

朝日新聞の五月十五日夕刊に載ったＡＰ電は調印式をこう描写した。

「日ソ漁業条約の調印式は十五分以上にわたった。河野代表は日本語の条約に対して日本の筆を使用、ロシア語の翻訳文に対しては万年筆を使って署名した。イシコフ全権は両方とも万年筆で署名した。髪の毛をきれいになでつけた河野代表、疲労の色をみせ、髪、服装などにちょっと乱れをみせたイシコフ全権の二人は長い緑のテーブル掛けのかけられたテーブルの前にすわったが、両者の背後には随員たちがかたまって立っていた。この人達の大部分はヒゲも当《あた》らないで、目をはらしていた。すべての文書に署名が終了すると河野代表とイシコフ全権はしっかりと握手し、ほっとして大きく笑いをかわし、会議室から退出した」

文書の作成など、事務方は徹夜作業だったことがうかがえる。記事には、調印式のあとすぐ「モスクワ随一の豪華なレストラン」でソ連側主催の調印祝賀会が開かれ、日本の代表団の全員が出席した。祝賀会が早朝というのも異例のことだったに違いない。

二転三転、最後の最後まで息を抜けない交渉だったが、それは前言をくつがえしても平気なソ連特有の交渉術に加えて、圧倒的に受け身の状況にある日本の立場の弱さ、そして二元外交的な日本側の乱れなどが手伝っていた。

現に河野が最終的に条約調印の請訓を日本政府に仰いだとき、重光が真っ向から反対して、またひと騒ぎおきた。「七月二十一日までに日ソ交渉を再開するという条件に判を押すことは、結局、日ソ交渉でも先方の主張を承認するということに判を押すのと同じことだから、同意できない」と頑張って、閣議では「重光君一人を相手に閣僚総がかりで激論をたゝかわす有様であった」(『鳩山一郎回顧録』)。河野には漁業交渉の権限だけ与えたのに、国交交渉の再開期限を決めるのは越権だというのだ。

正力松太郎（北海道開発庁長官）は重光の席まで歩み寄って、テーブルをたたいて怒り、いつもは重光を擁護する大麻唯男《おおあさただお》（国家公安委員長）も口を極めて説得したが、なかなか承知しない。最後は苦りきった鳩山らが説得し、「調印は許すが、その発効は河野の帰国を待って閣議で説明を聞き、承認したときとする」という条件で重光も受け入れた。

河野はアメリカを回ってから二十六日に帰国した。新聞報道によると羽田空港には七千人が出迎え、ブラスバンドの演奏に加えて日の丸や「歓迎」のノボリで河野を迎えた。水産業者の団体と抑留者の留守家族連盟、そして自民党が共催する歓迎式で、河野は彼らの謝辞を受け、花束をもらった。一方で、空港の外には河野を「売国奴」と攻める右翼団体も数百名押し寄せたと報じられている。

北海道新聞編集委員の本田良一による『日ロ現場史』は北方領土問題をめぐる推移を旧島民に寄り添ってたどった優れた記録だが、そこには意外な史実が書かれてある。河野の帰国翌日の五月二十七日、北海道根室町で同町と歯舞村（ともにいまは根室市）が主催して開いた「日ソ国交回復促進根室地方住民大会」が、「二島返還」による平和条約の締結を求める宣言を採択したのだ。

彼らはそれまで「四島返還」を掲げてきたが、その要求を軌道修正したのだ。四島を要求したことがソ連を硬化させてサケ・マスの北洋漁業に制限が課せられた。漁船の拿捕も続いている。こうしたことから、宣言は「当地方住民として正に死活の断崖に立たされたと言うも決して過言ではない。依ってこの際、地方住民は重大な決意をせざるを」得ないと判断したのだった。

いずれ交渉によって「全千島」の返還も「堅く信ずる」としながらも、ここは二島返還で平和条約を結び、その後に国後、択捉周辺の安全操業も実現したいという妥協論だった。前年にロンドンでの交渉が始まったとき、鳩山らが二島返還に傾いていたのに対して地元根室は「四島返還」を主張していたのだが、政府が「四島」にこだわるようになってからは逆になった。漁業でのしっぺ返しで根室の住民に「背に腹は代えられぬ」の気分が強まっていたことを物語る。漁業に深い関わりをもつ河野にもこのことはよく伝わっていたに違いない。

「通訳抜き」が生んだ疑惑

さて、河野の調印した漁業協定に抵抗した重光の強いわだかまりには、河野が外務省の通訳をはずして一人でブルガーニンと会ったという事実があった。これについては政界からも厳しい視線が集まり、新聞にも辛辣な記事が目につく。朝日新聞は「奇怪な話」と題するコラム（五月十三日夕刊）が「どうしても納得できない」として、こう書いた。

「ソ連側にそう言われたのか。（略）もし、河野代表がみずから日本側通訳を拒けたとするなら、ことはわれわれにとってもっと重大なものを含んでいる。（略）一部の報道が推測していたように、もし会談内容が「日本側通訳の口から重光外相にもれるのを警戒した」ためだとすれば、全く言語道断といわなければならない」

朝日新聞は看板コラムの「天声人語」でも二度にわたって河野をこき下ろした。

「クレムリンの仕掛けた〝大謀網〟を、出たり入ったりまた出たりで大分ハラハラさせたが日ソ漁業交渉もどうやらやっとのことで話合いがついた。けんか別れにならないで、とにかく調印できたのは何よりである」としながらも「日本の大臣でクレムリンに入ったのは河野代表が戦後初めてだそうだが、さすがの河野氏も永田町や音羽とは勝手が違ってドジをふんだ。ロシア語もできないのに通訳の新関参事官を次の間に残して単独でブルガーニン首相に会ったのは、どういう気だったのか。まさか〝対内秘密外交〟のつもりでもあるまいが」（五月十六日）

「ブルガーニン首相との会見に、ロシア語もわからぬくせに通訳を連れずに一時間五十分も話し合い、こちらに側には何の記録も残っていない。これも〝対重光秘密外交〟のつもりか。そんなところから〝密約〟説や〝ブルガーニンのお墨付〟説なども流布されたのだった」（二十七日）

河野は『今だから話そう』で、ブルガーニンとの単独会談について「全員の意見が期せずして一致した。河野単独で、誰も連れてゆかぬ方が話が進むだろうというのだ。全く嬉しかった。みんながこれほど僕を信頼してくれるか、と感謝の気持でいっぱいだった」と書いたが、これは批判を意識しての誇張があろう。ただ、河野の支援者だった日水社長の鈴木九平が「通訳も連れずに一人でおいでなさい。そしてはっきり談判して来なさい」と進言したと明かしたのは本当なのだろう。

河野は「一人でいうだけのことをいって、そして相手方を信頼させ、協力をさせることができれば、問題は案外うまくゆくかも知れない。普通のやり方では、通り一ぺんの挨拶に終ってしまう」と考えたと書く。相手の懐に飛び込んで難局を打破しようという河野の流儀だったのだろうが、決してそれだけではなかっただろう。しきりに報道されたように、重光や日本の外務省、政界、さらにアメリカに話の中身を知られたくなかったに違いない。それは何だったのだろうか。密約が本当にあったのか。

この二カ月ほど後に重光がモスクワへ国交交渉に赴くことは次章に書くが、交渉に挫折した重光が帰りにロンドンで国際会議に出席した折の話をここで紹介しておこう。『クレムリンへの使節』によると、ここでロシア外相のシェピーロフと再会した重光は「一つだけお聞きしたい」と言って、河野・ブルガーニン会談の真相をただした。重光がモスクワで厳しい交渉に臨んだ折、シェピーロフが「国後、択捉は解決済み」とする根拠として、河野がブルガーニンにその了解を与えた、としきりに話していたためだ。

実は、河野の方はブルガーニンが「クナシリ、エトロフの放棄は日ソ双方いずれにとっても困難であるから両島については後回しにしてもよい」と言って、「領土棚上げによる国交回復」というアデナウアー方式を提案したという受け止め方だった。河野はそれに同意しただけで、シェピーロフの言い分とはかなり違う。

そこで重光はシェピーロフに、河野の言い分との食い違いを指摘して「一体どっちが正しいのか判断に迷う。私は帰国して誤った報告はしたくない。もしあなたのほうで差し支えがなければ本当のことを教えてもらいたい」と聞いた。するとシェピーロフは河野の言い分を否定。問題の会談ではブルガーニンが歯舞、色丹については引き渡しに合意したが、国後、択捉については

「すでにソ連領として確定しており、この原則はソ連として絶対に変更できない」と主張し、河野が「ブルガーニン首相のいまの提案は理解しうるものであり、かつ実際的なものであって、わが方として受諾しうるものとして評価する」と発言したというのだ。

シェピーロフは、これは会議の議事録にも載っており、必要ならモスクワから取り寄せて見せてもよいと言ったが、重光はそれには及ばないと答えたのだった。

重光がリークしたのだろう、これが日本の一部で報道されると、河野は窮地に陥った。「漁業のために領土を売ったのか」という批判を浴びた。シェピーロフの答えから、録音記録があるのではないかという憶測も流れた。河野は密約説を全面的に否定する。八月三十一日に載った朝日新聞とのインタビューで、こんな問答が展開された。

問　（ソ連の）通訳は完全でしたか。
河野　ブルガーニン首相が外務次官に通訳は大丈夫かといった。向う同士でダメ押しをした。
問　記録をとった、録音をとっているという話がありますが？
河野　そういうバカバカしいことを言っちゃいかん、録音はとりません。その席にはソ連側四人と私と五人しかいない。速記もだれもいない。これは事実です。したがって議事録があるべき筋合いのものではない。しかしあとから向うがメモをおつくりになることは自由です。私録音もあるかないかしりません。世間はあるといっているが、しかしソ連の内部のことで私がないと否定もできないしあるともいえない。現実にマイクを置いてこれを記録として録音をとってあるという会談はしていない。

『今だから話そう』では「一番僕がくやしかったのは、領土放棄の密約のデマだ。なんで僕が日本人として日本に不利な話合いをするはずがあるだろうか。(略)痛くもない腹を探られるとは、全くこんな場合をいうのだろう」と嘆くのだが、密約説のおかげで「その頃、一時すっかり物事が嫌になってしまった。極度のノイローゼにかかっていたのかも知れない。熱海にしばらく静養して、もう政治はやめよう、代議士もやめる。政界からきれいさっぱり引退しようとさえ考えた」とまで書いているから、かなりこたえたに違いない。

もっとも、それには自業自得の面もあった。まず、河野が制して通訳を連れていかなかったから日本側に記録がない。さらに、自分自身がブルガーニンの発言に対して「ご意見は一つ一つもっともだ」と答えたと、モスクワで記者たちに明かしていた。「大臣は黙っていたんですか」という問いに「仕方がないじゃないか」「ソ連のいうことは理屈が通っていますよ」とも答えていた。

この点を前述の「天声人語」(五月十六日)もズバリついていた。

「大国と小国、戦勝国と戦敗国というハンディキャップで〝位い負け〟のせいもあろうが、ブ首相の発言を〝いちいちごもっとも〟と河野代表が同感を表明したらしい。「敗けた日本が南千島まで返せと無理難題をいう」ときめつけられて「いちいちごもっとも」で引下ったのでは、国民の方が寝覚めが悪い」

河野も少し修正が必要だと思ったのだろう。朝日新聞によれば、モスクワから帰国後の六月五日、自民党総務会に呼ばれた席で交渉再開は当然としつつ「領土問題については党議がきまっており、最適任の人を選び党議の線で交渉を進めて行けばよい。ハボマイ、シコタンだけでよいなどと軽々にいうべきでないと思う」と述べて拍手を浴びた。もっとも「やってみた結果、こちらの考えを変えるかどうかはその時になって考えればよい」と言葉を続けており、そこに河野の本音がのぞいていた。

真相明かしたソ連通訳

河野とブルガーニンの密約説については松本俊一が『日ソ国交回復秘録』で否定的な見方を紹介していた。会談で通訳をしたソ連のアディルハエフに自分が聞いたところ「きわめて事務的なかつ、はっきりした話合いであって、決して日本でうわさされるような密約等を含んでいるものではない」と言っていたというのだ。そのうえで松本は、ブルガーニンは「二島返還での平和条約」か、領土を後回しにしたうえでの「アデナウアー方式」か、いずれかの方法で国交を正常化するしかないと言ったのだと解説していた。河野の話と矛盾しない。

それなら、何も河野が日本の通訳を入れずに会談する必要はないはずだが、その真相が、何と二十四年後にこのアディルハエフによって明かされたのだ。彼は一九九〇年二月にソ連科学アカデミー編の『極東の諸問題』誌に寄せた論文で、河野とブルガーニンの会談で領土問題での密約はなかったと証言する一方、「漁業条約の発効は国交正常化交渉再開を条件とするという提案を持ち出したのは、ソ連側でなく、実は河野の方だった」と新事実を明かしたのだ。ソ連の大統領ゴルバチョフによるペレストロイカ路線で、情報公開が進んだためである。

この証言はさっそく日本で報道されたが、アディエルハエフはNHKの『これがソ連の対日外交だ』の中でインタビューに応じ、同じ趣旨の証言をした。ブルガーニンとの会談が終わりに近づいた頃、河野が突然、「日ソ国交回復交渉が行われなければ、この漁業協定も駄目になるという提案を出してください」と、ソ連側に頼んだというのだ。これにはブルガーニンらがみな驚いた。どうしてそんな要求を持ち出すのか分からなかったからだが、河野は「そうしないと国交回復交渉は続かないんです。特に重光外相とか反対する者が多いから」と、国内の複雑な事情を繰り返し説明したという。交渉を進めるために漁業条約をテコにしたいと説得したわけだ。ブルガーニンもそれを理解したという。

アディルハエフが「私の外交官経験でこんなことは初めて」という奇妙な体験の新証言だった。それまで漁業条約の発効に「平和条約か国交正常化がされてから」という条件をつけたのはソ連側だとされてきた。それを受け入れたことに重光が強く反発したように、漁業を人質にとって国交交渉を進めようというソ連の戦術に河野がまんまと乗ってしまったと批判する人たちもいたのだが、河野はそんな批判も意識しつつ五六年八月二十日に載った朝日新聞のインタビューで、こんなやり取りを演じていた。

問　ソ連が国交回復が先決だといってきたのは、やはり国交回復を非常に急いでいるからと感じましたか。

答　急いでいるというか、理屈がそうだというんですよ。「国交回復のないところに条約、協定はありえないじゃないか」というんです。便法とか妥協はすべてない。「戦争状態のままでいて漁業条約も海難の協定もないじゃないか。だから一体国交の問題はどうなるんだ」とこういうんです。理屈はその通りでしょう。「ソ連が国交に引っかけてきた」というが、理屈がそうでしょう。（同意を求めるように）

問　理詰めですか……国交回復をやらなければ、今年の取決めも何もできないという。

答　（うなずいて）「国交回復なら反対だ。ソ連が譲らないから、こちらは国交回復などできない」ということで突っぱねれば「別れよう」ということになる。結論はどういうことになるかわからないが、とにかく話合いをしようというわけで、やはり理論のないところに前進はないという態度を向こうはとりますよ。

問　アデナウアー方式が出たのもそのブルガーニンとの会談だったのでしょう。

答　そうです。それはこういうことです。平和条約でもよいが、この前アデナウアー首相がきて、短い間に話をまとめたこともある、とブルガーニン首相がいったんで、アデナウアー方式は一例として出たんだ。

問　ブルガーニン首相との会談で、いわば政治的解決になったわけでしょう。

答　そうです。ブルガーニン首相はこういっていましたよ。「国交回復ができなければ漁業条約も暫定取決めもできないのだから、速やかに国交を回復する必要はあなた（日本のこと）

の方にあるのでしょう。日本は捕虜を帰せといってくるが、戦争状態が終らなければ帰すわけにはゆかない。だからこういう問題すべての解決のためにあなたの方が国交回復を急ぐべき立場にあるんじゃないか」とね。

問　国交回復を急ぐのは日本で、ソ連はさほど急ぐ必要はないということですか。

答　向うは「オレの方には別に急がなければならない理由はない」と口ではいってましたよ。

問　しかし「早くやれ」というのでしょう、実際にはどうですか。

答　向うも急ぐことには協力するでしょう。

日ソ交渉を鋭く分析したヘルマンの『日本の政治と外交』は、河野がいかに通例の外交的技術や形式を無視して、保守党内の派閥的な意思決定の仕方とそっくりのやり方、つまり個人と個人のぶつかり合い、人間的関係の重視で交渉にあたったかを指摘している。私の感想もまったく同じだが、ヘルマンは河野が通訳抜きでブルガーニンと会ったのは「戦術的ヘマ」だったと書いた。それは、まさにこの席でブルガーニンが漁業条約の条件として国交交渉の再開を持ちだし、それを飲まされたことが外務省に河野攻撃の材料を与えたという意味だ。

ところが、「国交回復がなければ」という条件は、実は河野が密かに頼んでブルガーニンから言わせたというのだから驚くしかない。外務省職員である日本の通訳を入れなかった理由が、これでようやくはっきりとした。「通訳も連れて行くな」とアドバイスしたという鈴木九平とは、果たしてここまで作戦を練ったのだろうか。

まことにきわどい自作自演の「腹芸」には、秘密外交の危うさを見ることもできるが、私の見てきた限り、この種のことは国内政治の世界では決して珍しくない。むしろ与野党の国会対策などでは相手の顔を立てたり、互いの党の内情に配慮したりの「芝居」は日常茶飯事と言ってもよい。いや、外交の世界でも信頼できる当時者同士なら、裏折衝でこういうやりとりをすることも時にはあるはずだ。

河野派に属していた中曾根康弘がのちに自らの回顧録『政治と人生』にこう書いている。

「これは河野先生の苦肉の策であった。政治的生命も身体的生命も賭けて自らソ連に赴き、納得のいく交渉を成立させたいという、鳩山首相の悲願を受けて打った大芝居なのである。当時の東京の状況では、重光外相や旧自由党系の国会議員の多くが反対していたため、このような仕かけでソ連側から持ちかけさせなければ、中断した国交回復交渉を再開し、鳩山首相をモスクワに送るのは不可能と考えたのであった。驚いたブルガーニン首相も、その理由が分かってこの提案を受け入れた」

「確かに通訳も連れずに単身クレムリンに乗りこみ、先方の通訳だけで会談するなどということは、外交の正常な手段ではなく、批判を受けて然《しか》るべきである。とはいえ、本人が政治生命を賭け、責任を持って断行したことであるから、もし失敗したら政治家として地獄に突き落とされても仕方がないが、目的が成就された以上、その政治家の果断さと成功を評価すべきではないだろうか。このような〝一六勝負〟に賭けるのも政治家の冥利《みようり》なのである」

さいころを振って、一が出るか六が出るかという、大ばくちのような外交が、ここでは成功したと見るのだ。河野びいきの中曾根ではあるが、様々な外交を経験した百戦錬磨の政治家の見方だけに実感もこもっている。いずれにしても外務省は、漁業条約をまとめただけでなく、国交交渉の再開まで決めてきた河野の前に全く形無しだったことは間違いない。

収容所訪問のスクープ

さて、このときの同行記者のなかに、後に政界に転じて衆議院議長となる読売新聞の伊藤宗一郎がいた。他社のそうそうたるベテラン記者に交じって同行することになった伊藤は、他社に引けをとらぬようにと、がむしゃらに河野に密着取材を試みる。河野がクレムリンにブルガーニンを訪ねた日も、そうだった。河野はソビエツカヤホテルに泊まり、記者団は少し離れたメトロポールに泊まっていたのだが、伊藤は朝、ソビエツカヤに駆けつけると、随行の役人らが制するのを振り切って、河野の車に乗りこんだ。政治記者がよくやる「ハコ乗り」という手法である。そしてクレムリンの敷地内の玄関口まで行くと、そこで河野を送り出し、帰りを待ったのだった。

のちに伊藤が衆議院選挙に立候補した六〇年、河野は伊藤の応援演説に行き、この時の思い出を語りつつ「（クレムリンの）ぎりぎり入れるところまで送ってくれたのは、この伊藤君であった。そして、会談が終わるまで玄関で待ち受けてくれたのも伊藤君である。伊藤君は新聞記者という立場よりも、私を心配してくれているという姿がありありであった。その時に私は、伊藤君に惚れた」と持ち上げた。

これは伊藤が河野一郎と洋平の二代に仕えた秘書の石川達男に語った話で、それが河野洋平の後援会報に載っていた。伊藤は「談判の最中に紅茶茶碗をひっくり返したのはあの時です。これは単なる伝説ではなくほんとうにあった話で、河野さんも命がけだったのでしょう。あの傲岸不遜とも見える河野さんが緊張で顔面蒼白になって出てきましたからね。真剣勝負の後に、私が待っていたのがよほど嬉しかったのでしょう」と語っている。

河野はブルガーニンとの会談の翌十日、日本人の戦犯が捕えられているイワノヴォの収容所を慰問した。モスクワから二百六十キロも離れたこの収容所に車で行ったのだが、この情報を知った伊藤はこれにも同行を試みる。夜も明けぬうちからタクシーを飛ばしてソビエツカヤホテルに行くと、玄関前で待ち伏せし、出てきた河野に直談判したのだ。

「収容所へ連れていって下さい」「いや、車もないしダメだ」「トランクでもいいですから」と押し問答になったところで、そんなに熱心に行きたいならとソ連側が車にスペースを作ってくれて収容所への同行に成功したのだ。そして伊藤は五月十二日の読売新聞の社会面に以下のような特ダネの同行記を載せた。

［モスクワ伊藤特派員十一日発至急報］

河野代表は十日イワノヴォ収容所を慰問したがこの日、記者は収容所視察を許可されたただ一人の新聞記者として河野代表と同行、日本人記者の最初の慰問者として同収容所の現状をつぶさに見ることができた。河野代表、蔵内、斎藤両随員に記者の四人はソ連側内務、外務、漁業各省の役人らとともに朝七時出発、午後三時半モスクワから二百六十キロ離れたイワノヴォのラーゲルにたどりついた。ラーゲルの数むねは小高い丘の上に建っていた。そのうちの一つ、木造二階建白ペンキ塗り数十坪の建物が日本人の収容所で、二百メートル四方に板べいが張りめぐらされていた。モスクワからの連絡があったものとみえ、きれいに掃き清めた庭でみんな待っていた。訪れる者、迎える者たがいにジッと顔を見合わせた。劇的な一瞬だった。

収容所の人々は四、五人が記者のまわりに集まって口をそろえて「漁業交渉はどうなったか」とたたみかけるように質問した。漁業交渉もまとまらないようでは日ソ国交回復の見通しがつかず、それはまた自分たちの身の上にもすぐひびいてくるという切実な叫びのようだった。

やがて河野代表が立って来訪のあいさつと漁業交渉のいきさつを述べ、山田乙三元大将が収容所の人々に代ってあいさつしたのち、河野代表の慰問品で立食会を始めると向こうではモチを出してきた。これは日本の厚生省から送られたモチ米で作ったものだそうだ。

庭内には「日陰の茶屋」と名づけて屋外茶室が出来ており、そこで時々お茶の会をやるということであった。丹精のトマトの苗を示しながら「この実を食べないうちに帰りたいものです」とも言っていた。

手紙を託すもの、思い出しては急いで伝言を書き込むもの、尽きぬ思いに名残りを惜しみながらわれわれは午後六時半収容所を辞した。十一日午前三時われわれはモスクワに帰った。車中で河野代表は「何としても早くあの人たちを帰すようにしなければならない。人道問題だ」とくり返し言っていた。

イワノボの収容所は関東軍の将官らが「戦犯」として収容されていた施設だ。普通の捕虜とは違うので抑留が長引いていたのだ。記事に出てくる山田乙三《おとぞう》は、関東軍総司令官だった元大将。収容所は元貴族の屋敷だったが、ここに約二百人のドイツ人とともに五十人ほどの日本人が暮らしていた。そこに収容されていた三友《みとも》一男は七三一部隊とともに細菌戦の研究をした一〇〇部隊の元軍曹だが、『細菌戦の罪　イワノボ将官収容所虜囚記』でイワノボの生活を描いている。シベリアより気候が穏やかなうえ、将官の収容所だから待遇もそれなりによかった。

『日ロ現場史』筆者の本田良一は二〇〇九年に三友に会っている。それによると、日ソ交渉が始まったときは日本人の帰還が早まるとドイツ人にうらやましがられたが、やがて立場が入れ替わってしまった。日ソ交渉が暗礁に乗り上げ、逆にソ連と西ドイツの国交はアデナウアー方式で電撃的に正常化されたためだ。収容所ではドイツ人たちがワインなどを買ってきて宴会を開いたかと思うと、四、五日後にみな姿を消した。ソ連全体では約一万人の西ドイツの抑留者がみな帰還を果たした。河野は、それまでにぎやかだったイワノボ収容所が日本人だけになってしまったあとで訪れたことになる。

河野は『今だから話そう』に収められた『中央公論』での手記でこの慰問にも触れ、「私たちと十年の歳月をへだて、異国の月を眺めて黙々と暮しておられるかたがたの顔をみたとき、私は涙がこぼれ、十分なはなしができないくらいだった」と書いているが、涙がこぼれたのは本当だった。やはり元関東軍将校でここに収容されていた元第三九師団長の三品隆以《みしなたかゆき》も『どん底からみたクレムリン　抑留四千十八日』の中で、河野の訪問を書いている。それによると、まず山田乙三が自分たちは元気だから心配せぬよう伝えてほしいと言ったあと、次のように話した。

「特に申上げておきたいと存じますが、私共の身柄が、ある意味で、両国国交の政治的な取引きに利用され、その拘束によって不利を来たすようなことになりましては、私どもにとって、まことに申し訳なく又、遺憾に堪えないところであります。申すまでもありませんが、どうか、私共個々、一身の安全といった問題にかかわることなく、堂々と交渉を進められますよう、心から念願をいたします」

微笑を浮かべながらの淡々とした言葉を河野は目をつぶって聞いていたが、「とうとう目尻を抑えて、しばらくは、言葉もなかった」と三品は書いた。そして河野は皆の労をねぎらったうえ「ただ今は、却って逆に、私共国内の者を力づけ、励ましていただく様な、凛然たるお言葉を承り、深く感動致しました。お言葉の筋は、固く銘記致しまして、総理始め国民一般にお伝えします——」と話した。三品はこれを「すがすがしく、清冽なものが、人々の心に沁み透る一ときであった」と描写した。

そこから懇談に移ると、河野は「荷物に制限があって、何も持参することができませんでしたが、せめて、日本の酒に祖国を偲んでいただきます」といって、みやげにもってきた四、五本の「白鶴」とスルメを渡した。一人ずつに配られたコップ一杯の「灘の生一本」の味と香りが忘れられない、と三品は書いている。

三品は河野についてきた伊藤の記者魂も称え、彼を囲んでいろいろ日本の話を聞いた。河野には気安く聞けない話をいろいろと伊藤に聞きただしたのだろう。

ここはモスクワに一番近い収容所だったが、それでも三百キロ近く離れており、モスクワを早朝に出て翌日の未明に帰る大変な強行軍だった。悲運の収容者たちと対面して、河野には万感迫るものがあったに違いない。この記事は伊藤にとってスクープとなっただけでなく、河野にとっても大変ありがたい報道だった。日ソ交渉の進展にとってプラスに働くと思われたからである。

収容者を代表してあいさつした山田乙三は、皆に先立って間もなく釈放されて送還される。三友によると、河野来訪に対するソ連側の「お土産」だった。

第6章
重光の「豹変」とダレスの「恫喝」

河野一郎の「一六勝負」が実って再び日ソ両国は国交交渉のテーブルにつくのだが、モスクワに赴いてその任についたのは、何とこの交渉に最初から乗り気でなく、ソ連の二島返還案も拒んだ外相の重光葵だった。しかも、よりによってその重光が、ソ連の強硬姿勢の前に豹変し、「二島返還」で一気に平和条約を結ぼうと決断しようとは……。誰もが予想しなかった展開の前に、今度は河野、鳩山がこれを拒むという皮肉な結末となる。この章では後世に語り継がれる「重光豹変」の経緯を追い、その謎に迫りたい。

重光、モスクワへ

河野一郎が漁業交渉を終えたあとアメリカを回って帰ってくると、待っていたのは死期の近づいた三木武吉の衰弱だった。この年の一月に緒方竹虎が死亡した翌日、選挙区の香川県内で倒れた三木はしばらく静養後に上京したが、病床に伏したままだった。

もともと日ソ交渉には関心が薄く、保守合同に邁進《まいしん》した三木だったが、その悲願を達して気力が失せたのかもしれない。だが、鳩山のためにも、いまや日ソ交渉の仕上げを花道にして円満に退陣させる道を考え始めていた。それには日ソ交渉に後ろ向きな重光を更迭しなければならず、間もなく行われる参院選後にこれを可能にする大幅な内閣改造を構想していたのだ。

だが、この構想が外に漏れると党内は大騒ぎになる。河野が東京に帰ったのはまさにそんなさなかのことだった。三木の病状は悪化の一途をたどる。羽田から三木の自宅に駆けつけた河野は、その最期が近いことを悟らざるをえなかった。三木は河野の帰りを心待ちにしていたが、それは河野が可愛いからだけではない。ある記者が真意をきくと、「ソ連から帰って来ると、あの男のことだから威張るだろう。（略）凱旋将軍のように振舞われたんでは始末に悪い。それを押えられるのはわしだけだ」と語ったという（『三木武吉』）。

七月四日、三木が息を引き取った。体が衰弱する中で鳩山政権づくり、そして保守合同に心血を注ぎ、最後は政界の若返りを訴え続けた末の、七十一歳での退場だった。

鳩山が駆けつけて枕元で泣き崩れた様子はニュースで報じられたが、それは一時代の終わりを告げるようだった。吉田系の重鎮だった緒方に続く鳩山系の三木の死。党内から二つの重石がなくなって「鳩山後」をにらむ主導権争いは一気に波乱含みとなった。

七月八日に行われた参院選挙では自民党が勝ったが、保守系の緑風会を加えても憲法改正に必要な三分の二の議席に足らず、鳩山首相は憲法改正の推進をあきらめるしかない。その分だけ日ソ交渉への熱意は強まる。河野が道筋をつけてきた日ソの国交交渉はそんな中で再開した。

さて、今度の交渉の首席全権を誰にするか。鳩山は直系の衆議院議員、砂田重政にそれを要請する。砂田は即答を避けたが、これに異議をはさんだのが、またしても重光だった。外相に相談もなく鳩山直系の人選をするのは「重光はずし」だと受け取ったのだ。そこから人選は一転二転する。重光は駐ソ大使の経験をもつ外交官出身の参議院議員、佐藤尚武《なおたけ》を推すのだが、佐藤は党内情勢を見てこれを辞退。次に水を向けられた自民党総務会長の石井光次郎《みつじろう》もこれを断った。日ソ交渉の積極派と消極派の間の激しい駆け引きが人選を難しくしており、読売新聞の政治記者だった宮崎吉政は「日ソ交渉ではなく日日交渉」と呼んだと述懐したものだ(『政界二十五年』)。

こうして最後に白羽の矢が立ったのは、ほかならぬ外相の重光だった。幹事長の岸信介が指名したのだ。本来、外交責任者が交渉にあたるのが筋道のうえ、警戒するアメリカを安心させるためにもアメリカに受けの良い重光が適任だという理屈である。実にもっともな理由だが、岸は日ソ交渉に消極的な重光がよもや承諾することはなかろうとみて、断ったら砂田に戻せばよいと考えたふしがある。だが、初めは受諾をさんざん渋った重光が熟慮の結果、驚くことにこれを引き受けた。七月十三日の重光日記は佐藤の辞退の経緯を記したあと、こう書いている。

「総理、河野、根本の外、党三役列席の上、此際は外相の奮起を要請す。自分より各員の意見を個別的に質問したる上、今日は国家の安危の分るる処、保守勢力の結集を必要とする救国の秋なりとて、各自も奮闘の要あることを述べ、挺身難局に当ることを述べ、一同熱心に賛意を表し、挙党及挙国一致支持すべきを誓ふ」

その翌十四日、山梨県広河原《ひろがわら》の別荘で日記に、

一死就難局所辞
旬年敗後国危時
函麓山土稀見客
　雰滃
隻脚悠々賞夏葵

と、高ぶる心境を詩にしている。相当の意気込みがうかがわれるのだが、彼にモスクワ行きを強く進言したのは旧改進党のフィクサー的存在で重光の政治指南役を任ずる国家公安委員長の大麻唯男だった。重光に同行してモスクワに赴いた久保田正明の『クレムリンへの使節』はそんな内実を書いている。この話はかなり広まっており、河野によれば、大麻は重光に対して「明日の会議では、おそらく、君に、いって貰おうという話が出る。もしその時、あなたがことわると、外務大臣をやめなければならないことになる。だから、外務大臣をやめるか、全権としてモスクワに行くか、二つに一つしかない。しかし、あなたは、この際は、モスクワに行って日ソ交渉をまとめて、外相としての責任を果されるほかはあるまい」と説いたという（『今だから話そう』）。

大麻は、もし重光が引き受けて交渉をうまくやれば、ポスト鳩山の第一候補になれると説いたに違いない。重光が民主党の副総裁、さらに鳩山政権の副総理になったときから、ポスト鳩山に重光政権という希望をもっていた旧改進党系である。緒方の死によって鳩山の後継者選びは混沌としており、大麻らは大きなチャンスがきたと思っていた。久保田によると、重光が引き受けたと聞いた鳩山は「まさか」と絶句したという。

重光の日ソ交渉には国民の期待が強かったが、政界の中は複雑だった。保守合同に抵抗して自民党に加わらず「無所属」となっていた吉田茂と佐藤栄作をはじめ、自民党内では同じ人脈の池田勇人が反対の急先鋒だった。アメリカとの関係を悪化させるのを恐れたほか、「鳩山憎し」「河野憎し」の気持ちが収まっていなかったのだ。彼らは重光がモスクワ行きを決断したことを怪訝に思った。

吉田茂は七月二十一日「重光全権に与うるの書」を発表して、正面からクギを刺した。掲載した産経新聞によると、そもそも樺太、千島はソ連が強奪占拠したもので、「抗議力争」こそすれ「懇請」すべき筋合いでない。シベリア抑留の「不法不正」も世界の世論に訴えるべきで「哀訴嘆願」すべきにあらず、という強い調子である。

さらに「由来ソ連は対外交渉により手段は異にするも、目的は常に赤化、衛星国化にあり、世界制覇を終局の目標とするに変りなし」とするこの書簡は、ソ連がいかに悪辣な対日工作をしているかを強調。鳩山政権が「日ソ国交回復は現内閣の重大政策の一なりと誇称して、親ソ的意図をしばしば表明するは自由国家群の信頼をつなぐ所以にあらず」「いまやわが国運の前途、暗雲低迷の観あり、まことに懸念にたえず」などと激しくかみつき、重光に強く注文をつけたのだ(『クレムリンへの使節』)。

重光にとっては、戦前からの波乱万丈の外交家人生を締めくくる正念場だった。前述のように、さまざまな経緯からソ連嫌いとなり、ソ連の受けもよくないと思っていた重光である。何とも気の重い役目だったが、モロトフに代わって外相となったシェピーロフから「重光の訪ソを歓迎する」との意向が伝わって、新たな意欲をたぎらせた。

重光のモスクワ交渉については、これに同行した久保田の『クレムリンへの使節』が最も詳しく伝えている。以下、それらを参照して経緯を追っていこう。

重光を送り出す激励会が党内外で連日盛大に開かれる中、重光は二十四日、鳩山のもとを挨拶《あいさつ》に訪ねた。日ソ交渉をめぐって二人には気づまりな経緯があっただけに、本来ならここでじっくり腹を合わせて出発すべきだったろうが、久保田によれば「ご苦労ですが、よろしくお願いします」「総理の意にそうよう最善の努力をしてきます。細かいことは私におまかせねがいます」といった儀礼的な会話に終わった。重光はこれで万事を任されたと受け取った。後から考えれば、それが間違いの元だった。

首席全権の重光のもと、ロンドン交渉の主役だった松本俊一が全権代表の一人となったが、あとの随行者は外務省の官僚ばかりである。後に長男の篤が「政治の世界には向いていなかった」（『重光葵』）と述懐した重光は、国内政治には疎かった。そんな重光を補完できるような政治家や、政務の秘書官が随員にいなかったのも不幸なことだった。

高ぶる意気込み

重光が訪ソの旅に出る七月二十五日夜、羽田には鳩山も見送りに来たが、飛行機がエンジントラブルでなかなか飛び立てず、いったん丸ノ内ホテルに引き上げるというハプニングに見舞われた。このため、見送り陣も散会してしばらくして、未明の二時半に飛び立つという間の抜けた旅立ちになった。

　飛行機はやはり南回りのＳＡＳ機だった。東南アジアから中東を経てストックホルムに着き、そこからソ連機でモスクワに入るコースで、三日ほどかかった。その旅の途中で、重光の耳に世界を驚かすニュースが飛び込んだ。エジプトのナセル大統領が革命四周年を期して、イギリスの国策会社からスエズ運河を接収し、国有化すると発表したのだ。第二次中東戦争の引き金になる事件だった。

　二十九日午前一時、シェピーロフらの出迎えを受けてモスクワ入りした重光は感慨が深かっただろう。ちょうど二十年前の八月に駐ソ大使として赴任した記憶がよみがえるが、あのときは敦賀から船でウラジオストックに渡り、シベリア鉄道でモスクワに入るという長旅だった。そして一九三八年に離任して以来、十八年ぶりのモスクワに感慨は深いものがあっただろう。この日の日記には「クレムリン壁を眺めてモスクワ、ソヴィツカ《ママ》ヤホテルに入る。総て第一級の歓迎。室はアデナウアの泊りし室と言ふ、不便なり」とある。翌日はソ連側の歓迎ぶりを書いたあと「「モスクワ」市は一変。建設成るの観あるも、ソレンは確に別世界なり。一つの世界となるは尚、前途遼遠ならん」としたためている。

　重光の手帳には、出発を前にしたためた挨拶の文案が残っている。

「私は、喧嘩をしに来たのではない。仲好しになる為めに来たのである。必ず日本の立場はソレン側に良解して呉れると思ふ。良解して呉れなければ私は又はるばる来た途を帰る。

　私は此の遠い道を、貴重な私の時間を無駄に費す為めに一本の脚で無理に来たのではない。必ずやその価値はあると思つて来たのである」(『続 重光葵手記』)。

高ぶる気持ちが表れているではないか。三十日に随員を引き連れて外務省を訪れ、シェピーロフと会うのだが、そこでこの挨拶を口にしたのだろう。

シェピーロフは重光を見守る記者たちも大臣室に招き入れた。久保田もその一員だったわけだが、彼によるとシェピーロフは「新聞記者は友人だ。われわれと新聞記者とは〝平和的共存〟ができる」と言って笑った。ソ連共産党機関紙のプラウダ編集長をしてきた経歴を持つ彼ならではの冗談だった。

久保田がふと見れば、部屋の壁にはレーニンの肖像と大きな世界地図が掲げてあったが、地図をよく見れば南樺太はもちろん千島列島の北から南まで、北方領土もすべて真っ赤に塗られていて「ソ連領」を誇示するかのようだった。

この席で交渉の運び方について打ち合わせが行われ、重光は上機嫌でホテルに帰った。ホテルは河野が泊まったのと同じソビエツカヤホテルだった。「シェピーロフは新聞界出身だけに国際的にも洗練された感覚の持主で本当に感じがいいね」と、重光は記者たちに語り、交渉への自信をのぞかせた。シェピーロフの歓迎ぶりといい、新聞の扱いといい、交渉に対する好意を感じ取っていたのだ。

正式な会談は七月三十一日にスピリドノフカ迎賓館で始まった。帝政ロシア時代に豪商モロゾフが建てた豪華な建物であり、戦前に日露中立条約を結んだ松岡洋右がここに泊まった経緯がある。実は、数カ月後にモスクワを訪れる鳩山と河野はこの迎賓館に泊まることになるのだが、重

光はここで交渉にあたることになった。本格交渉に入る前日の八月二日の日記には

モスクワに骨を埋めん覚悟にて　東の空をはるか拝みし

と、決意のほどを歌にしている。

裏目に出た強気

最初の歓待ぶりに気分よく交渉に臨んだ重光だったが、間もなくその期待は完全に裏切られる。重光はサンフランシスコ条約によって南樺太と千島列島を放棄したことを認めつつ、「国後、択捉の両島は日本固有の領土であり放棄できない」という日本の原則的立場を主張したのだが、シェピーロフは一切妥協しない。そればかりか「日露戦争は日本の侵略戦争だった」などとスターリン以来の日本批判を繰り返す。ロンドン交渉で示した「二島引き渡し」のソ連案を繰り返し、国後、択捉については全く交渉の余地がないと繰り返すのみだった。

重光が第一回の会談で基本的な立場を読み上げた声明の全文は、日本の新聞にも一斉に載って、国民の喝采を浴びていた。河野の交渉が秘密的だったのに比べて、重光は大国ソ連を相手に堂々と渡り合っているという印象が国民に受けたのだが、誤算だったのは、これがモスクワを必要以上に刺激したことだ。シェピーロフは第三回会談で主張のトーンをさらに強めると、共産党機関紙プラウダと政府機関紙イズベスチヤにソ連の立場を示す論文を掲載した。重光の新聞利用に対抗した形だ。

八月五日の朝日新聞の一面は「領土は譲歩せず」という見出しで『プラウダ』に載った論評の

「大要」を掲載した。ソ連の論理がよくわかるので、以下に引用しよう。

領土問題は一九四三年のカイロ宣言、一九四五年七月二十六日のポツダム宣言、一九五一年九月八日のサンフランシスコ平和条約等の国際諸協定により最終的に決定済みである。また一九四五年のクリミア協定（注、ヤルタ秘密協定を指す）はソ連に南樺太と隣接する島々および千島列島を返還することをはっきり規定しており、これらの領土はソ連に無条件に譲渡されたものである。ソ連が一定条件のもとにハボマイ、シコタンを日本に譲渡することに同意したのはソ連の平和愛好政策に基くものであり、日本側の希望に応えたものである。

さらに領土問題に関するソ連の態度は本年五月のブルガーニン・河野会談の際に、はっきりと余すところなく述べられた。すなわち、ソ連はハボマイ、シコタンの放棄は、日ソ関係の速やかな正常化を目的とするソ連側の一大譲歩である。両国関係が完全に正常化され、すなわち日ソ平和条約が締結されたあかつきにソ連のこの譲歩が実現することは無論である。

ソ連の世論は日本側がソ連のこの寛大な行為を正しく理解し判断することを期待した。しかるに日本の一部新聞の論調ならびにモスクワ交渉における日本側の態度が示しているように、このような気配は目下のところ見えない。日本側は、またまた領土問題を持出した。日本側は領土問題は、まだ国際諸協定によって解決されておらず、この問題についてソ連側の態度の変化を要求する根拠があるかのように主張している。クナシリ、エトロフ島が千島列島の一部でないとする日本側の主張は何等の根拠もない。これらの島々は千島列島の不可分の一部である。

ブルガーニン首相が河野農相に述べたようにクナシリ、エトロフ両島についての日本の要求は日ソ国交調整途上の障害以外の何ものでもない。ソ連側は領土問題についてこれ以上譲歩に出ることはないであろう。もしも日ソ双方に善意と、あらゆる未解決の問題を解決しようとする心からの熱意があれば、今回のモスクワ交渉は疑いなく日ソ関係の正常化をもたらすであろう。

ソ連が「領土不拡大」の原則を決めた「カイロ宣言」を持ちだしたうえ、自分たちが署名を拒んだ「サンフランシスコ講和条約」も根拠にして領土問題を「最終決定済みだ」とするのは、おかしな論理である。

奇《く》しくも朝日新聞の「天声人語」は同じ日に次のように書いた。

「(略) 太平洋戦争で日本がソ連にどんな〝侵略〟をしたか。ほかの国々に対してはお恥ずかしい話だが、ソ連に向っては日本は少しも侵略などしていない。ドイツはソ連に侵入して大量の虐殺もやったが、そのドイツと日本とをいっしょくたにして〝侵略扱い〟されるのは迷惑である▼戦争末期にヘトヘトになった日本が、おぼれる者ワラをもつかむの哀れな心理で、ソ連に調停を頼もうと近衛(引用者、元首相)のモスクワ派遣を承知してくれと哀願していたくらい。それを振りきって八月九日ソ連は一方的に宣戦し、たった一週間の一方的参戦で、千島などを占領してしまったのではないか▼千島・樺太交換条約や、領土不分割を決めた大西洋憲章など、自分に都合の悪いものはみんな排除し、自分が加わってもいないサンフランシスコ平和条約も、自分に都合のよい〝千島放棄〟の条項だけは抱きこんで、領土問題はすべて解決ずみだと涼しい顔をする。あんまり虫がよすぎないか（略）」

まことにその通りで、読者もこれに溜飲を下げただろう。だが、プラウダの論文は自己矛盾を露呈する一方で、日本側の痛いところもずばり突いていた。「国後、択捉は千島列島に含まれない」という日本側の論理のことである。それは日本の弱みであった。

日本の新聞と違い、プラウダとイズベスチヤに載った論評は、党や政府の曲げられない見解だ。重光は最後通牒を突きつけられたに等しかった。

根室の住民たちが「二島返還」での平和条約に向けて宣言を出したことは前章で書いたが、『日ロ現場史』によると、国後、択捉の住民たちはこれに不満が強かったようで、重光のもとには多くの激励電報がきていた。「千島列島居住者連盟札幌支部」の約三十人はお金を出し合ってモスクワの重光に電報を打った。「歯舞、色丹の返還にとどめないで、われわれの故郷である国後、択捉両島も還るように努力を」といった具合である。札幌支部には国後、択捉の旧住民が多かったのだ。「四島」の原則を貫いてきた重光への期待が高かったことが分かる、それがまた重光の首を絞めていた。

ナンバーツーの全権代表だった松本の目には、重光流の交渉術が完全に裏目に出たと映っていた（『日ソ国交回復秘録』）。「重光外務大臣は、ソ連との交渉は自分の経験から、最初にきわめて強硬な態度を示さなければ妥結には至るものでないという信念をもっておったらしく、私からみると、ほとんど不必要に思われるまで最初は強硬な態度を示した」というのだ。

重光はかつて駐ソ大使だったころ、満州との国境付近の張鼓峰で日ソの軍隊がぶつかり合った事件の処理で苦労した。その経験から、対ソ交渉では強気を見せることが肝心だとの教訓を得ていたのだが、ソ連の空気はその時代とは違っていた。もはや「モスクワの空気は、むしろ何とかして日本との間に国交を正常化しようという、いわゆる平和共存ムードが基調になっておった」のに、それを読み誤って強気でぶつかったため、逆にソ連側を強硬姿勢に追いやってしまった、というのが松本の見立てである。それは二カ月余り前にブルガーニンと会った河野一郎が「いちいちごもっとも」と調子を合わせつつ「大国の指導者らしく振る舞うべきだ」とくすぐったり、日本の苦しい事情をさらけ出しながら情に訴えたりしたのとは、いかにも対照的だった。

重光は八月六日にシェピーロフと会って全面反論したが、そこで強調したのは、まさに「領土不拡張」を謳ったカイロ宣言の尊重だった。重光はミズーリ号での降伏文書に署名した当事者として「ポツダム宣言およびそれに含まれるカイロ宣言」を忠実に実施してきたと強調。ソ連もそれを本当に尊重するのなら、国後、択捉も返還すべきだという主張である。まさに正論をぶつけたのだが、それはヤルタ協定を無視することで、ソ連には受け入れられない論理だった。論理で勝っても妥協は得られなかった。

重光はモスクワでもときどき短歌を詠んで同行記者団に披露していたが、その作品はしだいに悲痛なものになっていく。

一本の足に託して重き身を　背負いきたりしモスクワの野に
モスクワの空妖しくて足痛み　耐えがたきときは臥していたわる

という具合である（『クレムリンへの使節』）。ひきずる足がひとしお辛く思われたのかもしれない。それでもなお重光は踏ん張るのだが、シェピーロフは第四回の会談でついに怒りを露わにした。顔を紅潮させ、大きく手を広げ、テーブルを叩きながらこれまでの主張を整理したうえ「ソ連平和条約案をのめないのなら、この交渉は中止しよう。私のほうは一年でも二年でも三年でも待つことができる。そして日本側に受けいれる準備ができたとき交渉を再開して調印すればよい」と言い放ったのだ。

こうなれば、シェピーロフを相手にしていてもらちが明かない。そう考えた重光が一縷《いちる》の望みをもって最高首脳との面会を申し入れた結果、何とか十日にフルシチョフ、ブルガーニンと会えることになった。三カ月前、漁業相のイシコフでは相手にならないと見てブルガーニンとの直談判に及んだ河野一郎と同じ展開である。

だが、いざクレムリンへと、たぎる意欲をみなぎらせた河野とは様子が違った。久保田によると、正念場を翌日に控えた九日深夜、重光は突然、記者たちを集めて会見すると「ソ連はどうしても従来の主張を変えないことが分かった。何とか道はないかと随分さがしてきたが、もう道はない。いまや刀折れ、矢尽きた感である」と弱音をはいた。ブルガーニン、フルシチョフと会ったあとで最後の決断をするというのだが、記者たちは何が何だか分からなかった。いよいよ最高首脳と談判しようという前日に「刀折れ、矢尽きた」と言うのだから。

さて翌日、クレムリンを訪ねた重光は、ここでも二十年前を思い出したに違いない。駐ソ大使として信任状奉呈式にクレムリンを訪れていたのだ。この時、相手は最高権力者の共産党書記長スターリンではなく、国家元首だったカリーニンだった。しかし、いま会えるのははブルガーニンだけでなく、河野も会っていなかったフルシチョフも相手である。この日の重光日記にはこんな詩が書かれている。

隻脚に重き思を託しつつ　クレムリン宮の奥深く入る
フルシチョーフとブルガニン　果して打開出来るや否や
クレムリンの門をくぐれば破鐘と　大砲とを見てやがて止まりぬ
クレムリンの閣議の室に招ぜられ　やがて対しぬフルとブルとに
フリシチョフ、ブルガニン、シェピロフと　向ふに廻はして討論をする
クレムリンに仰ぐ夏陽の蔭深く　モスコの平野限りなく見ゆ

日記はさらに「此日の会見録は詳細外務省にあり。稀に見る会見記録なるべし」と書いているだけだが、久保田によれば会談ではフルシチョフがぶちまくった。日露戦争以来の日本の方策を一方的に断罪したうえ、歯舞、色丹の引き渡し表明や漁業協定などで日本に譲歩したことを強調しながら、もはやソ連の領土案は変更できないときっぱり言うばかりだった。

「稀に見る会見記録」と書いたように、重光はこれに整然と反論したのだろう。だが、西欧流の洗練された外交官との交渉をしてきた重光にとって、粗野とも言えるフルシチョフは初めて見る相手だった。帰りにクレムリンの廊下を歩きながら「この田舎者めが！」とつぶやいた。

それでも理路整然と反論して食い下がる重光に対し、フルシチョフは領土に関するソ連の原則を認めるなら「細部のことは日ソ双方に実害のない範囲内で、シェピーロフと話しあってもらいたい」と締めくくったが、それも翌十一日のシェピーロフとの会談では無視された。しかもシェ

ピーロフは、スエズ問題の国際会議に出席するため十四日にモスクワを発つというので、いよいよ十三日に最終判断を下さざるを得なくなった。重光日記は「セピロフ（シェピーロフ）と会談、激論。ソ側態度強硬寸地も譲らず」「形勢暗胆」と書いている。いよいよ万事休すの心境だったのだろう。

「二島で受諾」へ転換

八月十二日、全権団は最後の会議を開く。精魂尽き果てた重光は、ここで「二島返還による平和条約」のソ連案の受諾という方針を示した。驚いて反対する随行団に対して、重光は「自分は東京を出発するさい一切を任せられてきた。だから東京に請訓する必要はない。自分の一存でソ連案をのんで調印してもなんら差し支えはない」と、ひとり言い張った。

いちばん驚いたのは、もうひとりの全権の松本俊一だった。ロンドンでソ連が二島返還まで譲歩した際、これで打開するべきだと考えた松本に対して、あくまで四島返還を譲るなという訓令を返してきたのは、誰あろう重光だったではないか。そのためにロンドンでの交渉が中断されたのに、いまになって重光が百八十度の方向転換をするとはどういうことか。しかも、重光の強硬姿勢にネジを巻かれるようにして、自民党は厳しい党議を決定し、国民の期待も高まっている。松本がいまとなっては、もはや鳩山首相にだって「二島返還」で平和条約という選択肢はない。松本がそう考えたのは無理のないことだった。

松本はこの夜、重光の部屋を訪ね、本国へ訓令を仰ぐよう、夜を徹して説得した。重光は「東京を発つとき一切を任されたのだから、請訓の必要はない」と言って聞かなかったが、せめて報告すべきだという意見を入れて、本国政府にこの方針を打電した。

その直後、現地時間の午前一時半に記者会見したが、そこで強気の決意を述べている。十二日の朝日新聞夕刊には「重光全権、政府の決意促す」という大見出しでこれが載ったが、発言の肝心の部分は以下の通りだった。

「決断の要点は国家の前途の大局を判断するよりない。この際日本は世界の情勢に取り残されぬように前進しなければならない。（略）そのためには忍び難きを忍んでガシンショウタンの気持をもって決意する必要がある。これが大局を誤らぬ要点だと私は思う。東京ではまだ交渉の余地があるかの如く見ているようだが、これは安きにつこうとし、また人々の個人的な立場を考慮し過ぎた甘い考えといわないわけにはゆかない。この際自己を棄てて国家の大局につかねばならないと思う」

「東京で議論はいくらしてもよいが、責任はこちらに任してもらいたい。こちらの行動を制ちゅうされることは不本意だ。甘い考えで事態を延ばすことは許されない。それならば決裂のほかないことになるかも知れない。私は政府、与党および国民の委任をうけて来ていると思っている。それでなければ、これまで交渉をしたことは無意味だ。日本がこのような状態を続けていれば醜を天下にさらすだけだ。空理でいっているのではない。真剣勝負をやっていていうのだ。それを東京で自分らの思惑で議論してもらっては心外千万だ。私は面をかぶって剣道の試合をしているのではない。抜身で真剣勝負で切り合ったのだ」

この記事を送った朝日新聞の木谷忠は、迫力に満ちた重光を目の当たりにして、いつもの重光とは「別人の感がある」と書いている。

重光は東京で外相代理をしていた高碕達之助（経済審議庁長官）に「この上遷延しても、ただ体面を害し、わが立場を不利にするのみで、歯舞、色丹すら危険になるおそれがある」とし、鳩山には「忍ぶにたえないところであるが、事態を冷厳に観察すれば、問題の実態はソ連との間にのみ取り残されている降服の跡始末をつけることにほかならない。いまや難きをしのんで断を下すべき時期であると信ずる」という電報を打った（『日ソ国交回復秘録』）。

だが、東京の空気は全く違っていた。それまで「四島返還」を掲げた重光の毅然とした態度に国民も喝采を送ったばかりであり、もとより「四島返還」を党議とした保守合同後の自民党内がこれで収まるはずもない。十三日、鳩山が滞在先の軽井沢から東京に出てきて臨時閣議が開かれたが、受諾に賛成の者は一人もいない。鳩山は重光に「閣内こぞって強く反対し、また国内世論もすこぶる強硬であると判断される」として、直ちに交渉を中断してロンドンで開かれるスエズ問題の国際会議に赴くよう、最終訓令を送った。

この間、重光日記は「全権団は一致結束、妥結論なり。新聞記者も仝様、東京を罵る。鳩山は愈々病人なり」（十二日）、「昨夜、東京にて臨時閣議ありたる筈、未だ一度も請訓せぬに勝手に東京で騒ぐ。われ全責任を以て解決せんとして東京に邪魔さる。（略）東京は私慾の塊りなり」（十三日）などと書いて、東京に怒りをぶちまけている。「私欲の塊」とは感情的にすぎるが、「鳩山には政権維持の発想しかない」という憤りだったのだろう。だが、久保田や松本の証言からは

8月の新刊 ●10日発売 ちくま文庫

将棋 観戦記コレクション
後藤元気 編

名勝負は名観戦記によって完成する！

棋譜からだけではわからない、人間同士の戦い。数々の名勝負が、個性的なエピソードやゴシップとともによみがえる。文庫オリジナルアンソロジー。

43372-5
1600円+税

キッドのもと
浅草キッド

いとうせいこう氏推薦！
笑いと涙のセルフ・ルポルタージュ！

生い立ちから凄絶な修業時代、お笑い論、家族への思いまで。孤高の漫才コンビが仰天エピソード満載で送る笑いと感動のセルフ・ルポ。（**宮藤官九郎**）

43370-1
760円+税

呑めば、都
マイク・モラスキー

●居酒屋の東京

赤羽、立石、西荻窪……ハシゴ酒から見えてくるのは、その街の歴史。古きよき居酒屋を通して戦後東京の変遷に思いを馳せた、情熱あふれる体験記。

43368-8
900円+税

風山房風呂焚き唄
山田風太郎

明治文学者の貧乏ぶり、死刑執行方法、ひとり酒ほか、長編エッセイ（表題作）をはじめ、旅、食べ物、読書をテーマとしたファン垂涎のエッセイ群。

43378-7
950円+税

文庫本を狙え！
坪内祐三

20年に及ぶ週刊文春の名物連載「文庫本を狙え！」。そのスタートから4年間・171話分を収録。文庫出版をめぐる生きた記録。（**平尾隆弘**）

43379-4
950円+税

価格は定価（本体価格+税）です。6桁の数字はJANコードです。頭に978-4-480をつけてご利用下さい。
内容紹介の末尾のカッコ内は解説者です。

chikuma primer shinsho

さいしょのしんしょ

ちくまプリマー新書

★8月の新刊 ●6日発売

260 文学部で読む日本国憲法

俳人・東海大学教授 **長谷川櫂**

憲法を読んでみよう。「法律」としてではなく、私たちがふだん使っている「日本語の文章」として。綴られた言葉は現代を生きる私たちになにを語りかけるだろうか。

68963-4 780円+税

261 歌舞伎一年生

▼チケットの買い方から観劇心得まで

編集者・作家 **中川右介**

伝統や藝の真髄……といった薀蓄ではなく、チケットはどうやって買うの？ どの席で見る？ など、実践的な入門書。見れば見るほど楽しくなる歌舞伎への第一歩を！

68964-1 780円+税

好評の既刊 ＊印は7月の新刊

地名の楽しみ 今尾恵介 時には平安の昔までその由緒をたどり、地名の今を考える 68952-8 860円+税

生き物と向き合う仕事 田向健一 獣医学を通じて考える、命、病気、生きること 68953-5 820円+税

ニュートリノって何？——続・宇宙はこう考えられている 青野由利 ニュートリノの解明が宇宙の謎にどう迫るのかを楽しく解説 68954-2 860円+税

写真のなかの「わたし」——ポートレイトの歴史を読む 鳥原学 写真の誕生からプリクラ、コスプレ、自撮りまで 68955-9 920円+税

植物はなぜ動かないのか——弱くて強い植物のはなし 稲垣栄洋 厳しい自然を楽しく謳歌する植物たちの豊かな生き方 68957-3 820円+税

高校生からの統計入門 加藤久和 現代の必須科目・統計。身近な例で本質を体得しよう 68959-7 860円+税

「奇跡の自然」の守りかた——三浦半島・小網代の谷から 岸由二／柳瀬博一 自然保護の新しい形とは？ 68958-0 880円+税

投票に行きたくなる国会の話 政野淳子 よりよい社会を作るために国会議員を活用しよう 68962-7 820円+税

国家を考えてみよう 橋本治 国家は国民のもの。難しくても考えなければなりません 68961-0 820円+税

＊**学校が教えないほんとうの政治の話** 斎藤美奈子 あなたの「ひいきのチーム」を見つけよう 68966-5 820円+税

＊**戦争とは何だろうか** 西谷修 敵は誰なのか？ 歴史をさかのぼり戦争を考える 68956-6 820円+税

＊**楽しく習得！ 英語多読法** クリストファー・ベルトン 渡辺順子訳 習得の早道がここに 68960-3 860円+税

価格は定価（本体価格＋税）です。6桁の数字はJANコードです。頭に978-4-480をつけてご利用下さい。

「全権団は一致団結」にはほど遠かったことがうかがえる。

臨時閣議で妥結に反対の先頭に立ったのは河野だった。河野はそこで、ブルガーニンが「国後、択捉は後回しにしてよい」と、いわゆるアデナウアー方式を自分に提案していたことを明かした。新聞報道を総合すると、閣議での河野発言の趣旨は以下の通りだった。

「ソ連の方が積極的に日ソ国交回復を望んでいるから、こっちが粘れば妥協してくる。現に自分が漁業交渉でブルガーニンと会ったとき、先方から「国後と択捉は日ソともに譲れない状態だから、これは後回しにして国交を結ぼう」といっている。ところが、重光に対してソ連側は「択捉、国後の領有権を認めなければ国交回復はしない」などと態度が強くなっている。だから、ソ連側を押し返すことができるはずだ。重光外相はブルガーニンに対して「河野に約束したことと違うじゃないか」と、なぜ切り返さないのか」

河野は後に『中央公論』に書いた手記の中で「特に注意していただきたいことは、日ソ関係を調整する上に平和条約の方式をとるか、共同宣言の方式をとるかということであります。重光さんは、ソ連の要求によって平和条約方式をとろうとされたのですが、そこに大きな欠陥がありました」と書いている。

もっともこの点は重光にも哲学があった。国交を正常化する以上は、領土問題という重要なトゲを抜いて平和条約を結ぶべきだというオーソドックスな考え方だ。歯舞、色丹だけでも返還させておけば最低限の条件が満たされるが、棚上げすればその返還さえ危うくなりかねないという判断もあった。だが、「二島」で妥結するには時期を失していた。しかも、鳩山や河野は双方が領土で譲れぬ以上はアデナウアー方式しかあるまいと考えていたのに、重光はそこを軽視して自分が文字通りの「全権代表」だと思い込んでいたのだろう。

いずれにせよ、もともと強硬派だった重光が妥結を主張し、早期妥結論者だった河野や鳩山がこれを押しとどめるという皮肉な結末である。重光は失意のうちにモスクワをドライブし、バレエ鑑賞を楽しんでからロンドンに向かった。そのとき二首の歌を詠んだ。

敗戦のみじめさは知る人ぞ知る　モスクワの空夏なほ寒し
一国の正しき主張も敗戦の　前には支ふる力だになし（豊田穣『孤高の外相　重光葵』）

かつて駐ソ大使として交渉したときは、対等の関係だったからこそ強気で押せた。だが、今度ばかりは敗戦国としての悲哀をいやというほど感じさせられた。ミズーリ号で降伏文書に署名したとき以来の屈辱感ではなかったか。

日ソの新聞が応酬

重光の交渉を各紙はどのように受けとめていたのか。はじめ重光の強硬な声明が出たとき、各紙はそろってこれを評価した。しかし交渉が厳しくなるにつれて、ソ連案を飲むかどうか、各紙の判断は割れていく。はっきりと妥協論を唱えたのは読売新聞だった。八月十一日の社説は「われわれもまた交渉の妥結をこそ期待すれ、その決裂をこいねがうものではない。最後の五分間までわが全権団が敢闘し、日本の正当な主張がたとえどんなに少しであっても、条約に盛りこまれることを期待する」としたうえで「エトロフ、クナシリを失ったからとて、それで日本が滅び去るわけではない。（略）もとより日ソ交渉妥結の得失は、単に領土問題からだけでなく、もっと大局的立場から冷静に判断すべきである」と主張した。重光の妥結論を退けた政府の決定が下されたあとも「政府は事態を直視して責任をもって決断せよ」（十三日）と批判している。

しかし、これは少数論だった。日本の新聞にはあくまで四島返還を求める論が目立ち、ソ連の新聞と名指しの応酬も展開された。例えば連日のように重光にネジを巻いた毎日新聞はソ連共産党機関紙の『プラウダ』に名指しで批判されると、「我々は主張する」（八日）と反論を掲げ、十一日にも「ソ連の要求は受入れられない」とのタイトルで「ソ連の領土条項を受け入れることは日本として承知できないし国民も納得できない」と主張した。日本政府が重光の妥結論を拒むと「当然であり、われわれはこれを支持する」（十三日）と書いた。

もっと激しくソ連に対抗したのは朝日新聞と産経時事だった。朝日は重光が羽田を発った翌七月二十七日に「ソ連の首脳に直言する」という社説で「戦勝、戦敗で割り切ることは、力は正義だという旧式な困った考えを肯定することになる。それは〝正義〟の考え方ではなく、〝力の政策〟以外の何ものでもあるまい」と指摘。国後、択捉を「あっさり返還する寛大さ」を示すか、アメリカの沖縄・小笠原政策のように日本の潜在主権を認めることを望むと迫った。

ソ連の態度が変わらないと見ると、五日には「ソ連の論拠は承服し難い」と主張。これがソ連の政府機関紙『イズベスチヤ』から名指しの非難を受けると、朝日は七日、「イズヴェスチヤに答える」と題して「日本固有の領土であるクナシリ、エトロフの占領を止めて、ソ連が撤兵することを主張する日本の要求に、何の〝不法〟があるであろうか。また少くとも潜在主権を認める措置を求めるわれわれの主張のどこに非難さるべきものがあるであろうか」と反論した。

外国の新聞同士がこうして名指しの批判を応酬することは珍しいことだ。ソ連外相のシェピーロフがプラウダの編集長だった経緯もあり、彼がソ連の機関紙を使った可能性もある。日本側はこれに反論せざるを得ず、互いにエスカレートしたのだろう。

産経時事の論調はさらに激しかった。連日、ソ連批判のキャンペーンを張ったうえ、交渉で対立が鮮明になるや、いち早く事実上の交渉中止論を打ち出した。「今日は妥結の空名を成すために相手の力に屈して、譲るべからざるものを譲ったとしたら、将来の国民感情に深刻な悪印象を残すにいたるの不幸を憂えざるをえない。決して功を急ぐに及ばず。日本は主張の守るべきを、堅固に守るべきを期して、次第によっては遂に交渉を中止して、妥結を後日に延ばすの決意もまた止むをえないだろう」

今日、領土問題などで最も強い立場をとる産経がこうした論を張ったのは分かるとして、朝日新聞が強く「固有の領土論」を打ち出していたのは意外に思える。読売新聞が最も柔軟な姿勢をとっていたのも意外だが、世論は圧倒的に「四島返還」へと流れていた。

大いなる筋書き?

河野の訪ソに続いて重光の訪ソにも同行していた読売新聞の伊藤宗一郎が重光の決断をモスクワから伝えた時、政治部の宮崎吉政は驚いて翌朝、軽井沢の鳩山のもとに走った。すると、起床したばかりの鳩山は「重光君はどうして、そんな意見になったのだろう」と憮然としていた（『政界二十五年』)。その鳩山は「重光君は七月末、モスクワに赴き、大いに日本の主張を述べたが、一週間ばかり経つと「クナシリ、エトロフ島はあきらめて平和条約を締結する」といつて来た。藪から棒のような提案には、こつちも驚いた。出発の時まであれほど強硬な意見をはいていた重光君が、モスクワに入ると間もなく、急角度にカーブを切つて、何故にこのような方向に進もうとしたのか——今考えても私には全く見当がつかない」と書いた(『回顧録』)。

北方領土への重光の強硬姿勢に共感していた佐藤栄作や芦田均が「重光の心境は全く想像出来ない」(『佐藤榮作日記　第一巻』)、「重光君はどうかしている」(『芦田均日記　第六巻』)と書いたように、重光の豹変には政界の誰もが驚いた。岸信介はのちに対談で「重光君がステッキをついて演壇にのぼって、おもむろに、諸君!　というところまでは満点だが、そのあとは落第だ」と言い、総論はよくとも各論になると「支離滅裂になってしまう」と酷評した(『岸信介の回想』)が、この「豹変」などはその極みとみたのだろう。

重光がモスクワに自ら赴いたこと自体が政治的な動機だったと見る河野は、いざこの交渉をまとめられなければ「外相の地位が危いし、政治家として致命的な打撃になる。おそらくは、終始重光外相の頭の中は、こういった内政問題でいっぱいだったのだと思う。こう考えれば、最後は無条件降服でソ連のいう通りの平和条約でも調印しようとした重光さんの心境も、わからないことはない」と、皮肉たっぷりに書いている(『今だから話そう』)ヘルマンも首相のイスを狙う重光が「対ソ交渉を解決して名声をあげ、そのことによって党内での地位の強化をはかろうとする試み」(『日本の政治と外交』)だったと分析している。

そうした中で重光を間近で見ていた松本俊一はこの豹変について「政治家、外交家としての重光氏は最初から妥結の決意を持ってモスクワへ来たのであるから、むしろ筋を通したものと思っていた」と、やや同情的だ（『日ソ国交回復秘録』）。ただ、初めに強硬姿勢を見せた交渉術が間違っていたため、こういう結果にならざるをえなかったとみる。河野も書いたように、クレムリンは建物からして威圧感が大きいうえ、ブルガーニン、フルシチョフというソ連の巨頭たちから頭ごなしにやられて精神的に追い詰められたのかもしれない。

鳩山内閣の通産相だった石橋湛山は閣議で反対論を述べた一人だが、後に残した『湛山座談』でそれを「今考えてよかったかどうかは別として」と書き、「今になって考えると、いつまでもあんなことにしておくことがいいか悪いか」と、重光に同情的だった。「今」とは八年後の六四年のことだ。あのとき二島で片づけておけば……というのが石橋の思いだったのかもしれない。その後六十年もこの問題を片付けられない現実を見れば、「忍び難きを忍び、大局的判断を」という重光の決断は、一つの大きな選択肢に違いなかった。

だとすれば重光の問題は、その決断を一年前になぜしなかったか、ということだ。松本はもちろんのこと、鳩山も河野も当時は柔軟だったはずなのだが、重光が豹変した時にはそれを受け入れる余地がなくなっていた。一年前にマリクの提案があってから、ここに来るまでの間に外務省もアメリカも強硬になり、保守合同で生まれた自民党は「四島返還」を党議とした。重光は自分の決断に任せなかった鳩山らをなじるのだが、自らの豹変が受け入れられにくい環境をつくった責任の多くが、自分にあったことを自覚していなかった。

それにしても、いかに重光の交渉術が裏目に出たとはいえ、ソ連がなぜこれほど重光に対して強硬姿勢の一点張りだったのか。初めからアデナウアー方式に否定的だった重光は別として、ソ連が河野に示したアデナウアー方式の提案を重光に対してしなかったのはなぜなのか。重光の豹変を誘ったソ連の謎も解く必要がある。

久保田は『クレムリンへの使節』の中で、気になることを書いている。彼が重光に同行してモスクワに向かう直前に、かつて進歩党の総裁で政界の舞台裏で活躍していた犬養健《たける》に料亭に招かれた。その際、犬養から「君、向うにいったら、妥結の電報（記事のこと）などは絶対に打っちゃ駄目だよ。そういうことになっているんだから……」と、声をひそめて忠告されたというのだ。ソ連は重光との交渉を最終的に拒否する。そのあと鳩山、河野が出かけていき、ソ連は二人に花をもたせて大団円となる。その筋書きが日ソ間ですでにできているのだから、「妥結」なんてことはありえない、という情報だった。久保田はモスクワからの帰りの機中、この話を思い出して「権謀渦巻く日本の政界のドス黒い深層に思いをはせ、慄然たる感慨が胸にこみあげてきた」と書いている。

本当にそんな筋書きがあったのだろうか。すでに「日ソ間で話ができている」という犬養の情報が正しかったとすれば、河野や鳩山とクレムリンをつなぐ信頼に足るパイプ役が東京にいなければならず、それは在日ソ連漁業代表部の首席となっていたチフビンスキーのほかはあり得まい。河野は後に鳩山がモスクワを訪問するに際して事前にチフビンスキーとよく連絡をとりあったことが知られている。だが、この時点でそんな綿密な打ち合わせができたとは思いにくい。

ところが結果を見れば、犬養の言う通りになった。それはなぜだったのか。

第一に、重光に対するモスクワの印象が最悪だったことが挙げられる。そもそも前に書いたように、戦前のソ連大使としての経緯から重光がA級戦犯になったこともあり、重光が対ソ強硬派になっていたことは、ソ連もよく承知の事実だった。しかもロンドン交渉の全権だったマリクがぶちまけたように、あの交渉をぶち壊したのは重光だとソ連は信じていた。

このころ、米ソの間で北方領土に関する綱引きも激しくなっていた。ソ連は前の年、重光がワシントンでダレスにクギを刺されていたことも察知していたに違いない。ソ連は重光の背後にアメリカがいると見ながら交渉していたはずだ。

そして、ブルガーニンとの密談で河野が説明した自民党や鳩山内閣の内部事情でも、重光らが強硬で困ると説明を受けていた。よりによって、その重光が交渉のためモスクワに乗りこんできたのだから、ソ連側が戸惑い、重光が交渉の本命だとは受け取らなかったとしても不思議はない。しかも案の定、その重光が頭から強硬論をぶつけてきた。モスクワはここでいよいよ「重光粉砕」の方針を固めたのではないか。

そういえば、鳩山は河野を漁業交渉に送り出す際に、国交交渉のためには「場合によっては自分自身、モスクワ訪問をしてもよいと考えている」と河野に伝え、先方の考えを打診するよう頼んでいた。もし、この「鳩山の腹」がソ連の首脳に伝わっていたとすれば、なおのことクレムリンがまともに重光を相手にする必要はない。しかも鳩山がアデナウアー方式に前向きであることもモスクワは知っていた。こうした状況を分析すれば、犬養のいうような「筋書き」は自然にできていたと見ることもできよう。とすれば、犬養の眼力に比べて、大麻やその説得に乗った重光の政治判断がいかに甘かったか、ということになる。

外務省にとってのショックは深刻だったに違いない。粗野な「素人外交」だとして徹底的に嫌ってきた河野の漁業交渉が成功し、そのせいで再開を余儀なくされた国交交渉で重光が惨めに打ちのめされたからである。一方、もともと松本俊一のロンドン交渉を阻害した重光に納得いかなかった杉原荒太《あらた》は、松本が存分に腕を振るうことができれば重光のモスクワ交渉は必要なく、「もっと早く成立していたはずである」（『外交の考え方』）と惜しんだ。

ダレスの決定打

こうしてついに鳩山がモスクワ行きを決意して、河野とともに最終舞台に臨むことになるのだが、その前に、失意の重光がロンドンでアメリカの国務長官ダレスから聞かされた衝撃の話を書いておかねばなるまい。いわゆる「ダレスの恫喝」である。

ロンドンに着いた重光はスエズ問題の国際会議の合間、日曜の八月十九日にわざわざ駐英アメリカ大使の公邸を訪れてダレスと会った。アメリカが日ソ交渉の行方に懸念をもっていることを知っていただけに、報告しておこうと思ったのだ。しかし、久保田によれば「会談が終わって帰ってきた重光は興奮気味で顔色も蒼白であった」。松本俊一によれば、ホテルに帰ってきた重光に部屋へ呼ばれると、青ざめた重光はすこぶる興奮した顔つきで「ダレスは全くひどいことをいう。もし日本が国後、択捉をソ連に帰属せしめたなら、沖縄をアメリカの領土とするということをいった」と怒りをぶつけた（『日ソ国交回復秘録』）。

ダレスにしてみれば、前年、ワシントンでクギを刺したのに、よりによって重光が……との思いだったのかもしれない。だが、「沖縄を返さない」どころか日本の潜在主権を取り上げて米国領にするという露骨な脅しは、ただでさえモスクワで傷ついた重光のプライドを破壊するに等しかったのではなかろうか。不思議なことに、この日の重光日記には「午後会議」と四文字が書かれているだけで、ダレスはその名前すら全く出てこない。それほどショックが大きかったということだろう。

久保田のスクープで、このころ東京で発行されていた産経時事は二十三日の朝刊で、「ダレス長官、重光外相に重大警告」と、トップ扱いで第一報を伝えた。続いて各紙がこれを追いかけて報じた。それらの報道によれば、重光がダレスにソ連の強硬姿勢を伝えて「このうえはソ連の領土案をのむほかはないと思っている」と話すと、ダレスは顔をこわばらせて、こう断言した。

「それは米国としては承服しがたい。（略）日本がソ連案を受諾する場合は（略）米国としては（略）沖縄を永久に領有する立場に立つものである」。

ダレスが持ち出したのはサンフランシスコ講和条約の第二十六条だった。その趣旨を平たく言えば、日本が講和条約に参加しなかったソ連などと条約を結ぶ際に、サンフランシスコ講和条約より好条件を与えるなら、講和条約を結んだ相手にも同じ条件を与えなければならない、という内容だ。その条文を使ってダレスは次のように解釈した。

サンフランシスコ講和条約で日本は千島列島を放棄したが、それをソ連に渡すとは書いていない。だから、日本が勝手にソ連に渡すなら講和条約の枠を超えた行為であり、それならアメリカも講和条約に書かれた沖縄の施政権を日本に永久に返さず、米国領にするというのだ。

同盟国として、この上ない脅しだが、米ソ冷戦の中で、それほどアメリカが日ソの接近を嫌がったということだろう。驚いたのは重光にとどまらない。発言の真意をめぐって憶測が飛んだが、アメリカのＩＮＳ通信社の記者がダレスに会って確かめたところ、ダレスが発言を素直に認めた。これが読売新聞に報じられると、政界への打撃は計り知れなかった。どういう形にせよソ連と妥協して日ソ国交正常化を果たそうとしていた鳩山主流派が狼狽したのに対し、吉田らの反鳩山派はこれを背景に攻勢に出る。こうした中でダレスはワシントンに帰ると、二十八日に記者会見で重ねて発言の意図をこう説明した。

「米国初めサンフランシスコ条約に調印した諸国は、南樺太と千島にたいするソ連の主権を認めるわけにはいかない。また米国は極東における国際平和と安全にたいする脅威が存在するかぎり、沖縄における諸権利を行使しつづける方針である。私は以上のことをロンドンで重光外相に指摘しておいた」(『クレムリンへの使節』)

ダレスの脅しは彼の独走ではなかったようだ。重光がダレスに会う六日前の八月十三日、ワシントンで公使の島重信が国務次官補シーボルトに呼ばれ、日ソ交渉の妥結にクギをさされていたのだ。ちょうどモスクワで重光が東京に「二島で妥結」の方針を伝えて拒まれたころである。米国が独自に重光豹変の情報を得たのか、それとも外務省からの情報提供によるものだったのか。

いずれにしても日ソ交渉はここに至って厳しい「日米問題」にもなったのだった。

ワシントンに帰ったダレスは九月七日に駐米大使の谷正之を呼び、国務省の名で「日ソ交渉にたいする米国覚書」を渡した。そこではヤルタ協定について「単にその当事国の当時の首脳者が共通の目標を陳述した文書に過ぎない」として効力をきっぱりと否定。また、サンフランシスコ講和条約によって日本が放棄した領土について、日本が他に譲る権利はないとして日ソ交渉に枠をはめたうえ、以下のように申し渡した。

「米国は、歴史上の事実を注意深く検討した結果、択捉、国後両島は（北海道の一部たる歯舞群島及び色丹島とともに）常に固有の日本領土の一部をなしてきたものであり、かつ、正当に日本国の主権下にあるものとして認められなければならないものであるとの結論に到達した」

要するに、ヤルタ協定は守る必要がないうえ、サンフランシスコ講和条約によって日本が放棄した千島列島のなかには、歯舞、色丹ばかりか国後、択捉も入らないから、ソ連から返還を求めるのは当然、という解釈である。それが「歴史上の事実を注意深く検討した結果」だというのだ。言いかえれば「よく検討もしないでヤルタ協定を作ってしまったのは間違いだった」という意味にもなる。

それまで外務省の問い合わせに対して答えを曖昧《あいまい》にしてきたアメリカ国務省が、よくぞここまで開き直ったものだと思う。まさに政治判断を前面に出したのだが、これには、駐日大使アリソンからの進言が大きかった。ダレスの恫喝によって日ソ交渉に公然と介入した以上は、領土問題で日本の立場を支持するしかないという判断だった。

ソ連から見れば「裏切り」としか思えない内容であり、ヤルタ協定の当事者だったイギリスも驚く見解だったが、講和条約の案文作成の中心国アメリカが打ち出した新見解だけに、権威をもって日本政府の解釈変更を支えることになる。逆にいえば、以後の日本の政策を強く拘束することにもなったと言え、この画期的方針転換が意味するものは重かった。

第7章
「保守本流」の抵抗

重光葵の交渉が挫折すると、いよいよ鳩山一郎は自らのモスクワ行きを決意する。それはかねて覚悟していたことなのだが、旧自由党系の抵抗はすさまじかった。無所属の吉田茂と佐藤栄作が真っ向から反対の論を張り、自民党内では池田勇人が反対派を組織して陣頭指揮に立つ。こうした「保守本流」と気脈を通じた財界の重鎮たちも露骨に鳩山退陣を唱えた。そんな中で河野一郎が中心となってソ連側とやりとりしながら鳩山訪ソへ突き進むが、反対派の突き上げから自民党は総務会で交渉に厳しい条件をつけた。鳩山訪ソがいよいよ実現するまでの、すさまじい攻防を追っていこう。

涙の国会答弁

重光がモスクワからロンドンに移って間もない一九五六年八月十九日、軽井沢にいた鳩山一郎を河野一郎が訪ねてきた。鳩山によれば「サテどうしましようか」と言う河野に対して「僕が行こう」とあっさり答えた。一方、河野によれば「今こそ先生がお出かけになる時でしょう」と勧め、鳩山が「もうこうなった以上、僕が出かけるほかあるまい」と答えたという。どちらにせよ、二人の意思が合ったのは、鳩山自身、交渉の妥結に政治生命をかけようと思い詰めていたからだ。

実はこれより前に、国会の場で社会党の羽生三七《はにゅうさんしち》との間で日ソ交渉をめぐる興味深いやりとりが二度ほど重ねられていた。これについては拙著『忘れられない国会論戦』で詳しく取り上げたが、かいつまんで紹介しておこう。

参議院議員の羽生は国会随一と言われた勉強家であり「参院の良心」とも呼ばれた人である。最初の国会質疑はロンドンで松本とマリクの交渉が進んでいた五五年七月のことだった。国内では保守合同の動きが盛んに取りざたされていた時期である。羽生は参議院外務委員会で同僚の質疑を補足する形で質問に立ち、日ソ交渉にネジを巻いた。

「保守合同の話し合いがどういうことがあっても、総理大臣が現職で仕事を完成する保証があるかどうか。(略)あなたがぜひ実行し、あるいはそれを成し遂げる意味でも、その問題が片付くまで現職にとどまるのだという固い約束がないと、松本全権だって身が入らないし、私どもだって何か頼りない」

これに対して鳩山は、何としても日ソの戦争状態を集結させなければならないという思いを切々と訴えているうちに、次第に声が潤んできた。

「それですから、どうしてもこの問題だけはやりたいと思っております」と答えたあたりでいよいよ涙声になり、言葉が出なくなってしまった。羽生は「やって下さい。ぜひ、社会党も応援しますよ」と励まし、委員席からも応援の声がかかった。だが、鳩山は言葉が続かない。隣に座っていた外相の重光が「総理、そんなに興奮しないように」といって、鳩山の背中に手を当てて気を鎮めさせた。国会で総理大臣が涙を見せるのは極めてまれなことである。

議事録はそこで終わっているが、羽生によれば、ここで委員席から「しっかりやれ」という声がかかり、羽生も不規則発言として「総理大臣の地位は長くても二年か三年でしょう。日ソ国交回復を実現されれば、必ず歴史に残りますよ。しっかりやってください」と激励した。鳩山は「有り難う、よろしく」と言って、涙を拭きながら退席したという。「興奮しないで」となだめた重光が、この少しあとロンドンで示されたロシアの二島返還案を断って交渉が行き詰まるのは皮肉なことだった。

羽生が再び日ソ交渉をテーマに質問に立ったのは翌五六年二月二十九日だった。中断された交渉が再開されたものの、見通しなく進まない。羽生は鳩山に対し「交渉は停頓状態だ」としたうえ「鳩山総理みずからが決断を迫られておる段階に近づいておる」と迫った。羽生とすれば、あれほど応援したのに何をもたついているのかと、いら立ちが募ったのだろう、鳩山は「まだ決断をしなくてはならないという時期には来ていないと思っております」と答えたが、羽生は「種々なる情勢から判断して、これ停頓状態にあると解釈を致しております。（略）鳩山総理は、この交渉は有望だと考えておられるか」と畳みかける。鳩山がストレートな答弁を避け、押し問答が続いたあと、羽生は最後に核心に迫った。

「総理の弱々しいからだを見ていると、あんまりしつこく質問をするのは実は私もいやになるのです（略）。問題は鳩山総理が総理大臣の地位につく場合の最大の公約が中ソ等との国交回復であったのですから、もしこれが実現しなかった場合、これは重大な公約違反であります。その場合、総理大臣は政治的責任をおとりになりますか、いかがでありますか」

そこで鳩山もきっぱり答えた。

「このソ連との話し合いがうまくいかなかった場合におきましては、むろん責任をとります」

日ソ交渉がまとまらなければ辞任すると言ったに等しく、首相としては異例の決意表明だった。それから半年の間に、河野が漁業交渉で何とか国交再開の可能性をつなぎ止めたものの、重光の交渉が劇的な豹変の末に挫折した。鳩山は河野に言われるまでもなく、自らの言葉に向き合わざるを得ない局面に来ていたのだ。

河野と重光の手打ち

こうして鳩山の訪ソが具体的な政治日程に上ってくるのだが、その前に注目されたのは重光の去就だった。モスクワからの帰りにロンドンに寄り、ダレスの恫喝にあった重光は、サンフランシスコを回って帰国の途につくのだが、重光の出方しだいでは鳩山の訪ソどころか政権が窮地に陥る可能性もあった。重光が「二島返還」での交渉妥結の方針を受け容れなかった河野や鳩山に反感を募らせていたからだ。

しかも重光は、河野がブルガーニンに「二島返還」で密約を結んでいたという疑惑を拭えなかった。ロシア外相シェピーロフからは「河野・ブルガーニン会談」のソ連側の記録メモを受け取っていて、これを明かして河野と正面衝突するのではないか、という憶測も広がっていた。反鳩山陣営はそれに期待し、対する鳩山支持派からは、重光が交渉決裂の責任をとって辞めるべきだとの声が高まっていた。

そんな中で重光と河野の間をとりもったのが、少し前まで外務政務次官として重光を支えていた衆院議員の園田直《すなお》だ。後の衆議院議員、園田博之の父だが、改進党議員として重光とともに民主党に合流して鳩山政権づくりに協力した経緯がある。その園田が東京からサンフランシスコまで飛んで、重光と会うことにしたのだ。ホテルの一室で二人だけで話し込んだのは八月三十一日のこと。重光はこのあと園田と並んで記者会見した。朝日新聞（九月一日夕刊）によると、重光は「園田君は内地から色々情報を持ってきたが、政局の危機は伝えていない。私は辞任する考えも持たないし、またその理由を認めない」と語っている。記事は、重光がすっかりくつろいで余裕綽々《しゃくしゃく》、冗談も飛ばしながら話したと伝えており、モスクワやロンドンでの沈鬱さはすっかり消えていた。

園田との間でどんな話が交わされたのか。重光に同行していた久保田の『クレムリンへの使節』には、密談の詳細が書かれている。重光が「君は一体、僕の首を切りにきたのかね。それとも僕を助けにきたのかね」と切り出し、「これからの話次第です」と答えた園田が国内政局の動きを詳しく説明する。「それで、君は僕にどうしろというのかね」と問う重光に、園田は説いた。仮に重光が河野・ブルガーニン密約説をぶちまければ、鳩山内閣は傷つくが致命傷にはならない。一方、重光は外相を辞めざるを得なくなって、互いに傷つく。しかし、重光が激情を押さえて鳩山を守り立てれば、日ソ交渉は何らかの形で妥結し、鳩山も重光のクビを切れるわけがない――。「大局的判断」を進言する園田。重光は熟考して重苦しい時間が流れたあと、「園田君、お互いに日本のためにやりましょう」。園田は随行の外務省の課長を呼び、重光がシェピーロフから受け取った「河野・ブルガーニン会談」のメモなど、一切の資料を別のカバンに入れてカギをかけたという。見てきたような久保田の記述だが、以上は園田から聞いた話に違いない。だいたいそんなことだったのだろう。

実は、これとは別に園田自身が語った肉声の記録がある。六七年七月、河野一郎の三回忌法要で追悼演説をした園田が、この件にまつわる秘話を自ら語り、その録音を河野の秘書だった石川達男が文章にして保存していたのだ。

それによると、重光の帰国を前に、まず「反鳩山派」の面々からアプローチがあった。重光が羽田の飛行場に着いたら「ソ連などというものを相手にして条約などを結んでいては大変だ」と言って交渉停止を提案すれば、日ソ交渉はご破算になり、鳩山内閣もつぶれるというのだ。一方の鳩山陣営からは、何とかして重光にそれを言わせまいということで「陰の火花が相当に散った」。

そこで、園田が首相の使いとしてサンフランシスコまで行き、重光との食い違いを調整して「二元外交」を防ごうということになった。園田が自民党の主な幹部らを回ったところ、意見はいろいろだった。中には重光が日ソ交渉をご破算にすれば国民は拍手喝采し、次の首相は重光に間違いなしと言って、吉田茂からの親書をもってくる者もいた。さらに新聞紙の包みを「餞別《せんべつ》だ」といって渡そうとする。「これぐらいの金で重光を買収しようとなさるのか」と言うと、「これは全くあなたへの餞別だ」というので有り難くいただいた、と言って笑わせた。

一方の鳩山支持派からは、かつて改進党で同僚だった中曾根康弘がきて「重光はどうも吉田の方とツーツーで邪魔になる。帰るなり早々に辞表をだすようにいえ。重光に切腹させるのは君以外にはない」と迫った。後に首相となる中曾根は四七年の総選挙で当選した園田の同期生で、このころ河野の配下にいた。園田が「重光は国家のためにモスクワまでいって一生懸命やってきたのだ。その重光にそんなことをオレがいえるか」と断ったところ、やがて出直してきた中曾根から「送別会に」と誘われ、河野に引き合わされた。

初対面の河野と一対一で向き合った園田は意を決し、機先を制して口を開いた。「重光葵のクビだけは守って助けて下さい。その代わりそれから先は一切おっしゃらないで下さい。河野先生の貫録にかけて私が全責任をもちます」。すると河野は園田をじっと見たうえで「よし、鳩山内閣が続くかぎり重光外務大臣のクビは引き受ける」と答えたという。

園田はこの秘話を披露したうえで「この約束は守られました。鳩山内閣が潰れるまで、必ずしも仲良くなかった鳩山さんが重光外務大臣だけはクビにしなかった」と述べて河野の信義を讃えた。河野の法要だけに、ひたすら美談としての紹介だったが、重光を守った河野にも政治的な計算があったに違いない。もし重光が「密約説」を吹聴したり、吉田らと声を合わせたりしたら、鳩山の訪ソをますます難しくし、自分の政治生命も危うくなりかねない。ここは重光をしっかり取り込んでおきたかったのだろう。その橋渡し役を園田が買って出たわけだ。この「大役」に対して、河野からも園田になにがしかの「餞別」が渡されたのではないか。園田は重光の死後、河野派に加わることになる。

吉田茂らの猛反対

さて、いよいよ訪ソの決意を固めた鳩山は、もはや西ドイツが行った「アデナウアー方式」にならうしかないと考えていた。東西ドイツの分断というやっかいな問題を棚上げして、まずは西ドイツとソ連の国交を開いたように、領土問題を先延ばしにして、まず国交を開くという方式である。ブルガーニンが河野に示唆していたが、重光のモスクワ交渉ではソ連側から持ち出すこともなかった。それは重光に対する拒否反応からであり、河野と鳩山は自分たちが行けばこれでまとまると踏んでいたのだ。

アデナウアー方式はかねて鳩山が考えていた構想でもある。しかも『鳩山回顧録』によれば「重光君も、私と話をするときには、いつも、この方針が一番よいといっていた」といい、「二元外交」という批判が理解できなかったと書くが、これも謎である。

九月五日、鳩山は党の七役を音羽の鳩山邸に招集した。鳩山はここで訪ソの決意を切々と伝えたうえ、交渉に臨む基本方針を明かした。それによると、交渉では領土問題を後日に回したうえで、

一、戦争状態の終結
二、大使の交換
三、抑留者の送還

四、日本の国連加盟の支持
五、漁業条約の発効
の五条件の達成を目指し、今回は平和条約ではなく、まず国交回復を果たすという案だった。自民党の結成にあたって決めた「国後、択捉を含めた返還を求め、北千島、南樺太の帰属については関係国の国際的決定をもとめる」という党議を棚上げして、まずは国交回復を急ごうというのだ。鳩山は「軽井沢から帰つて、党の幹部や長老に集って貰い「ボクはこういう方針で行こうと思うが、外によい方法があるなら、教えて貰いたい」と尋ねたが、みんな「ない」という。特に芦田君は私と違つた考えを持つているいると聞いていたから「意見があるなら、それに従うから、いつて欲しい」と念を押したが「今、自分には意見がない」という答えだった。「それなら私は、この方針で行きます」とい、切つた。反対らしく思われていた人も、面と向うと誰もそれらしい意見はのべなかつた」と書いている。

「芦田君」とは、旧改進党系の重鎮だった党外交調査会長の芦田均（元首相）のことである。もともと終戦直後に軽井沢に鳩山を訪ね、一緒に自由党を創った仲だが、鳩山が追放になったとき鳩山が代わる首相に芦田でなく吉田を指名したことからしこりが生まれていた。芦田は後に社会党との連立政権で首相にもなるのだが、昭和電工の疑獄にひっかかって逮捕される（後に無罪）悲運にも泣いた。

たもとを分かって久しかった鳩山と芦田は民主党の結成で一緒になったわけだが、それでも距離のある間柄だった。重光と同様に外交官出身の自負も大いにあったはずである。その芦田が八月二十一日の毎日新聞に「首相訪ソ　いまは不適当」という大きな論考を載せていた。戦勝国の立場から露骨に力で押し切ろうとするソ連の態度を厳しく批判し、これによっても「我らの魂までを奪うことはできない」と鳩山訪ソに反対していたのだ。『芦田均日記　第六巻』は「鳩山、河野一派は遮二無二Moscowへ行くと言っているらしい。いづれも他人の心持のわからない人だから、何を言い出すかわからぬ」「主流派という人達は反対論をナメている」（八月二十二日）などと辛辣だ。党の重鎮で外交調査会長の要職にある芦田に対して、執行部も無視できず、鳩山の楽観的な言い方とは別に、この先も手を焼くことになる。

それでも鳩山訪ソが七役会議で了承されたわけだが、永田町での反対論は激しかった。当時の新聞を見ると「鳩山訪ソを阻止」とか「与党の対立深刻」「結論は出ず」などの見出しが連日のように躍っている。まさに自民党の中は真っ二つで、長年政治をみてきた久保田の表現によれば、鳩山訪ソが実現するまで「戦後政治史のなかでもまれにみる複雑で激烈な対立、抗争をへなければならなかった」のだ。

保守合同以来、吉田茂とともに無所属になって「反鳩山」の姿勢を見せていた佐藤栄作は、このころの日記にしばしば「訪ソ阻止」の動きを書いている。特に河野に対する警戒心は強く、八月二十一日には河野との面会要請について「余はこれを拒絶する。勿論河野に話すべき事もないが、彼等に利用される事をさける」（『佐藤榮作日記　第一巻』）。九月四日には鳩山訪ソが確定的だとの新聞報道を河野らの仕業とみて「河野一派の常套手段とは云へ悪刺［辣］そのもの」と敵意をむき出している。

佐藤の背後にいたのは吉田茂だ。佐藤は九月六日に吉田と会って懇談し、「(一)日ソ交渉は新内閣で、(二)領土問題は国際会議の場で、等、完全に一致する」。そして閣議で鳩山訪ソが決まると、吉田が親書の形で「鳩山首相ニ与ふるの書」を書いた。「例によって達筆名文」(佐藤日記)の文章は、十二日の朝日新聞の一面に載った。

首相閣下

病軀、国政の重責を担う労苦お察し申すといえども、昨今内外の政情誠に寒心にたえず、これここに一書を呈する所以である。(略)

我は責むべきを責めず、求むべきを求めず、徒らに早期妥結を急ぐいわゆる五条件なるものは、我が求むるところを捨てて彼の欲するところのみを主とす。殊にソが最も重点を置く国交再開、大使交換になんらの用意なくして応ずとせば、無条件に国家国民を赤禍に開放、暴露するものにして対等互譲の交渉に非ず、無条件降伏に外ならず。かかる親ソ友愛外交は従来、親善関係にある自由国家群よりは失望軽侮を買い、冷戦場裏孤立無援の地位に立つのほかなきに至る危険あり。(略)現今我が政情混迷、政府の政令は朝変《ママ》暮改、国民適従するところを知らず、かかる時に当り、大使館の名目の下にソの宣伝機関を国内に招致するは断じてなすべきに非ず。

重光外相はソ連より帰りて最早交渉の余地なく、慎重事を処すべく、急きょ妥結を急ぐべきに非ずと断言す。外相はソ連に駐在せる経験者である。無経験かつ病弱の首相、何の成算ありて自ら進んで訪ソ、赤禍招致の暴を試みんとするや。国家国民のために訪ソを思い止まられんことを切望す。

何と徹底した反対論か。この期に及んで重光があからさまに「鳩山訪ソ」に反対していたわけではないが、吉田にはそう言っていたのかもしれない。重光を称える一方で「無経験かつ病弱の首相」とは、あからさまに鳩山を馬鹿にしたものだ。

これには官房長官の根本龍太郎が反論した。「ソ連との国交が赤禍を招くという理由で将来ともソ連圏各国に対して日本を鎖国の状態におくことが最もよいと考えているのだろうか。こういう考え方を外交界の長老である吉田元首相がもっているとすれば悲しむべきことだ。この書簡によって政府の態度がいくらかでも影響を受けることは全くない」と痛烈だ。

ソ連に対する吉田の嫌悪と警戒心は半端ではなかった。長男健一との対談『大磯清談』でこう語っていた。

「(ソ連は)終戦の一週間前になつて参戦してきた。満洲はいうまでもない。朝鮮の北から樺太、千島を占領したばかりか、満洲などでは、武器や弾薬などはもちろんのこと、日本人が蓄積した、非常に大きな財産を全部とつてしまつたじやないか。おまけに、だ。その、日本から引上げた武器を、こんどはシナの共産党にも分配してやつて、そのために共産党がシナをとつてしまつた。これが現実だ。こういう歴史を考えてくると、うつかりソヴェットとは正常な交渉が出来ないというのが常識じやないか。(略)にもかかわらず、隣りの国とは仲よくすればいいという、ごく単純な考えでもつて、日ソ国交の回復を考えているとするなら、いま、いつたような歴史を、どう考えているというのか。全く、忘れっぽいというほかはない」

当時の日本における代表的ソ連観の一つだったろう。佐藤は、それでもソ連と「アデナウアー方式」で国交を開こうとする政府について「想像を恣にすれば、ソ連の第五列或は国を国民をうる徒輩は鳩山一派と云ふも過言ではあるまい」（九月十二日）とまで書いた。「第五列」とはスペイン内戦から生まれた言葉で、敵に味方する人々、つまりスパイや「売国奴」を意味するのだから、佐藤の思いの激しさが分かる。

吉田や佐藤に呼応して自民党内で「訪ソ反対」の旗を振ったのも「吉田派」の面々であり、先頭に立ったのが池田勇人だ。九月五日には四十五人が集まって「領土堅持の党議をあくまで尊重せよ」「首相訪ソに絶対反対」と決議した。池田にとってはかつて鳩山一派の造反によって、自分の不信任案を可決された恨みもあっただろう。

吉田は池田、佐藤という弟子をもち、池田は大平正芳ら、佐藤は田中角栄らを従えていた。後に「保守本流」を言われる系譜だが、佐藤日記にはしばしば田中が登場し、この問題で対策を論じている。「訪ソ反対」の集会には田中も大平も顔を出し、反対決議に名を連ねたが、皮肉なことに田中と大平は十六年後の七二年に、党内の反対派を押し切って「日中」の国交正常化に踏み切ることになる。このときは右派の反対論が渦巻くなか、田中や大平を支持する論を吐いて目立ったのが河野の後を継いだ洋平だ。何とも奇妙な因縁である。

「日ソ」に対する反対行動は政治理念よりも親分たちに従うという派閥の論理が勝っていたのではないか。そして吉田や池田、佐藤にとっても、鳩山や河野に対する恨みが行動の原点になっていたと思える。だが、中国に対して贖罪感をもっていた保守本流も、ソ連に対しては怨みしか持たなかったことを示してもいる。そして、鳩山らと決定的に違ったのは、外務省やアメリカに対する信頼感ではなかったか。彼らの抵抗に理論的な支えを与えたのは、前章で紹介したダレスの「覚書」だった。

それは佐藤日記にもよくうかがえる。覚書を日本政府が発表した十二日、佐藤は日記にわざわざその要旨を長々と書き、これによって吉田派が「精気を取り戻した感があった」と書いているのだ。さらに、七日に出された覚書を十二日まで明かさなかった政府の意図を「誠に解し兼ねる」と疑った。鳩山らをソ連の「第五列」と書いたのはこの日である。

さて、激しい対立の中で板ばさみとなっていたのが自民党の幹事長だった岸信介だ。本来の反共、反ソ的な心情に加えて、弟の佐藤からは強く「鳩山訪ソ反対」を迫られていたのだが、一方で総裁を支えるのが幹事長の役目である。ポスト鳩山に岸を推すという河野の約束も頭にあった。ヘルマンは岸が「カメレオンのごとく」くるくる態度を変えたことを皮肉った(『日本の政治と外交』)が、いよいよ腹を決めざるをえない。佐藤は九月八日の日記に、岸は日ソ妥結へ「断然ふみきった感がある」と書いた。

この時期、ソ連の在京スタッフは日本国内の事情を細かく調べていた。フルシチョフらに送ったその報告書を下斗米伸夫が法政大学の論文誌で明かしている。与野党から財界その他の状況にわたり、ほぼ正確にとらえていたことに驚かされるが、幹事長の岸信介については「日ソ関係について原則的に動揺した見方をもっている」としつつ、鳩山訪ソを支持していることを強調した。

岸は池田と密談して翻意を促すが、頑としてきかない。池田は吉田に義理を立て、岸は鳩山に義理を立てる。そんな構図は変わらなかった。池田らはさらに芦田ら旧改進党系の一部も巻き込んで「鳩山内閣の二元外交は日本の国際的信用と地位を台なしにした」「成算のない鳩山訪ソは取り止むべきだ」「鳩山内閣は即刻退陣せよ」などと叫んだ。重光の交渉失敗やダレスの恫喝などから、「鳩山が行っても無駄だ」という主張も繰り返した。

財界の反対も激しかった。小林中《あたる》（富国生命元社長、日本開発銀行初代総裁）や桜田武（日清紡績社長、後に日経連会長）をはじめ、財界のそうそうたる実力者たちがひそかに会って「鳩山訪ソよりも混乱した政局の収拾が先決だ」と盛り上がった。その結果、財界代表として経団連会長の石坂泰三と日商会頭の藤山愛一郎の二人が自民党三役の岸らに会い、「内外の時局は重大であり、国内政治の現状については国民ひとしく憂慮にたえない。国民経済の重要部分を担当する財界人有志としても座視するのにしのびない。このさい庶政一新を期すため、後継首相の決定を希望される病首相の意をくみ、一刻もすみやかに世間も納得する公正な方法により政局の収拾をはかられたい」と申し入れた。

鳩山訪ソなどやめて一刻も早く退陣しろというわけだ。保守政界のスポンサーとして影響力をもつ財界だとはいえ、これは前代未聞の「政治介入」だった。財界と政界をつないだ一人が、後に日本商工会議所会頭となる永野重雄（富士製鉄社長）の兄で、吉田に近い参院議員の永野護《まもる》（丸宏證券会長など歴任）だった。また、永野兄弟と桜田は広島県出身で、同郷の池田勇人と近い仲だ。後に池田政権ができると、桜田と永野重雄、小林中、水野成夫《しげお》の四人が「財界四天王」と呼ばれて大きな影響力を振るうようになる。「保守本流」の系譜は官僚への影響力だけでなく、いかに財界と気脈を通じていたかが分かる。

この申し入れを、保守本流とは異なる芦田も「尤な心配である。（略）街の声はこれに違いない」（『芦田均日記　第六巻』）と歓迎していたが、猛然とかみついたのは、またしても河野一郎だった。閣議の席で「保守政権は財界のカイライやヒモつきではない。このまま見過ごすと国民の間に保守政権に対する誤解を生ませる結果になる。断乎たる措置をすべきだ」と発言し、記者会見でも同様に抗議の姿勢を見せた。「党人派」にとっては、資金的にも財界主流の支援が薄いのは泣き所であった。

党内の空気はますます険悪になる。佐藤は十五日の日記に「鳩山訪ソ反対のテロの噂も伝はる」。鳩山訪ソが「決定的」だと新聞が書いた十六日には箱根から吉田が電話してきて「党を分つ以外に鳩山訪ソを阻む途はないのではないか」と言ったとある。

鳩山訪ソの背中を押したのは野党第一党の社会党だった。それを決定的にしたのは前年八月に軽井沢の別荘で実現した社会党委員長の鈴木茂三郎《もさぶろう》との密会だった。これは新聞記者時代から鈴木と親交のあった首相秘書官の若宮小太郎が仲介したのだが、誰にも気づかれぬように大いに気遣ったことが、鳩山の回顧録に出てくる。「新聞記者がいなくなつた夕方、鈴木君はヘルメットをかぶつて、一人で裏道の方から歩いてやつて来て、私の息子の家で会い、二人だけで一時間以上話をした」とある。

面会は鈴木の方から求めたもので、歌舞伎の市川猿之助が中国で公演するため、旅券を発給してほしいという要望だった。鳩山はすぐそれを手配するが、このとき鳩山の方から日ソ交渉について熱心に説明し「社会党は間接的に御援助願いたい」と率直に求めて理解を得ていた。このとき鈴木は左派社会党の委員長だったが、間もなく社会党は「左右統一」を実現し、鈴木はその委員長になっていた。

さて、混乱する自民党内で複雑だったのは旧改進党系の面々だった。重光は帰国後、すっかり影が薄くなり、重鎮の芦田の反対が目立っていたが、そんな中で様子をじっと見ていた運輸相の三木武夫が突然、河野に面会を求めてきた。後に首相となる旧改進党系の実力者である。河野が三木のもとに飛んでいくと、「いま日本は国際社会に復帰したといっても、世界のなかで無視できない共産圏とは国交を回復していない。日本の外交は片肺外交にすぎない、対ソ復交は是非実現しなければならない。そのため、まず鳩山さんの体を医者に診てもらい、もし健康が許すということであれば、訪ソすべきだ」と「支持」を明かす。これには河野がワアワア声を上げて泣いたと、久保田は書いている。

鳩山とブルガーニンの往復書簡

さて、「領土は後回し」で五つの方針を固めた鳩山ではあるが、問題はそれをソ連側が承諾するかどうかだった。少なくとも抑留者の問題、国連加盟の問題などは、事前に了解を取り付けておく必要があった。モスクワに行ってから「いざとなって万一ドジをふんでは大変なことになる。国のためにも不幸だし、鳩山先生の政治生活にもぬぐいきれない泥をぬってしまう」（『今だから話そう』）からである。

鳩山訪ソの「五条件」で交渉することが政府の方針として九月七日の閣議で了承されると、翌八日、河野は経済審議庁長官の高碕達之助とともに在日ソ連漁業代表部のチフビンスキーと会い、この方針を伝えた。さらに鳩山からブルガーニンにあてた首相親書を送ることとし、十日にこれをチフビンスキーに託した。河野はそれまでにもチフビンスキーと会談を重ねており、モスクワの意向も確かめながらつくったのが五項目だった。岸のアドバイスもあって、この会談は目立たぬように九段にある農林省の分室で極秘に重ねられた。それでも河野を追いかけまわす新聞記者たちにかぎつけられたうえ、チフビンスキーから金を貰ったといった流言もあったらしい。河野の耳にも入ったようで「その金の額も、二億円から五億円になり、あとでは七億円から数十億までもハネ上がったという。開いた口がふさがらなかった」という。

自民党内の猛烈な抵抗に加えて財界の冷たさ、マスコミの監視や流言飛語もあって、河野にとってはこの時期が最もつらかったようだ。「僕はがんばり抜いた。国内の敵に負けるようでは、ソ連に行って、ブルガーニン、フルシチョフといった手ごわい相手に勝てるはずがない。負けるものか、負けるものか、と心にムチ打つ日がつづいた。いま、あの当時を顧みると、われながらよくもまあ、あんな嫌がらせにも負けず、自分の政治上の信念を貫き通したものと思う。当時の悪戦苦闘を思い出すたびに、僕の気持は、豊かであり、幸福である。これが、政治の喜びというものであろうか」と書いている。いささか自己陶酔の感もあるが、四面楚歌の中で奮闘した記憶がこう書かせたのだろう。

さて、チフビンスキーに託した鳩山からブルガーニンあての親書は、日本側の五条件についてソ連側からの同意を文書で確認するのが目的だった。「鳩山書簡」は次のようなものだった（以下、公開された文書から）。

書簡をもって啓上いたします。

日ソ両国に恒久的の友好関係を樹立するため、すみやかに両国間の国交正常化を図ることは、本大臣のかねて抱懐する念願であること、閣下の承知せられるとおりであります。

本大臣は、今日に至るまでの両国間の交渉経緯にかんがみ、この際領土問題に関する交渉は後日継続して行うことを条件とし、まず㈠両国間の戦争状態終了、㈡大使館の相互設置、㈢抑留者の即時送還、㈣漁業条約の発効、及び㈤日本国の国際連合加盟に対するソ連邦の支持の五点について、あらかじめソ連邦の同意を表明せられるにおいては、両国間の国交正常化を実現するため交渉に入る用意がある旨を通報いたします。

前記の五条件については、在東京貴国漁業代表部首席チフヴィンスキー氏より河野農林大臣及び高碕国務大臣との数回にわたる非公式会談において、ソ連邦政府としては同意である旨の意思表示が行われました。

本大臣は、前記非公式会談においてチフヴィンスキー氏の表明したとおり、ソ連邦政府が前記の五条件を受諾する用意がある旨の閣下の文書による確認を入手しうれば幸甚とするものであります。

閣下による右の確認を接受する場合は、日本国政府はすみやかにモスクワにおいて交渉を再開する用意があります。なお右の交渉においては、従来のロンドン及びモスクワにおける交渉当事者間の妥結事項もできうる限り採択せらるべきことを希望するものであります。

本大臣は、以上を申し進めるに際し、ここに閣下に向って敬意を表します。

一九五六年九月十一日

日本国総理大臣　鳩山一郎

ソヴィエト社会主義共和国連邦閣僚会議議長

エヌ・ア・ブルガーニン閣下

ここに明記はされていないものの、この五条件が満たされれば、鳩山が自らモスクワを訪れて交渉にあたるという意思を伝えたものだった。

これに対するブルガーニンからの返書はわずか二日後に発信された。

書簡をもつて啓上いたします。

本議長は、貴総理大臣が日ソ交渉をただちにモスクワにおいて再開すべき日本国政府の用意を表明せられ、かつ両国間の関係正常化にかんするソヴィエト連邦政府の同意の確認を要請された一九五六年九月十一日付の貴簡を受領したことを通報する光栄を有します。

ソヴィエト政府は、両国が相互にあらかじめ討議してきた次の事項から生ずる貴簡に述べられた考慮に即応して、この際平和条約を締結することなしに、ソ日関係の正常化にかんする交渉をモスクワにおいて再開するソヴィエト政府の用意を確認するものであります。すなわち

一、ソ連邦と日本国との間の戦争状態の終結の宣明
二、外交関係の復活及び大使館の相互設置
三、ソ連邦において刑を宣告された、すべての日本国民の釈放及び送還
四、一九五六年五月十四日に調印された漁業条約の発効
五、国連加盟にかんする日本国の要請の支持

なお、本議長はロンドン及びモスクワにおける交渉の過程において合意に達した諸点にかんする貴要望にかんしては、双方が右にかんし意見を交換しうるものと考えるものであります。

本議長は、以上を申し進めるに際し、ここに閣下に向って敬意を表します。

一九五六年九月十三日

モスクワにおいて

ソ連邦閣僚会議議長　ニコライ・ブルガーニン

日本国総理大臣　鳩山一郎閣下

松本とグロムイコの往復書簡

ブルガーニンは五項目についてすべて鳩山の要望を受け入れた。返書を受け取って鳩山らは胸をなでおろしたのだが、よく見ると肝心のことには答えていない。鳩山が「領土問題にかんする

交渉は後日継続して行う」と書いたのに対して、ブルガーニンは「平和条約を締結することなしに」と書いているだけで、領土問題の継続的な交渉には触れていない。これでは領土交渉が継続されるのかどうかがはっきりしない。

この点を見逃さなかったのは鳩山訪ソに慎重な党内の面々だった。九月十七日夕、首相官邸で開かれた政府・与党の首脳会議はその議論で沸騰した。これについては松本俊一の『日ソ国交回復秘録』に詳しいが、会議のメンバーは政府から鳩山、河野、重光、高碕、それに官房長官の根本龍太郎、そして党側からは岸のほか、総務会長の石井光次郎、政調会長の水田三喜男、そして外交調査会長の芦田均の合計九人だった。

九人の中で、このままでは訪ソは認められないと強硬だったのは芦田である。河野はチフビンスキーを通じて領土交渉の継続を確認していると抗弁したが、芦田は承知しない。激論の末に、芦田はブルガーニンに再度書簡を出して確認するよう求めたが、石井と河野が「それならモスクワに松本俊一を派遣しよう」と言って、そう決まった（『芦田均日記　第六巻』）。

松本はこの晩、自宅で待機していたところ、夜九時過ぎに根本から「すぐ来てほしい」と呼び出された。タクシーで官邸にかけつけると、河野や根本から以上の結果が伝えられ、すぐにモスクワへ行けという。河野からは「こうなったからには鳩山訪ソをとりやめるわけにはいかないから、君としては、ソ連政府に日本の意向を十分述べて、適当に電報を打つようにしてほしい」と言われた。厄介なことになったなと思いつつ、松本はモスクワへ向かうのだった。

しかし、この松本のモスクワ行きが後に重要なカギを握ることになる。松本によると「松本はおそらくソ連側の明確な意向をとりつけることが出来ないので、河野の意をうけていいかげんな電報を打って、鳩山訪ソを実現せしめるのではないか」といったうわさが党内に広がった。事実、河野からは「適当に」と言われていたのだが、松本はモスクワに向かう飛行機の中で「よーし、そんならソ連からも明確な同意をとりつけて、その人たちの鼻をあかしてやろう」と固く決心したという。ロンドン交渉から一貫して交渉の第一線にありながら、思うに任せぬまま脇役に甘んじてきた松本としては、今度こそは自分の勝負の場だと心得たにちがいない。

二十五日にモスクワに着いた松本は、さっそく極東担当の外務次官だったフェドレンコを外務省に訪ねた。そして、「領土問題の交渉継続」を確認する文書を日ソ両政府が交換することを求めて、日本側の文案を示す。松本は二時間にわたってその真意を説明し、この了解が得られなければ、日本国内の空気からして鳩山の訪ソは困難だと訴えたのだ。フェドレンコは、いま政府の首脳たちは黒海沿岸の避暑地ソチに出かけて留守だが、第一外務次官のグロムイコとよく相談して政府に取り次ぐと返事した。

そして三日後の二十八日、フェドレンコから呼び出しがあり、松本が外務省に出向くと「ソ連側はあなたの提案した交換文書の案に異議がない」というではないか。文書の交換は松本とグロムイコの間で行うこととし、松本は翌二十九日、グロムイコを訪ねた。スターリン体制末期に外務官僚のトップにあったグロムイコはフルシチョフ体制でも第一次官の要職にあったのだ。国連総会でしばしば拒否権を発動し、サンフランシスコ講和条約にも反対の強硬姿勢をとって「ミスター・ニエット（ノーの意味）」と言われたグロムイコだが、松本の予期に反して打ち解けた態度で迎えてくれ、なごやかに話は進んだ。

松本は用意していた書簡を渡し、グロムイコもこれに返書をよこした。これが後に注目を浴びる「松本・グロムイコの往復書簡」である。

まず、松本の書簡は以下の通りだった。

書簡をもつて啓上いたします。

本全権は、一九五六年九月十一日付鳩山総理大臣の書簡とこれに対する同年九月十三日付ブルガーニン議長の返簡に言及し、次のとおり申し述べる光栄を有します。

前記鳩山総理大臣の書簡に明かにせられたとおり、日本国政府は、現在は、平和条約を締結することなく、日ソ関係の正常化に関し、モスクワにて交渉に入る用意がある次第でありますが、この交渉の結果外交関係が再開せられた後といえども、日本国政府は、日ソ両国の関係が、領土問題をも含む正式の平和条約の基礎の下に、より確固たるものに発展することが、極めて望ましいものであると考える次第であります。

これに関連して日本国政府は、領土問題を含む平和条約締結に関する交渉は両国間の正常な外交関係の再開後も継続せられるものと了解するものであります。

鳩山総理大臣の書簡により交渉に入るに当り、この点についてソ連邦政府においても同様の意図を有せられることをあらかじめ確認しうれば、幸甚に存ずる次第であります。

本全権は、以上を申し進めるに際し、ここに閣下に向つて敬意を表します。

一九五六年九月二十九日

日本国政府全権委員　松本俊一

ソヴィエト社会主義共和国連邦

第一外務次官　ア・ア・グロムイコ閣下

これに対してグロムイコの返書は以下のものだった。

本次官は、一九五六年九月二十九日付の閣下の次のとおりの書簡を受領したことを確認する光栄を有します。

（松本書簡の全文＝略）

これに関連して本次官は、ソヴィエト社会主義共和国連邦政府の委任により、次のとおり申し述べる光栄を有します。すなわち、ソヴィエト政府は前記の日本国政府の見解を了承し、両国間の正常な外交関係が再開せられた後、領土問題をも含む平和条約締結に関する交渉を継続することに同意することを言明します。

本次官は、以上を申し進めるに際し、閣下に向つて敬意を表します。

一九五六年九月二十九日

ソヴィエト社会主義共和国連邦

第一外務次官　ア・グロムイコ

日本国政府全権委員　松本俊一閣下

土壇場の「新党議」

こうして「領土交渉の継続」というお墨付きを得て、松本は「鳩山訪ソ」のお膳立てを済ませた。「私の任務は完全に果されたので、その後党内でもこの点の論議は全く収まった」と松本は誇らしげに書いている。

ところが党内は収まっていなかった。松本のモスクワ行きが決まった十八日から二十日にかけて自民党では臨時総務会が連日のように開かれ、反鳩山派の強い求めに応じて、新たな「党議」が決められたのだ。鳩山訪ソの「五条件」は自民党の党議である「四島の即時返還」に沿っていないとして領土問題を蒸し返し、鳩山訪ソでは抑留者の即時帰還のほか以下を実現するよう決めた。

（一）歯舞、色丹は即時返還せしめること

（二）国後、択捉両島は日本固有の領土であるとの主張を堅持し条約効力の発生の日の以後も日本国の主権が完全に回復されることについて、ひきつづき日ソ両国間に協議を行うこと

「四島の即時返還を求める」という自民党の本来の党議からすれば、少し譲歩した形であるが、（一）（二）とも難題には違いない。鳩山のブルガーニンへの書簡にも、松本のグロムイコへの書簡にも書かれていない注文だった。この内容の是非は別として、日本側の求めに応じて日ソの首相同士が確認しあった交渉の基本方針を、与党が党議で変えてしまう異常事態だった。

毎日新聞ＯＢの石丸和人《かずと》は『戦後日本外交史Ⅱ　動き出した日本外交』で日ソ交渉の経緯を伝える新聞記事を詳細にフォローしているが、いよいよ訪ソに至る土壇場の攻防のすさまじさをそこに見ることができる。

新党議によって鳩山らは苦しい立場に立たされるが、もはや訪ソを貫くしか道はない。

十月一日に党の総務会で了承をえたうえ両院議員総会で訪ソの決定を得る段取りを考えた。ところがこの日の朝、芦田が会長をする党外交調査会が開かれて「党議の線で出直すべきだ」と官房長官の根本に申し入れた。芦田の要請を受けて松本がグロムイコの書簡を得たのに、芦田はそれで満足しなかったのだ。

芦田は九月十七日の日記に「平和条約によらぬ国交回復」への批判を書いており、それが鳩山訪ソ反対の根拠に思える。だが六日には、「領土を棚上げして抑留者をかへさせ、漁業協約を発効させる」という案を「先方が呑めばそれも一案だろうが、私は先方が呑むまいと思つた。それならソ連のマル負けである」と書き、アデナウアー方式について「余りに甘い考方だ」と書いていた。その論法でいけば、もはやソ連の「マル負け」なのに、なお強く反対するのは鳩山、河野への感情論が大きかったと思える。

さて、一日は外交調査会の申し入れにつづいて池田らの時局懇談会に七十人が集まり、「新党議の無視」に抗議して「生産のない首相訪ソ」に「絶対反対」を決議した。こんな空気の中で総務会では岸が「新党議を最低線として首相訪ソを決定したい」と求めたが、三時間もの激論の末、結論を出せぬまま議員総会にもつれ込んだ。

反対派はここぞとばかり会場に詰め掛けて盛り上がり、鳩山、重光、河野の出席を求めたため、総会は翌日に延期された。こうして二日午後に議員総会が開かれ、鳩山と河野は出席したが、重光が出なかったため反対派は開会に反対して大混乱となった。このため執行部は長老会議を開いて収拾を図る。池田も出席した中で、長老の一人である松村謙三は首相の訪ソを決めるのに議員総会を開くのは「行政と立法を混同したやり方だ」として、政府の責任で決定するよう主張した。

こうして混乱を極める中、政府は松村らの言を受けて深夜、議員総会での了承を断念し、午後十時、ついに閣議で鳩山訪ソを正式決定した。その直後、鳩山は国民に向けて談話を出した。

「ここで、私が敢て自ら不自由な体にむち打ってモスクワに赴く決意をしたのは、自らの公約はあくまで自らの責任において結末をつけることこそ、民主政治家としての正しい態度であり、為政者としての崇高な義務であると信ずるからであります」

わざわざ「不自由な体にむち打って」と述べたのには、いかにも実感がこもっていた。談話はさらに国交交渉の理由として「戦争状態の終結」「国連加盟と自主独立」「抑留者の帰還」の三つを挙げながら、こんな風に切々と訴えた。

「一部にはこれによって、国内の赤化運動が激化することをおそれる人達がありますが、赤化の成否は、ソ連と国交を行うことよりも、むしろ国内政治の善し悪しにかかるところが大きいと考えます。共産主義国家と国交を行うことと、共産主義を受け容れることとは全く別の事柄であり、わが国民が独立国としての自信を持つ限り、断じて動揺するものではないと確信しています」

「政治の要諦は、あくまでも国民の生命と福祉とを守り抜くことにあると思いますが、それだけに、戦後十幾年かを経て、今なお異境に抑留されている数多くの人達とその家族の心情を察する時断腸の思いであります。（略）抑留の是非や責任論などの理屈を超越して、一刻も早くこれら犠牲者達の帰還の実現を図ることこそ、政治家の任務であると思います」

さながら吉田茂からの「首相に与うるの書」に対する「返書」でもあった。談話は最後に「もちろん、わが国固有の領土に対しては、その主張を断じて譲るものではありません。私たち政治の責任者にとって、領土に対する愛着は、国民の生命と同等、何物にも代え難いものであります。私は領土に対する国民の希望とわが党の方針を具現するため、あらん限りの力をふりしぼる積りであります」と述べて国民の支援を求めた。

だが、「党議を無視して訪ソを強行決定。まるでクーデターだ」と毎日新聞のコラム（三日夕刊）が書いたように党内の反発は収まらない。翌三日に開かれ議員総会で岸が訪ソ決定を報告したが、激怒した反対派が議長席に詰め寄せて、怒声とつかみ合いの大混乱になる。議員総会が散会したあとも反対派が「有志議員総会」に切り換えて、約百二十人が「鳩山訪ソ反対」「河野不信任案」などを決議した。

外交をめぐる政府と党の調整がもめた例は、ほかに七二年の田中角栄による訪中時が思い出される。だが、鳩山訪ソ時の大混乱は田中訪中の比ではなかった。佐藤は「河野一派」による閣議決定は「政党政治否認の暴挙」と日記に書いた。翌三日は池田らと「新党樹立を議す」と盛り上がる。ただし、もはや流れは止め難く「我等の意気あがらず」（四日）、「池田君と会見して軟論をとく。然し池田君は強硬論」（五日）という具合だ。佐藤より池田が強硬だったことが分かる。『芦田均日記　第六巻』には、十月五日に帝国ホテルで鳩山、河野の送別会が開かれたことが記されている。党主催だったのだろう。芦田も出席したが、「鳩山さんの顔付きは疲れた病人面であつた。人間の執念というものは恐ろしいものでこの体でも尚ほ無理をしようという気になるらしい」とこき下ろしている。

以上にみたように、日ソ交渉の状況は二年近く、めまぐるしく変化してきた。読者の理解のために、ここまでの経過を簡単に整理すると、以下のようになる。

五五年　一月　ドムニツキーが鳩山首相を訪ね、国交交渉の開始を申し入れる
　　　　六月　「平和条約」めざし、ロンドンで松本俊一全権とマリクの交渉開始
　　　　八月　マリクが「二島返還」による条約締結案を提示。重光外相が松本全権に「四島返還」を指示して拒否
　　　　十一月　保守合同で自由民主党が「四島返還要求」を決定
五六年　三月　ロンドンでの交渉をソ連が打ち切る
　　　　　　　ソ連が北洋漁業で日本にきびしい制限を通告
　　　　五月　河野農相がモスクワで漁業条約に調印、国交交渉の再開で合意
　　　　七月　重光外相がモスクワで平和条約の交渉を再開
　　　　八月　重光外相が「二島返還」による条約締結を決意するが、鳩山首相が拒否

ダレス国務長官が重光外相に「二島」で妥結なら沖縄を返さないと通告

九月　ダレス長官が「四島返還」の根拠を示す覚書を日本に渡す
鳩山首相が訪ソを決意。ブルガーニン首相との往復書簡で、平和条約を後回しにして国交回復をめざす「アデナウアー方式」での交渉に合意
松本俊一代表がモスクワに行き、グロムイコ外相の往復書簡で「国交回復後も領土問題を含む平和条約の交渉をする」ことに合意
自民党の総務会で鳩山訪ソについて「歯舞・色丹は即時返還、国後・択捉は交渉継続」と条件をつける

十月　自民党の大混乱のなか、鳩山訪ソを閣議決定

このような展開の末、ついに鳩山はモスクワに向かう。「歯舞、色丹の即時返還」と「国後、択捉の継続交渉」という自民党の新党議を背にして、鳩山は同行する河野にこの難交渉を委ねることになる。

第8章
鳩山一行、モスクワへの旅

　こうしていよいよ鳩山一郎の一行がモスクワへ向かって羽田を発った。東南アジアから欧州を経由しての五日間の飛行である。高齢にして病身の鳩山としてはまさに「命がけ」で、同行記者たちの関心と懸念もそこにあったが、案に相違して元気に現地へ入った。モスクワ空港に初めて翻った日の丸の旗……。首相のブルガーニンから温かい歓迎を受け、宿舎にはロシア帝国時代の豪商の館を利用した迎賓館が用意されるのだった。

「さようなら」の挨拶

一九五六年十月七日。台風一過で晴れ渡った秋空の下、東京・府中の東京競馬場で栗毛の牝馬クモノミネが二三〇〇メートルを先頭で駆け抜けた。馬主は河野一郎だったが、そこに河野の姿はなく、代わって「見てきてくれ」と言われたのは、婚約が整って結納をすませたばかりの長女、多賀子だった。彼女が馬の横で手綱を握って収まった栄光の写真がいまも残っている。この年の春のオークスで二着になった駿馬ではあったが、中央競馬の大きなレースに勝ったのはこれが初めてだった。

公職追放中に支援者から競走馬をもらったことから趣味が高じて本格的な馬主となる河野は、後にナスノコトブキなどの名馬を育てるのだが、この日の優勝は初めて味わう栄光だった。東京・目黒の自宅で知らせを受けた河野がことのほか喜んだのは間違いないが、自分がその場に立ち会えなかったのは外でもない、この日の夜、首相の鳩山一郎とともに日本政府の全権代表として羽田を出発することになっていたからだ。

今日でこそ首相が世界を飛び回っても不思議でないが、私が政治記者となった七〇年代でも、首相が外国へ行くとなれば大変だった。ましてあの時代、こんなことはめったにないうえ、鳩山にとっては政治生命どころか本当の命もかけての訪ソである。出発を控えて首相官邸では午後六時から政府主催の歓送夕食会が開かれた。鳩山夫妻はもとより、河野も妻の照子ともども出席したあと羽田空港に向かった。

この日の羽田空港の光景を伝えるニュース映像を、いまも手軽に見ることができる。NHKがインターネットで配信するアーカイブ「NHK名作選　みのがしなつかし」の中に「日ソ国交回復」が収められており、その冒頭が羽田での壮行シーンなのだ。

シベリア抑留者の家族、北方領土の旧島民らが旗や幟《のぼり》を持ってつめかけ、総勢三千人もの人波に包まれていた。いよいよ出発が目前に迫った午後九時前、鳩山がタラップの前に立った。政界人では自民党から幹事長の岸信介らが横に並び、若き日の中曾根康弘が鳩山の世話を焼く様子も見える。だが、鳩山に複雑な視線を送る自民党からの見送りが少ない中で、目立ったのは社会党書記長の浅沼稲次郎だった。岸に続いて激励のあいさつに立ち、「……これら貫徹のため、健康に注意をされまして、大いにご奮闘あらんことを心からお願いいたします」と、大きなダミ声で激励した。

このころ東京都砂川町（現、立川市）では米軍基地の建設のための強制測量をめぐって地元住民の反対が盛り上がり、鳩山のモスクワ入りと時を同じくしてピケ隊と警官隊の間で流血の事態が起きる。社会党は反対運動を支援するのだが、「日ソ」では与党のような姿を見せる浅沼だった。「羽田と砂川と行く先を間違えたのではないか」と見送りの自民党議員にからかわれたと、当日の朝日新聞に書いてある。

余談になるが、この四年後、首相となっていた岸信介が日米安保条約の改定を国会で強行したとき、浅沼が社会党を率いて反対の先頭に立つ。浅沼はさらに総選挙の演説会場となった日比谷公会堂で、右翼少年の刃物によって暗殺される。そんな因縁の二人が鳩山見送りの羽田で仲よく並んでいるのだった。

ひときわ大柄なソ連のチフビンスキーも目立った。毎日新聞は「首相到着よりひと足さきに六尺（一・八〇メートル）豊かな長身を空港にあらわし、首相が自動車から飛行場に降りるや、つかつかと歩み寄って右手をさし伸べ肩を抱くように堅い握手を交した」と伝えている。

激励の声に応えて鳩山が出発のあいさつをした。

「これからモスクワへ向かって出発します。皆さま多数の見送りをいただいて感謝に堪えません。至誠は天に通ずるものと私は確信しております。必ずや成功して帰ってくるつもりでおります。どうも今晩は多数おいでくださり、誠に心より御礼申し上げます。では、さようなら、みなさん」

お人よしの「坊ちゃん政治家」と言われた鳩山らしく、淡々とした挨拶だったが、これにバンザイの声がこだました。なぜ鳩山が「行って参ります」でなく「さようなら」と言ったのかは分からない。だが、七十三歳の高齢のうえ脳溢血の後遺症という病身を押して、車いすでの訪ソである。のちに共立女子学園の理事長となった私設秘書の石橋義夫も鳩山に寄り添って出発するのだが、彼によると鳩山夫妻は「もしかすると、帰りは白木の箱に運ばれて帰ることになるかもしれないね」と、冗談ともつかぬ風に話していた。

鳩山の首席秘書官だった若宮小太郎は、この日から小さな手帳に日記をつけ始めた。この場面を「総理のあいさつ、なかなかカンケツでよろし。河野さん、目に涙を一杯ためていた」と書いた。河野も胸に迫るものがあったのだろう。「その河野氏、今日は競馬でクモノミネが一着になった由。これもまことに幸先よし」と続くのだが、それでも飛行機の中に入った河野は思わず「あれだけケイキよく送られると、シュンとした顔をして帰国することも出来ないな弱ったナ」と口にした、とある。

河野にしては珍しい弱音の吐露だったが、腹を固めた言葉でもあったろう。モスクワでの交渉の成否、ひいては鳩山政権の命運、そして自分の政治生命も、自らの双肩にかかっていた。さしずめ、ひ弱な宰相を支える用心棒か仁王のような存在の河野だが、実はソ連という難敵に加え、アメリカと結んで交渉にきびしく足枷をはめる自民党内の反鳩山勢力が後に控えており、まさに前門の虎、後門の狼といった状況の中、先行きの見通せない不安な旅立ちだったのだ。

日本にまだ政府専用機はない。今日では日本航空とロシアのアエロフロートがモスクワまで直行便を運航しているが、当時は望むべくもなく、スカンジナビア航空（SAS）を利用するのが便利だった。SASはスカンジナビアの三カ国、つまりスウェーデン、デンマーク、ノルウェーが共同出資（各政府が五〇％出資）した航空会社である。まだ世界にジェット機が登場する数年前のことであり、一行を乗せたプロペラ機はこうして羽田を後にした。

そうそうたる随行と記者団

数カ月前の河野や重光のモスクワ行きがそうだったように、SAS機は給油などのため東南アジアやヨーロッパを経由しての飛行だった。病身の鳩山を気遣って途中に休養日もいれたので、モスクワに入るのは十二日のこと。五日かけての旅だった。

代表団の一行は主として次のメンバーだった。

全権委員　鳩山一郎（首相）
河野一郎（農相）
松本俊一（衆議院議員）
顧問　松本滝蔵（官房副長官）
随員　高辻正巳（内閣法制局次長、後に法制局長官、法相）

若宮小太郎（首相首席秘書官）
砂田重民（農相秘書官、後に衆議院議員、文相）
高橋通敏（外務省条約局外務参事官、後にエジプト大使）
法眼晋作（外務省欧米局外務参事官、後に外務事務次官）
斎藤鎮男《しずお》（外務省情文一課長、後に国連大使）
斎藤誠（農林省秘書課長、後に食糧庁長官）
新関欽哉（在スウェーデン公使館参事官、後にソ連大使）
西堀正弘（外務省アジア局外務書記官、後に国連大使）
野口芳雄（外務省欧米局外務調査官、通訳）

同行者

鳩山薫（夫人）
永井一（主治医）
石橋義夫（鳩山の秘書）
山崎絹枝（看護師）
服部智恵子（バレリーナ）

このうち、ロンドンで待機中だった松本俊一は、新関欽哉とともにストックホルムから合流することになる。「随員」は政府が正式に派遣した代表団メンバーで、その後の肩書を見ただけでもなかなかの顔ぶれだったことが分かる。その他の同行メンバーの中の服部智恵子は、帝政ロシア時代のモスクワに生まれたバレリーナで、日本バレー界の草分け的な存在だった。後にバレー協会の初代会長となる。鳩山の私設秘書という形でここに加わったのは、親交のあった鳩山が慣れぬソ連でのことを心配して特に頼んで同行してもらったのだ。
代表団の飛行機には同行記者団も一緒に乗りこんだ。以下の面々である。

朝日新聞　和田教美《たかよし》（政治部）
毎日新聞　小林幸三郎（政治部）
　　　　　山内大介（外信部）
読売新聞　戸川猪佐武（政治部）
日経新聞　前川光男（政治部）
産経新聞　山本保（政治部）
東京新聞　青木正久（政治部）
共同通信　酒井新二（政治部）
　　　　　黒木寿時（外信部）
時事通信　海野稔（ロンドン支局長）
ＮＨＫ　　平野宗義（政治部）

いまでこそ首相外遊の同行など珍しくもなく、若手記者もどんどん起用されるが、当時は首相同行に選ばれるのはめったにない栄誉であり、任務の重さからもベテラン記者が選ばれた。朝日新聞は一面に「モスクワへ和田特派員」という記事を写真つきで載せたが、他社も同じようなものだった。そういう時代だったのだ。和田と東京新聞の青木正久は後に国会議員となり、毎日新聞の山内大介と共同通信の酒井新二、NHKの平野宗義は、それぞれ後に社長や会長となる。戸川猪佐武は政治小説家となって『小説吉田学校』で名を成す。後から見れば、記者団もそんな豪華メンバーだった。

モスクワまで五日の旅となると、その間のエピソードを伝えるのも同行記者たちの腕の見せ所だ。毎日新聞には出発翌日の夕刊一面トップにさっそく【鳩山全権乗用機上で八日小林幸三郎特派員発】というクレジット付きの記事が載っている。

「鳩山一行と私たち随行記者団を載せたSAS機は、七日夜九時十五分きっかり、羽田の上空に浮上った。東京の夜の灯はまるで何万、何十万と知れない赤や青の灯ろうが水に浮んでいるようで限りなく美しかった。鳩山首相は窓際のシートに、薫子夫人はその隣りに仲よく並んでじっとこの夜景を楽しんでいた。もうどうもこうもない、一路モスクワに向うだけである。雨かアラシかそれとも小春日和か、それは向うにいってからのこと」

ここで「薫子夫人」とあるのは薫のことで、通常「薫子」とも呼ばれていた。共立女子学園の学園長や理事長などを務め、女子教育に尽くす一方、夫の政治活動を助けるしっかり者としてもつとに有名で「宰相をつくりあげた賢夫人」とも言われた。

記事によると、機内は六十二のシートがあり、後ろの十六席が仕切られた一等席。そこに鳩山夫妻と河野らが陣取った。その他は「ツーリスト・クラス」で、記者団はここだ。さっそく河野と若宮がそこをのぞきに来て、雑談に及ぶ。鳩山は間もなく「おやすみ」の時間になり、ゆかたに着替えて、一等席に用意されたベッドに横になると、フワフワなので「これはいいね、よく眠れそうだよ」と機嫌がよかった。

小林は「この夏軽井沢で訪ソの話しが出た時、小学生が遠足にゆくような興奮をもらしたものだったが、さていまはどうだろう」「荒い波風の立ちさわぐ与党を後に、そして大国ソ連に向う病身の老首相、いろいろ意見はあろうが、こうしてひとつの飛行機で暗夜の海の上を飛んでいると「ああ、よき夢を結んで下さい」とひそかに祈らないではいられない」と、記事を感傷的に結んでいた。

さて、若宮日記を追えば、七日の夜に羽田を発って、まず翌八日は早朝にフィリピンのマニラで給油したのをはじめ、タイのバンコク、パキスタンのカラチで次々に給油している。これらの飛行場には現地の大使や邦人らが出迎え、パパイヤ、マンゴ、バナナ、パイナップルなどの果物で歓待している。カラチでは婦人たちがお稲荷さんを作ってくれていた。いまでは考えられないような光景である。

上空から見る各地の様子も印象的だったようで、特にバンコク周辺の出水について「上から見ると一面の水で、家も道路も全くの水びたし」と驚き、水害のひどさを嘆いて「河野さんと、日本ならこれだけで総辞職だナと語り合う」。インド洋を渡ってから見降ろすインドの陸地は全く様子が違い、「本当に見渡す限りの大平原。日本では想像もつかない雄大な風景に驚嘆する」。

時差があるためなかなか一日が終わらない。パキスタンに入ると景色は一変し、今度は湿地帯の大きさに「東京から行けば名古屋あたりまで続こうか、地図でみるとこの湿地帯だけで、台湾か九州位の大きさに同じい。行けども行けども湿地と河とデルタの連続、こうなると、あきれて物がいえない。地球は全く広い」と感嘆しきりである。プロペラ機だっただけに低空飛行の時間が長かったのだろう、世界はよく見えた。パキスタンのカラチに着いたのは夕方だが、羽田を発ってまる二十四時間が過ぎていた。

留守を預かる外相の重光葵から、行く先々に「外ム大臣　重光葵」と書かれた果物が届いていた。羽田では「不肖ではありますが、御旅行中は私が留守を努めますから、どうぞ御安心を」と鳩山に伝えていたが、果物の差し入れはこの先も各地で続き、「一行は果物屋のようになってしまった。全く面白い人だ」と若宮。それまでの確執を思えば、まことに奇妙な気遣いではないか。

私の父でもある若宮について少し説明しておこう。学生時代、「憲政の神様」と言われた尾崎行雄に師事した若宮は、政治記者を目指して四二年に朝日新聞に入った。戦後間もなく鳩山の担当となり、公職追放から首相への就任まで鳩山を近くで見続けることになる。第二章で書いたように、原爆批判の鳩山談話を取材し、記事にしたのも若宮だった。このため朝日新聞がGHQから発行停止処分を食らい、鳩山の公職追放の伏線にもなったと思われるだけに、若宮は鳩山との運命的な因縁を感じたのではないか。

政界復帰後の「食い込み」ぶりも相当だったようだ。読売新聞の渡邉恒雄は駆け出し政治記者として鳩山担当となった当時を回想して「鳩山派の会合でも朝日新聞の若宮小太郎さんだけは部屋に入れてもらえるのに、私は窓ガラス越しにしか取材ができなかった」（日経新聞『私の履歴書』）などと書いている。すでに記者の分を超えて相談に加わっていたのだろう。鳩山は内閣ができるとやがて若宮を秘書官に迎えた。とかく貴族趣味、秘密主義、官僚的などと言われた吉田とはまったく違い、大衆人気を誇り開放的ではあるが、優柔不断で統制も乱れがちな鳩山を、裏方として支えていくことになる。

負けた記者団

さて、病身の鳩山が長い飛行の旅に耐えられるかは、記者団すべてのマークするところでもあった。だが、若宮日記にはこうある。

「同行記者団の一つの関心の的は途中、鳩山さんが機中でヒックリ返ることで、朝日などは、むしろそれを予想して、速報の手はづまでしてあったが、案に相違して、総理は全く元気、そのもの。／シャンペンを飲んだり、チーズを2人前食べたりで全く変りなし。／あてが外れた記者団、用事がなくてポカンと眼をつむっている永井氏の顔を察したり、「手持ちぶさたの医者の弁」をとったりしている。曰く「私の任務は、この旅行中、何も仕事をしないことなんですよ」なるほどなるほど。そして、これからの記者団の興味は「一行のうち誰が真先に永井さんの御厄介になるだろうか」ということになった」。永井さんとは主治医のことである。

「毎日もニューデリーからわざわざ特派員をカルカッタに派遣して万一に備えた」ともあるが、毎日新聞の特派員は肩透かしを食らうことになった。鳩山が元気なうえ、機長の判断で飛行時間短縮のためバンコクのあとカルカッタに着陸する予定をとりやめて、パキスタンのカラチに向かったからだ。

機内では記者たちが鳩山の様子を注視した。鳩山回顧録には「羽田を発つてから暫くの間は、私の顔色ばかりうかがつていた。みんなで揃つて監視しているのも変だと思つたのだろう。間をおいては、誰かが交替で、様子をみに来る。さりげない風を装つて来るのだが、私にはよく判る。終いには、逆にこつちの方がおかしくなつてしまつた。しかしながら、この冷戦も、丸一日以上経つて、カラチに近づく頃には、新聞記者側の敗色、歴然とし出した」とある。そのうえ記者たちの様子を偵察に行った若宮の報告によると「もう、みんな、すつかりあきらめた恰好で、グッタリとノビていますよ」とのことで大笑いした。

カラチからはイランのアバダン、さらにアテネを経てローマ空港に着いたのは、九日朝の七時。ここで鳩山は初めて同行記者と記者会見をした。記者が「疲れなかったのか」と聞いたのに対して「こう早くては疲れたり、病気になる暇がない」と答え、鳩山はすこぶる元気だった。

ローマを発つと次はスイスへ向かう。途中、アルプスの山々を眼下に越えるのだが、若宮は「アルプス、アルプス、名にのみ聞き、写真だけで見ていたアルプス、それを今眼の下に見る。その雄大、その尊厳、その厳粛、人足の入るを許さぬ、その威容にはただただ頭が下がるのを覚えるのみ……」と興奮の極みだ。こうして一行は九日午後十時すぎにチューリッヒにたどり着いた。羽田を発ってからほぼ二日。ここで初めて機を離れ、ホテルで二泊することになった。

一行は開放感に浸って街を楽しむのだが、河野を驚かせたのは鳩山の姿だった。二日がかりでようやく到着したホテルで、鳩山が部屋に入るや否や机に向かい、ペンをとって真剣に何かを書きだしたというのだ。ブルガーニンとの会談での発言要旨である。さながら試験勉強のように見えたという河野は「国民の諸君は病宰相、老宰相といわれますが、その病老宰相が一人机に向って、何枚かの原稿を書き上げられました。私はこれを一々拝見し、その原稿が黒くなるまでに加除されているのを見て、涙が出る思いでした」（『今だから話そう』）と感心する。鳩山回顧録によると、飛行機の中で考えてきたことをメモに書き上げたのだが、その晩、疲れが出たのか、寝台から転げ落ちてしまった。

鳩山は「それだけなら何でもないが、その時、机の角かどこかにぶつけたらしく、大きくはないが深い傷を額に作つてしまつた。いよ〳〵明後日はモスクワ入りだというのに、サテ困つたことになつたと思った。ところが、医者が工夫して、傷の中に薬をつけた脱脂綿をはさみ、その上を茶色のバンソーコーのようなテープで貼ったら、すつかり肉色になつて、判らなくなつた。翌朝、同行の新聞記者には、「ニキビが出来たよ」とゴマ化したら誰も不思議に思わないのでしめたと思つた」と、笑い話のようなことを書いている。

十日は休養日とし、十一日朝にチューリッヒを発つと、フランクフルトを経て最後の中継地ストックホルムには午後三時に着いた。ここには外国プレスも大勢来ており、ロンドンで待機していた全権の一人の松本俊一もここで合流。夜は駐スウェーデン公使の大江晃の公邸で食事をしたが、久しぶりの日本食で、最後はお茶づけ。「河野氏も盛んに食べていた」（『若宮日記』）。

モスクワ空港に日の丸・君が代

†十月十二日（金）

いよいよモスクワ入りである。ここから一週間に及ぶ滞在を日付順に追っていこう。

午前九時、ストックホルムを飛び立った。当初は再びSAS機でモスクワに入る予定だったのだが、ソ連が特別機で迎えに来る旨、チューリッヒで連絡を受けていた。首相や河野らに限るという話だったが、交渉の末、だんだん増えて三機になり、記者や随員も全員が分乗できることになった。最後尾を行く鳩山の「第三機」には夫人の薫と河野、松本、若宮ら八人が乗った。

「双発の余り大きくないものだが、内部はカーテンで2室に分れ、その両方にソファーが一つと、安楽椅子二つ、補助イス一コ、づゝが備えてあり、しかも床にはジュータンが敷いてあってとても立派だ。／各国とも政府にはおそらく、こんな飛行機があるのだろう。／うらやましい」と若宮。鳩山回顧録にも「まるで応接間のようだ。あとで聞くと、他の二機は普通の飛行機と同じ作りだつたようだが、私のだけは、政府の高官用の特別機を廻したものらしい」とあるから、ソ連の気の遣い方がうかがえる。ちなみに日本が政府専用機を持つようになるのは、これより三十五年あとの一九九一年である。

共産主義国のソ連だけに堅苦しいイメージがあったようだが、機内のサービスも気が利いていた。

「菓子や果物を持つて出て来たスチュアーデスをみると、しゃれた緑色のツーピースでお白粉や口紅をつけ、爪まで紅くそめたスマートないでたちでニコ〳〵笑つて愛想がいゝ。傍に腰をおろして、雑誌の写真の説明をしたり、ブドウ酒をついだりのサービスまでする」(『鳩山回顧録』)

日本語を習ったという彼女はいつもは旅行案内所で働いているのだが、この日は特別に役目をおおせつかっていた。紅茶に砂糖と間違えて塩を入れる失敗もして大笑いになった。とても愛相がよく、片言の日本語で会話が進んだ。おかげで鳩山は「そんなこんなで、初めの緊張もすつかり、ときほぐされ、私は、少しも固い気持にならずに、モスクワ飛行場に降り立つことが出来たのである」。

そして、ついにモスクワに着く。若宮は「遂に3時30分一寸すぎ、機はモスクワ飛行場（中央）に車輪を接触させた！ あれほどの苦労を重ね、夢にまでみたモスクワ、そのモスクワに今到着したのだ！」と感激するが、それは鳩山の思いを代弁したかのようだ。戦前戦後を通じて日本の首相のソ連訪問は初めてのことだが、そんな歴史的光景を伝える若宮日記をしばらくそのまま引用しよう。

「飛行機が沢山並んでいる。出迎えの人も一杯だ。楽隊がもうブカブカドンドンやっている。歓迎の旗が高く低く、各所にはためいている。雨上りのモスクワ飛行場は、まさに鳩山一色、思はざる歓迎にホヽが紅潮する。

いよいよタラップに立った。ブルガーニンもいる、シェピーロフもいる、イシコフもいる。みんなニコニコあいそうよく我々を迎えている。どれもこれも、みな新聞で知っている顔だ。

総理はタラップを降りて、ブルガーニンと握手した。花タバが渡される。ブルガーニンが「お、河野！」と呼ぶ、そして又固い握手。

総理はその場からオープンカーに乗せられて、ブルガニン、通訳の三人で簡単に閲兵。楽隊が君が代を奏する。一寸調子が変だが異国で聞く君が代はやはりなつかしい。思ったより寒くはないが、それでも冷え冷えする。寒さが顔にしみる。

終ると外国使臣の挨拶が始まる。いつまでもいつまでも行列は続き、次々と鳩山さんの前に来ては握手する。50人近くもあろうか、おそらく、みんな、こんな歓迎ぶりに驚いていることだろう。

やっと終ると、いよいよ鳩山総理の声明だ。昨日作ったものを力強く読み上げる。タラップから降りた鳩山の傍には薫夫人がピタリと寄り添い、準備した声明を読み上げてこの訪問目的が「国交回復」にあることを鮮明にし、ソ連の歓迎にも深い感謝を表明した。

その顔を、言葉が判らぬ乍ら、ブルガーニンがすぐそばからじっと見つめているのがとても印象的だ。終って今度はブ首相の簡単な挨拶。そして、自動車で飛行場を出発、総理はブルガーニンと同車して、宿舎の迎賓館に向う。

沿道、もう新聞で知っているのだろう、人々が立どまって一行の行列を見ている。大きな建物、そして本当に広い道路、目を見張っているうちに迎賓館につく。

ブルガーニンはこゝまでおくって、われわれ全員とも握手して帰って行った。思ったよりも優しい人のよさそうな顔をしたブルガーニン。そして心からの善意で総理を歓迎し、いたわっているのがよく分る。自動車に乗る時などは自分でかゝえて乗り降りした。

遠来の病首相をいたわる親身が身にしみる。全く人のよさそうなオヤジだ。

前述のＥＴＶ特集では、同行記者の一人だった共同通信の酒井新二が「非常に寒くてね、鳩山さんは半身不随でしたからね、大変だったです。寒風にさらされて挨拶するのをみていても、たおれるのではないかと危惧していた。悲壮なモスクワ訪問だったね」と語っているが、当の鳩山たちは感激で寒さを吹き飛ばしていたのかもしれない。

飛行場には日の丸がはためいていた。日章旗だけでなく、君が代がモスクワの飛行場で演奏されたのは歴史上初めてだった。そして、鳩山への異例のいたわり方である。ブルガーニンは、まだ戦争状態が終わっていない日本の首相を、最大級のもてなしで迎えたのだった。

そのブルガーニンからいきなり声をかけられた河野も感激していた。「ブルガーニン氏がはるか前方から、私を見出して「オー、コーノ」と声をかけて、あたかも十年の知己のごとく、笑顔をもって迎えてくれた」（『今だから話そう』）と書き、この笑顔がその後の交渉の支えになったと強調している。

宿舎となった貴族の館

「迎賓館」と呼ばれた鳩山らの宿舎はスピリドノフカ宮殿で、もともと富豪モロゾフの屋敷だった。重光がモスクワに来た時に交渉の場として使われたように、主として外交交渉の場になっていたが、アデナウアーがここを宿舎としたように、国賓待遇のゲストはここに泊めてもいた。日本側はソビエツカヤホテルを予約していたのだが、ソ連の申し出によって鳩山と河野らはここに泊まることになった。

「ブルガーニンの命令だという。国賓待遇だ。本当はキュークツで有難迷惑の感もなくはないが、それでも厚意はうれしい。（略）フランス風、しかも宮廷風の部屋と調度、王侯貴族のようだ。直ちに部屋を決める。／小生のは一番奥の大きな部屋、50畳以上は優にあろうか。その隅々に、大きな洋服ダンス、三面鏡、ラジオ、事ム机、それにベッドが二つ置いてある。何十部屋あるかわからない」（『若宮日記』）と驚くばかりだった。

実は、私は二〇〇六年にモスクワを訪れた折、この建物を見に行った。いまも外務省の別館として外交交渉などに使われるのだが、帝政ロシアの時代の富豪の館だったとあって、なるほど豪華なものである。一緒に訪れた朝日新聞モスクワ支局長の大野正美が、この訪問記を十月二十一日の朝日新聞夕刊に書いた。

【モスクワ＝大野正美】日ソ共同宣言で両国が国交を回復した56年10月のモスクワ交渉から半世紀、当時の鳩山一郎首相ら日本政府代表団が泊まり、交渉の拠点にしたロシア外務省迎賓館を訪れた。ふだんは非公開だが、特別な許可を得て入った豪華な館内は歴史のドラマにも彩られていた。

56年の交渉では鳩山首相のほか河野一郎農相ら代表団幹部が泊まった。随行した首相秘書官の若宮小太郎氏は「宮廷風の部屋と調度、王侯貴族のようだ」と日記に書いている。白い大きな暖炉のある食堂では、鳩山首相がフルシチョフ共産党第1書記らを招いて昼餐会《ちゅうさんかい》を開き、「日本酒を出して」（若宮氏の日記）もてなした。この日の交渉で両国は平和条約締結後の歯舞、色丹2島の引き渡しで基本合意した。

建物の完成は1898年。繊維業を営み、革命運動や芸術家らのパトロンだった豪商サッバ・モロゾフが妻の邸宅用に建て、ロシア革命後に内戦で生まれた孤児の寄宿舎に使った後、1929年に外務省施設となった。

モロゾフの妻の希望で壁や調度類を赤で統一した部屋は少人数交渉に、大理石づくりの白い大広間は外交団の全体会合に使っている。壁に隠された二つを含め出入り口が五つある部屋もあり、独ソ戦のあいだモロトフ外相が執務室に使った。

迎賓館のアレクサンドル・パツェフ館長によると、外交団の宿泊に使われたのは50年代などの一時期。鳩山首相らの宿泊は、旧ユーゴスラビアのチトー大統領らと共に珍しい部類に入る。

スターリンも迎賓館を十数回訪れたが、その度に壁全体を塗り直したため、塗り跡が厚い層をなしている。さらに迎賓館の庭に接して高層アパートが立っており、一つの階の窓だけが異様に大きい。パツェフ館長によると、ブレジネフ共産党書記長が迎賓館の庭の眺めを楽しむため、特別につくらせた。ソ連の権力者の振る舞いを後世に物語る光景となっている。

私も目を見張ったこの館は二階建てで、玄関正面の階段を上がると調度品のそろった大きな部屋がいくつもある。その一室が鳩山らに割り当てられたのだろう。『鳩山一郎・薫日記　下巻』

には薫の観察が書かれている。

「割当てられた室は三方に大きな額がかゝり、一方は二重ガラス、金ぶちに桃色の絹ばりの椅子、テレビ、ラヂオ。次の寝室は公会堂のやうに屋根が高く五百人位入れそうな様子、寝台が小さく見へる。窓には同じ桃色のカーテンが重くたれ、次のバスルームまでペルシャジウタンがしいてある。各国の元首だけを入れる部屋の由」

「マロゾフといふ人は百年位前イワノヴの農奴であつたが、其地方は織物の産地で織機の発明をして金をもうけ、自分及身内の身代金も払い、金持になつてこんな立派な家も建てた」

私が見た一室には、フランスのナポレオンがモスクワ遠征の時に持ってきたという箪笥があって「お宝」のように目を引いた。

一行はこの宿舎に入ってしばしくつろぐが、夕方になると河野はソビエツカヤホテルに向かい、ここを宿舎とする同行記者団と会見した。そこで河野は記者たちを牽制《けんせい》するように、彼らが書いた各紙の新聞記事を読み上げた。同席した若宮は「記者連中、東京に送った記事が全部情報でこちらに入っていて、それを読み上げられるので本当に参っている。このやり方、俺が考えて実行させたのだが、今までの新聞の扱いの非常識さにあきれているので、せめてこの方法で対抗する以外に手はないと思う。しかし、これは想像以上のキメ手だと思う」と書く。新聞がいい加減なことを書かないようにと、記者出身の河野と若宮であればこその対抗策だった。

†十月十三日（土）

到着から一晩明けた。鳩山一行は小雨の中、午前十一時前に迎賓館を出てクレムリンに向かった。いよいよ首脳らとの初会談なのだ。到着すると入り口には警備司令官が出迎えて、大きな声で名乗りを上げる。横にエレベーターがあり、それに乗りこんで二階に向かったのだが、エレベーターの中でこの司令官が「このリフトは、鳩山総理のために、わざわざ作ったものです。これから私たちは、これを〝鳩山リフト〟と呼ぶことに致します」と言った(『鳩山回顧録』)。足の悪い鳩山に対する配慮はここまで行き届いていた。

エレベーターを降りて長い廊下をブルガーニンの執務室まで進むと、ブルガーニンが入り口で出迎え、一行の一人ずつに愛想よく握手した。四カ月ほど前に河野がブルガーニンと会った、例の二重扉の物々しい部屋で、壁に大きなレーニンの写真が飾ってあったが、なかなかモダンな部屋だった。

珍しく内外の写真記者を招き入れており、この場面が写真つきで新聞各紙にも載っている。前述のNHKのETV特集は、ロシア側が撮った映像でこのシーンを映していたが、そこでは鳩山らを歓迎したブルガーニンが、笑いながら右手をさーっと横に振る仕草をし、河野が大笑いしていた。音声はないのだが、その姿を思わせるセリフが『鳩山回想録』などに出てくる。ブルガーニンが「この前河野さんが来た時、この机の上で、河野さんはお茶をひつくり返した。ソ連ではお茶をこぼすことは縁起がいゝことになつている。だから、あの時の交渉は妥結したんです」と大げさな身ぶり手ぶりで面白おかしく話したというのだ。そこで、河野が「それでは、今度もまた、お茶をひつくり返しましようか」と言うと、ブルガーニンが「イヤまだお茶を出す時間じゃありません」と切り返したのだった。

こうしてなごやかな空気のもと、代表団は名簿を提出して、この訪問は十分で終わった。フルシチョフらも含めた正式な会談は月曜の十五日から始めることになった。

午後、河野は若宮とモスクワ大学を見に行った。土曜の午後なので、もう見学はさせないと言われたが、日本の全権団だとわかると急に丁寧になって、中をすっかり案内してくれた。三十六階建ての本館をエレベーターで三十二階まで昇ると、モスクワの風景が一望に見えた。

イシコフに協力を求める

河野はそのあと漁業相のイシコフに会った。領土交渉は彼の担当ではないが、漁業交渉で旧知の間柄だけに、河野は何かと側面協力を期待したのだ。

河野はイシコフにブルガーニンに宛てた河野の書簡を渡した。そこでは自民党の新党議によって、鳩山とブルガーニンが書簡を交わした時と事情が変わってしまったことを説明し、「歯舞、色丹の返還」と「国後、択捉の継続交渉」を求める内容である。

そこでは、五月九日に河野との会談でブルガーニンが、歯舞、色丹の二島の引き渡し以外には考えられないとしつつ、残る問題は後で解決できると語ったことを引用し、これは国後、択捉の棚上げを認めたものだと伝えている。イシコフにもこの書簡の内容を説明して、十五日からの本格的な交渉を前に報告を上げておいてほしいと頼んだ。書簡をブルガーニン宛てとしたのは、前回の会談のいきさつがあるうえ、この時点では彼がソ連の最高決定者だと思っていたからだろう。

イシコフはブルガーニンが国後、択捉の「棚上げ」を認めたわけではないと否定したが、報告を上げておくと約束した。河野はモスクワでの交渉は二十日ごろまでに妥結したいとも伝えた。期間を一週間と区切って、勝負が始まるのだった。

†十月十四日（日）

日曜だったが、代表団は十時からソビエツカヤホテルで会議を開き、翌日の第一回会談に備えた。鳩山の発言内容や、共同コミュニケの日本案などを検討し、作戦を固める。領土問題は河野に実質的に任せることにしていたが、「こちらは何としてもハボマイ、シコタンを貰った上、残る領土は継続審議ということに持ち込みたいところ、先方の出方が全然不明なので気にかゝる。たゞ外務省はほとんどあきらめた形だが、われらはまだ決してあきらめない」と若宮は書いた

このあと一行はレーニン博物館を訪れた。モスクワから車で四十分ほどのところでレーニンが亡くなった別荘だ。現在は閉館しているが、当時は人気だったのだろう。内外の記者団が五十人も同行したらしく、朝日新聞は「鳩山首相夫妻はレーニンの死んだ室に掲げられたレーニンのデスマスクにていねいに頭を下げた」などと写真つきで書いている。

鳩山によれば「レーニン氏が亡くなつた時の寝台、机、椅子、食器、書物などが、そのまゝの形で保存されている。毎日自分でめくつていたというカレンダーが、一九二四年一月二十一日を示したまゝになつているのも印象的であつた。彼はやはり私と同じく脳溢血患者であつたそうで手押車や階段の手すりが、そのまゝ残されているのをみたときは、何となく一種の親近感を覚えた。妙なものである」（『回顧録』）。「偉人レーニン、ソビエットの人達は今だに彼を父のように、神様のようにあがめているようだ。どこに行ってもレーニンの写真がはってある。もうスターリ

ンの写真は一枚も見当らない」（『若宮日記』）。

　翌日からの本格交渉を控えてちょっとリラックスしたかったのだろう、そのあと若宮は河野と連れだってサッカーを見に行った。モスクワ大学の前に新設された十万人収容の大スタジアム。「さすがはサッカーの盛んな国だけあって、約8分、8万の入り。その人達が皆試合に熱狂して騒ぎ立て、中にはケンカまで始まる始末なので面白い」。試合は全国の優勝決定戦で、激戦の末、キエフのチームがモスクワのチームを破って優勝した。

　若宮が宿舎に戻ると、会議室で「バレー《ママ》・ロミオとジュリエットの映画」をやっていた。ソ連側が気を利かせて用意したもので「すばらしい演技、迫力、規模、言葉は判らぬが大体の筋も分って、何か打たれるものがある。至芸というものだろうか」。

　夜は市内唯一の中華料理屋に記者団を招待したとある。「唯一の」とあるところを見ると、河野が漁業交渉に来た際、ブルガーニンとの交渉を終えて記者団と懇談したのと同じ店に違いない。今度も河野がセットしたのだろう。こうしていよいよ本番の交渉が始まろうとしていた。

第9章
フルシチョフとの一騎打ち

ソ連の最高権力者フルシチョフは、一筋縄ではいかぬ個性の持ち主だ。領土問題の交渉を任された河野一郎は彼に狙いを定め、連日の一騎打ちを挑む。一喜一憂しながらたどりついた日ソ共同宣言によって、ついに国交回復が果たされた。これで抑留者の帰還や国連加盟が実ったが、領土問題の壁は厚く、平和条約の締結時に二島の返還が約束されるにとどまった。交渉のクライマックスをここで追う。

フルシチョフの素顔

領土交渉はフルシチョフと河野一郎の勝負になるのだが、フルシチョフとは一体どんな人物だったのか。工場労働者からたたき上げた波乱万丈の政治家であることは『フルシチョフ最後の遺言(上・下)』などの自伝によってよく知ることができるが、その人となりを生々しく伝える映像を数年前に見る機会があった。彼がアメリカを初めて訪問するのは日ソ交渉から三年後の五九年だが、その時の貴重な記録が二〇一五年二月にＮＨＫ・ＢＳテレビ『世界のドキュメンタリー』で放映されたのだ。話は横道にそれるが、まずはこの映像で見たフルシチョフを紹介しよう。

番組はフランスのテレビ局が二〇一三年に制作した『フルシチョフ　アメリカを行く』をそのまま拝借したもので、アメリカ大統領のアイゼンハワーが五九年にフルシチョフを招いた時の映像だった。ソ連指導者の初めての訪米であり、当時の米ソの空気とフルシチョフの破天荒の魅力を、第三国の立場から鮮やかに映し出していた。

まだ共産主義のソ連を強く嫌悪していたアメリカである。フルシチョフに対する知識もほとんどなかった。「背が低くて小太りで独裁者のイメージとは程遠い風貌です。ピエロのような丸顔のこの男はいかにして権力を掌握したのでしょう」と番組冒頭でミステリアスに描写された彼は、アメリカ国民に不信と警戒の目で迎えられ、はじめは罵声も浴びる。行く先々で辛辣な質問攻めにもあうのだが、これを当意即妙にかわしたり、切り返したり、あるいは猛然と反撃したりして、二週間にわたる旅行中に次第に人々の心をとらえていった。

例えばロサンゼルスを訪れたとき、マリリン・モンローをはじめハリウッドの有名俳優が勢ぞろいする晩餐会に招かれた。そこで映画会社の社長が異例の歓迎スピーチをした。彼はワイングラスを片手に親しげにフルシチョフの肩をたたき、握手をして親密さをアピールしたと思いきや、「あなたの国は優れた企業です。最も偉大な資本主義的な企業であり独占企業です」と褒めちぎった。もちろん共産主義に対する強烈な皮肉である。フルシチョフが動ぜずに笑い飛ばすと、社長は続けて自分の立身出世の物語を始めた。

「私たち兄弟はギリシャの小さな村の貧しい家庭に生まれました。一九一〇年にアメリカへ渡り、最初はレストランで下働きをしました。その私が誰にでも機会が与えられるアメリカ社会で今や映画会社の社長になれたのです」

アメリカンドリームを地で行く話である。さて、フルシチョフはどう切り返すか。万座が注目する中で、彼は「とても良い話でした。あなたには大いに敬意を表します。しかし、それほど感動しませんでした」と落ち着き払って言うと、こう続けた。

「私は歩けるようになるとすぐに働き始め、いろいろな仕事をしました。金持ちのために家畜の世話をしたり、工場や炭鉱で働いたこともあります。その私が今や偉大なるソビエト連邦の指導者になったのです」

出世物語なら自分の方がずっと上だというわけだ。最後はこぶしを握った腕を上下に激しく振りながら、「どうだ」といわんばかりの仕草で語気を強める。割れるような拍手はフルシチョフの勝利を物語っていた。

彼はさらにアメリカ視察への感謝を述べながら、視察を断られた場所があったと不満をぶつける。それはディズニーランドだった。身の安全を保証できないからというのがその理由だったが、フルシチョフは「そこではコレラやペストが流行しているのでしょうか。それとも強盗がいて、行ったら私が殺されるとでも?」と皮肉る。楽しみにしていたディズニーランドの見学を断られて腹を立てる駄々っ子のようでもあるが、自由で安全な国というアメリカの自負に対する一撃だったのだろう。銃の所持が許され、しばしばテロの横行するアメリカで、フルシチョフの命を狙いかねない者たちの存在が、警備当局を悩ましていたのも事実だった。

晩餐会はさらに険悪な空気に包まれた。ロサンゼルス市長が無礼なパンチを浴びせたのだ。「「お前たちを葬ってやる」というフルシチョフ首相の発言はよく知られていますが、私たちを葬ることなどできません。私たちはこの社会に満足していますし、さらに改善の努力をしています。もしそれが脅かされたなら、命を賭けて戦います」

「お前たちを葬ってやる」というのはフルシチョフの言葉として知られていたが、これはいささか正確さを欠いていた。フルシチョフは五六年にモスクワのポーランド大使館のレセプションで西側諸国の大使らを前にスピーチした際、社会主義の優位性を強調する余り「歴史は我々に味方している。葬られるのはあなた方だ」と述べたのだ。それがアメリカでは「お前たちを殺してやる」という風に理解されていた。

フルシチョフは笑みを浮かべて拍手を送ったが、返礼の挨拶に立つと、痛烈なカウンターパンチを見舞った。

「すばらしい食事でもてなしていただきました。しかし、一言申し上げたい。この国なら許されますよね？　市長は「お前たちを葬ってやる」という言葉を引用されました。なぜ今さらこの言葉を取り上げるのですか。私はアメリカ到着直後の記者会見で、発言の真意について説明しました。この国の市長は新聞を読まないのでしょうか。我が国の市町村のトップは毎日必ず新聞を読みます。そうしないと次の選挙で落ちてしまいます」

ユーモアと皮肉に満ちたこの発言は聴衆の笑いと拍手を誘い、市長も笑顔で拍手を送らざるをえなかった。だがフルシチョフは、そこから怒りを露わにして語気強く演説を始める。

「私は真剣な思いでアメリカにやってきました。それなのに市長は私の訪米を冗談だとお考えですか。「平和か戦争か」「生きるか死ぬか」の問題を話し合いに来たんですよ」

会場がにわかに緊張に包まれ、市長の表情も一変する。ここでも勝ったのはフルシチョフだった。

「私はこの国で歓迎されているように思えません。十二時間飛行機に乗ってやって来たのに……。私はアメリカを訪問したソビエト連邦の初めての元首です。しかし今後、ソビエトの指導者がアメリカに来ることがあるかどうか、わかりません」

この反撃について『フルシチョフの最後の遺言（下）』で「このとき彼を爆撃してやったことを後悔しなかったし、それはいまも変わらない。この手の反ソビエト主義者には、ときどき一発パンチを喰らわせてやる必要があるのだ」と書いている。それによれば、ホテルに帰ってからも腹の虫がおさまらず、「あの男、大統領の賓客に向かって、よくもまあ……」とどなり、同行していた外相グロムイコの夫人が慌てて鎮静剤をもってこようとしたほどだった。フルシチョフは翌日のサンフランシスコ行きを中止すると言い出してアメリカ側を慌てさせたことも書いている。

陽気に笑って冗談を飛ばすと思えば、顔を真っ赤にして怒りを示し、機関銃のようにしゃべり続ける。そんなフルシチョフの人間っぽさはアメリカ人のソ連観を変えるに十分だった。ロボットのように冷たい共産党の指導者というイメージがガラッと変わったからである。こうしてアメリカ訪問の後半は、フルシチョフの行く先々にアメリカ市民が集まり、すっかり人気者になったのだ。まさに千両役者である。

最後にアイゼンハワーと首脳会談を行うと、個人的な感情も生まれて緊張緩和の方へと時代は向かう。フルシチョフは答礼としてアイゼンハワーをロシアに招待。米ソの間は話し合いが進展していくかに見られた。そのムードが暗転するのは、六〇年にアメリカのU2偵察機がソ連上空を飛んで撃ち落された事件によるのだが、この辺で話を本題の日ソ交渉に戻すとしよう。河野はこんなフルシチョフを相手にすることになる。

「原爆ではありません」

さて、一行のモスクワ滞在は三日目を迎え、本格的な交渉に臨むことになった。再び日付けを追っていこう。

✝十月十五日（月）

いよいよ本格会談が始まる十五日、一行は十一時四十分に車を連ねてクレムリンに向かった。案内されたのは閣僚の会議室だった。大きな机に日ソのメンバーが向き合って座ったのだが、若宮日記には「驚いたことにはフルシチョフが一番右端に座り、その次にブルガニン、ミコヤン（引用者、第一副首相）という順に座っている。初めてみるフルシチョフ、赤ら顔のハゲ上がった頭、顔に大きなイボが二つある。中々い〻顔だ」（『若宮日記』）とある。

驚いたのは若宮だけではなかったようだ。それまで河野は漁業交渉でブルガーニンと話をつけていたし、鳩山が往復書簡で事前合意に達した相手もブルガーニンだった。日本政府は共産党第一書記のフルシチョフよりも、首相のブルガーニンが上位にあると考えていたのだ。しかし、この座席順はフルシチョフが最高実力者であることを示していた。
この日、同行記者団も部屋に招き入れられ、冒頭の取材が認められた。毎日新聞の小林幸三郎は「序列」には関心をもたなかったのか、こう書いている。
「黒い背広、ネズミのネクタイのブルガーニン首相、栄養の満ち足りた血色のよい顔色のフルシチョフ第一書記は日本側全権の顔を等分にながめまわしては口元に不敵な笑いを浮べる。きげんがよいのか悪いのかちょっと判断に苦しむ顔つきだ。ブルガーニン首相のあごひげは例によって変らぬ物やわらかさだが、二人とも机の上で手を堅く組み、やはりギリギリの交渉にのぞむ形としか受けとれない。正面の壁にはマルクスとレーニンの肖像が飾ってある」
ソ連側の主要メンバーは以下の通りだった。
ニキタ・フルシチョフ（共産党第一書記）
ニコライ・ブルガーニン（首相）
アナスタス・ミコヤン（第一副首相）
アンドレイ・グロムイコ（第一外務次官）
ニコライ・フェドレンコ（外務次官）
通訳はやはりアディルハエフである。
鳩山も河野もこの席で初めてフルシチョフと対面し、がっちり握手した。フルシチョフの手は分厚くて固かったのだろう、河野は「炭鉱夫の手ですね」と声をかけた。ごつい手だったのだろうが、父親が炭鉱夫だったことを知っていたのかどうか。するとフルシチョフは「あなたは百姓だろう」と言い返した。こちらも河野が豪農の家の出だと知っていたのかどうか。この会話は、五年後に河野が息子の洋平をモスクワでフルシチョフに引き合わせたあと、洋平に聞かせた逸話である。洋平によると河野は「そのとき、こいつとは本音で話ができると直感したよ」と述懐したという。互いに官僚的な発想を超えた強引な辣腕家であり、どこか愛嬌ある姿にも通じ合うものを感じたのかもしれない。

両国のメンバーが会談で向き合う写真が新聞各紙に載っている。毎日新聞の記事を続けよう。

「机の上には緑のラシャのテーブル掛けがところどころにおいてあり、その上に盆にのせた炭酸水のびん三本とコップなどが二ヵ所にある。その間にはよく削った鉛筆が交渉の本格化をおのずから物語って印象的である。フルシチョフ第一書記は炭酸水にかぶせられたナプキンをみずからとりながら「原爆じゃありませんヨ」と例の得意の軽口をたたいて鳩山全権の顔を見た。会議前の緊張した空気はこの冗談でみごとにときほぐされた」

鳩山もこれが強く印象に残ったようで、この冗談を紹介しつつ「大爆笑がおこつて、それまで何となくぎこちなかつたその座の空気は、この一言で一度に変つてしまつた」「本場の共産党の指導者などといえば、すぐにお酒どころか、冗談一ついつても、叱られそうな木仏金仏を想像するけれども、どうして、実際はとてもウイットと茶目気に富んで、固苦しい所がない」と書いた(『回顧録』)。

このあと、鳩山とブルガーニンが日ソの両政府を代表してスピーチを交わした。鳩山はドムニツキー来訪以来の交渉を振り返ったうえで、ブルガーニンとの往復書簡と松本・グロムイコの往復書簡で確認したように、領土問題の交渉は後日にして、戦争状態の終結など「五条件」のもとで国交を開きたいと希望を述べた。チューリッヒのホテルで執筆中に額にケガをしてしまった時につくった草稿だが、敢えてここでは自民党が加えた新党議のことを話さなかった。それは河野に任せようと決めていた。

一方、ブルガーニンは歓迎の辞を述べ、交渉をめぐる鳩山の努力を高く評価し、交渉の基本方針に同意すると語った。会談では双方の共同宣言案を交換し、共同宣言作成の小委員会をつくることに合意して、三十分で終わった。

それから別室に移り、ソ連側主催の歓迎昼食会が開かれた。鳩山夫人の薫ら随行員も招かれ、テーブルを囲んで日ソのメンバーが交互に並んで座った。フルシチョフは鳩山と河野にはさまれて座る。ソ連側のメンバーにはゲオルギー・ジューコフ（国防相）、アレクサンドル・イシコフ（漁業相）、ゲオルギー・マレンコフ（政治局員、元首相）、ヴャチェスラフ・モロトフ（政治局員、元首相）らが加わり、グロムイコ夫人ら女性も数人混ざっていた。

国防相のジューコフは第二次大戦で活躍した将軍だ。マレンコフ、モロトフはともにスターリン直系の政治家で、フルシチョフによって実権を奪われていたが、一定の処遇をされていた。この二人は後にフルシチョフの解任を画策して失敗。のちにブルガーニンやジューコフも失脚することになるから、振り返ってみれば鳩山らの前にはすごいメンバーが並んでいたことになる。

コニャックで決死の勝負

酒が入るにつれて話ははずんだ。「酒は人にも強いるし、自分も浴びるほど飲む。お互に初めから、ふざけた冗談をいい合つては面白がつている。「この人達を、新橋か赤坂辺りにつれて行つたら、さぞ喜んで、一晩中、騒ぎつゞけているだろう。——人前に出ると、赤旗とストライキのことしか知らないような顔をする日本の共産党や社会党の連中は、この人達の爪のアカでもせんじて飲んだらどうだろう」などと話し合つたものである」(『鳩山回顧録』)。

だが、彼らはただ陽気なだけではない。フルシチョフは「ちょっと演説させてくれ」と言いだすと、激しい演説を始めた。日露戦争から説き起こし、ノモンハン事件その他、いかに日本が悪いことをし、乱暴を働き、領土をとり、人を殺したか、などと激烈な日本批判をしたうえで、最後にこう言うのだった。

「あの時は革命前の腐り切った軍隊だったから負けたのだ。しかし今度は違う。ノモンハンでも張鼓峰でも、君達の軍隊はそこに座っているジューコフの軍隊にコテンコテンにやっつけられたじゃないか。今度は勝ったオレ達が、負けた君達からなんでも貰う番だ」(『今だから話そう』)

鳩山もあきれていた。「私の隣りにいたブルガーニン氏までが、困つたような顔をして「もういゝではないか」というような素振りをするが、彼は平気だ」(『回顧録』)。若宮もよほど悔しかったらしく「こっちも河野氏にやり返せといったが、彼、とうとうシャベラなかった。ムヅムズした。本当はこゝで一発返礼をしておいた方がよいと思ったのに……」(『若宮日記』)。河野によれば、農林省の斎藤秘書課長からも「黙って聞いているのですか？　黙っていることはないッ！　フルシチョフの演説をブチこわしてやりなさい」とけしかけられた。「しかし僕は例のコニャックをあおって、もうフラフラになっていたし、先方の演説があんまり激しいので、ここでやり合ったらトンデモないことになると考えて、ついに黙って過してしまった」。

鳩山によると、後ろに座っていた通訳の野口が心配して「先生、怒らないで下さいよ。一層ムキになってかみついて来るから……」となだめ役をしていた。そういえば、二カ月余り前、会談の席で重光が同じ目にあっているのを野口は目の当たりにしていた。やはりフルシチョフに激しい演説をぶたれたのだ。重光はひとつずつ理路整然と反論したが、それで相手が引っ込むわけではない。野口が言うようにムキになって攻めてくる。重光とは違って相手の懐に飛び込むことを考えていた河野だけに、ここはぐっと堪えたのだろう。

そんな独演が二十分ほど続いたあと、思わぬチャンスがきた。ウイスキーやコニャック、ウォッカの「乾杯」「乾杯」は酒に弱い河野には苦難であり、適当にごまかしていたのだが、フルシチョフが河野にアルメニアコニャックを強要したのだ。「これはミコヤン君の故郷でできたコニャックだ。これを飲まないとミコヤン君に対する侮辱だ」などと脅しめいたことをいう。

あまりしつこいので、河野はこれを逆手にとった。「ヨシ、こっちにも考えがある。タダじゃ飲むもんか」と意を決し、「飲んだら僕のいうことを聞くか。聞くなら飲もう」と言ったら、「よし、飲んだらなんでも聞く」という。河野は内心、困ったことになったと思いながら、いまさら後には引けず、一気に飲み干し、グラスを逆さにしてみせた。驚いたフルシチョフが満場に音頭をとってワーワーと大変な拍手がおきた。(『今だから話そう』)

大きなグラスになみなみとついだコニャックを、下戸の河野が一気に飲んだのだからたまらない。河野によると、炎天下で寒暖計が上がるように、グングン酔いが回ってきた。フルシチョフとせっかく取り引きしておきながら、酔いつぶれてこっちの交換条件を持ち出さずじまいに終わったら「末代までの名折れ」だと思い、フラフラするのをこらえながら「さあ、これからこっちの言い分を聞いてもらおう。明日から僕と会って二人きりで話をしてくれ」とフルシチョフに迫った。先ほどの激しい演説の返礼をするように、今度は攻勢に出たのだ。

フルシチョフは「いや、早速同志と相談のうえ返事しよう」とかわしたが、河野は逃がすまいとばかり「なんでもいうことを聞くといったじゃないか、相談してなんてそんなバカなことがあるもんか」と攻めると、フルシチョフは仕方ないという顔をして何度もうなずいた。一本あり、である。だが、酔いの回った河野は足下がおぼつかない。会が終わると、ふらつく身を周囲の者に支えられて何とか迎賓館に戻った。すると、間もなくフルシチョフから「明日からお会いしよう」というメッセージが届いた。「炭鉱夫と百姓」の出会いは、初日からこんなふうに展開した。

「歯舞・色丹」抜きのソ連案

歓迎昼食会の前の会談では、互いの「共同宣言」案を交換していたが、ソ連の案をかいつまんで言えば、以下の十項目に合意する、というものだった。

一、戦争状態の終結

二、大使の交換
三、国連憲章の諸原則の確認
四、日本の国連加盟の支持
五、ソ連国内の抑留者の釈放と日本への送還
六、ソ連は賠償請求権を放棄
七、通商に関する交渉の開始
八、日ソ漁業条約の発効
九、国際情勢に関する意見一致の確認
十、国交正常化後に、領土問題を含む平和条約交渉を継続

抑留者の帰還や国連加盟の承認などがすべて盛り込まれていた。東西対立の中で「九」の「国際情勢に関する意見の一致」はいくら何でも無理な話だけに、あとで日本側の求めに応じてソ連も削ることになるが、問題は「十」の領土問題だ。松本・グロムイコ往復書簡の線に沿ってはいるが、そこには「歯舞、色丹」について何も書かれておらず、これでは自民党の新党議を満たさない。河野が十三日にイシコフを通じてブルガーニンに届けた書簡が無視されたと思い、これは手ごわいと感じるのだった。

河野は歓迎宴からフラフラになってホテルに戻ったあと、漁業相のイシコフを訪ねた。十三日に続いて二度目である。河野はそこで「ソ連の共同宣言案ではとても調印できない」と説明。同席した松本俊一によれば、次のように求めた。

（イ）歯舞、色丹だけを即時日本に返還すること、
（ロ）国後、択捉については、将来アメリカが沖縄、小笠原を日本に返す時に、ソ連側も日本に引き渡すよう考えてほしいこと、
（ハ）もっとも歯舞、色丹を除くその他の領土問題は、他日適当な時期に相談すると協定中に書けばよく、また沖縄その他が返還されるときでもよいこととしてほしい。
おやっと思うのは（ロ）と（ハ）であるが、ここにイシコフとの会談録がある。通訳の野口芳雄が河野一郎に渡し、それを河野の秘書だった石川達男が保管してきた会談録だ。それによれば、河野はこのように説明していた。

「アメリカが沖縄を日本に返すという時でなければ、クナシリ・エトロフについては日本として問題にしないつもりだ。ただ協定に領土問題を触れておくことは国民に対する関係もあって必要であるが、実際には、それにはどうということではない。協定には、一般の領土問題は他日適当な時に相談すると書けばよい。さもなければ前述の通り、小笠原・沖縄の返還が問題になった時に返すと書いてもらってもいい。なお今の沖縄・小笠原をアメリカが返す時云々はソビエトから出た意見として日本が同意するならば、国民も満足するわけであるから、ソビエトから提案があったことにしていただきたい」

河野の念頭には「二島返還で妥協するなら沖縄は返さない」という「ダレスの恫喝」があったに違いない。これを逆手にとって「アメリカが沖縄を返す時には国後、択捉も」という誘いである。アメリカが嫌がる沖縄返還を条件にすれば、ソ連も受け入れやすいと考えたのだ。しかも、

それをソ連から提案してほしいという。数カ月前、ブルガーニンとの密談で、漁業条約の発効について、国交交渉の再開を条件とするようソ連側から申し出てほしいと要請した件が思い出される。河野はそれがうまく行ったことに味をしめ、苦肉の提案をしたのだろう。

この河野・イシコフ会談についてはソ連側の記録が明かされている。名越健郎の『クレムリン秘密文書は語る』によれば、この部分、河野は国後、択捉について「今後の検討課題だと規定したとしても、これは国民に見せるための単なるポーズでしかない」「あるいは少し異なった表現で、全体的な領土問題は沖縄および小笠原が返還された後に検討される、と示しておけばよい」と述べたうえで、「この条件は貴国側から提案されたものだということにしてほしい。日本の世論にとっても、国民にとってもその方が自然に映るからだ」と発言したことになっている。「国民向けの単なるポーズ」という表現を実際に使ったかどうかは分からないが、いずれにせよソ連が気にする「沖縄」をテコに「国後・択捉」を何とかしたいという一心だったのだろう。

イシコフはブルガーニンとフルシチョフに伝えると答えた。

†十月十六日（火）

こうして河野は十六日午後二時からフルシチョフとの初会談に及んだ。クレムリンに近い共産党中央執行委員会の新しい建物だった。第一書記の部屋は広々として立派だったが、ブルガーニンの部屋ではテーブルの上に接待用の果物などが置いてあったのに比べて、ここには何もなく灰皿もなかった。儀礼的な来客が多いブルガーニンと違い、ここには仕事で多くの面会者がくるだけで、何もないのは短時間に次々に客を処理していく証拠だと、河野は直観する。ただし、テーブルの上に大きく鋭いペーパーナイフが一つ置かれていた。フルシチョフに届く書類は秘密書類が多く、ぶ厚い封筒に入ってしっかり糊付けされているから、ペーパーナイフが必需品なのだろう。

さて、河野とフルシチョフの交渉はこれを含めて四回に及ぶが、そのソ連側の記録が九六年にロシア側から公表された。日本の外務省はいまだに公開を拒んでいるが、公式記録が野口の通訳に基づいて作られていることを考えれば、野口メモの信憑性《しんぴょうせい》は極めて高い。そのうえ、仮に公表されたとしても伏せ字になると思われる部分まで、すべて明かされているだけに価値は高い。

野口メモとロシア側の会談録は、堀徹男の『さようなら、みなさん！　鳩山日ソ交渉五十年目の真相』にそれぞれの全文が紹介されているので比較しやすい。互いの趣旨に大きな違いはないが、ここでは発言の真意を誤らぬよう、原則として河野発言は「野口メモ」により、フルシチョフ発言はソ連側の記録によることにして、議論のエッセンスを紹介しよう。この日の会談は河野からの率直な「嘆願」から始まった。

河野　日本の国内事情はチフヴィンスキー氏から詳しく聞いておられると思う。今度、鳩山総理と私が訪ソするについても、なかなか国内でごたごたし、反対する者もあって困った。（略）イシコフ漁業大臣を通じ、ブルガーニン首相に私の手紙を渡すようお願いし、鳩山総理と私の貴国に対するお願いを申し上げたが、それは聞いていただいたか。

フルシチョフ　知っている、と答えよう。

河野は鳩山・ブルガーニン往復書簡と、松本・グロムイコ往復書簡の線でまとめたかったのだが、一部党内の反対で異なる新党議が決められたことを説明し、こう続けた。

河野　後になって提案が変わるようなことになって、はなはだ済まないことであるが、日本の国内事情をご理解下され、鳩山総理および私の願いにご協力願いたい。

野口メモによれば、ここでフルシチョフは「国内事情とは党のことか」と聞きながら「大きくため息をついた」とある。フルシチョフは日本側に渡した共同宣言のソ連案が鳩山の五条件に賛同したブルガーニンの返書に沿って書かれたもので、なぜそれが受け入れられないのか理解できないとして、次のように言い放つ。

フルシチョフ　日本側は、平和条約を締結することなしに歯舞、色丹を受け取りたい、そしてその後で我々の知らない、実際上存在しない、何か別の領土の諸問題を解決したい。（略）私は、歯舞、色丹以外のいかなる領土問題での日本の要求は受け入れず、この関係での提案がいかなるものであっても拒否すると、もう一度完全に明確に断固として表明する。

日本政府もまた、ソ連邦政府の状態を理解しなくてはならない。我々の国民は、我々が領土問題に関して大きな譲歩をしたことを知っている。（略）しかし、我々の国民は、もし、我々がさらに大きな譲歩をし、日本に我々の国家に合法的に属している新しい領土を引き渡そうとしたとしたら、我々を理解しないであろう。

「沖縄返還」の条件

フルシチョフは高齢と病身にかかわらずモスクワにきた鳩山の熱意や、河野のエネルギッシュな努力ぶりを称えた。さらに予想どおり歯舞・色丹の「引き渡し」には同意してもよいとの態度を示すが、「それは領土問題の最終解決となる」と強調したうえ、新たな条件を持ち出した。

フルシチョフ　これらの島（歯舞・色丹）で日本側に譲歩し、この規定を文書に残す。しかしながら、これらの領土の日本への実際の引き渡しは平和条約の締結後、そして米国が、占領をした沖縄その他の固有の日本領を日本に引き渡した後で行われることとする。

ここで河野は愕然としたことだろう。河野が「国後、択捉の返還」要求に関してイシコフに内々に伝えていた「沖縄返還後」という条件を、フルシチョフは「歯舞・色丹の引き渡し」の条件にしてきたのだ。河野はこれに反論し、フルシチョフと応酬になる。

河野　これはかえって日本国民に悪影響を与えると思う。何となれば平和条約なら今すぐに返すものと考えている日本国民が、この島が沖縄と同じ扱いだということになると非常に失望することと思う。従って、せっかくハボマイ・シコタンの問題を議定書や共同宣言に追加することにご了解がいただけるなら、なるべく早く日本に返すということにしていただきたい。そして他の部分については別に考えるということにお願いできないか。私たちは、どうしても今度の訪ソによって両国国交を回復せねばならないと考えている。鳩山総理は二度と再びソ連へ来ることはできません。今の機会をおいて両民族の国交回復はできないであろうと思う。どうかこの点をぜひご理解下さってご協力をお願いしたい。

「鳩山は二度と来られない」という河野の言葉には切実な思いが込められていた。野口メモには「フルシチョフが深刻な顔でうなずいた」とあるが、フルシチョフは肝心の主張を緩めない。歯舞・色丹の返還を沖縄返還にからめた理由を語り始めた。

フルシチョフ　我々はこの関係で不平等な状態を欲しない。なぜ米国は手の中に日本の領土を握って、そこに我々に向けた軍事基地をつくっているのか。それなのになぜ我々は、日本に我々に領土を引き渡すよう求められているのか。これは不公正だ。我々はこうした差別に対して抗議する。

河野　アメリカは沖縄を返すと思いますか、またいつごろと思いますか？

フルシチョフ　アメリカのために語ることは私には難しい。我々が提案している歯舞、色丹に関する解決は、沖縄を解放する問題に資することになるだろう。

河野　アメリカに対する沖縄返還の主張上も有利になるのでハボマイ・シコタンは返していただきたい。
フルシチョフ　米国は遅かれ早かれ日本に沖縄やほかの領土を返すと思う。もちろんこれがいつになるのか、私は言うことはできない。
河野　アメリカが沖縄を返すときはクナシリ・エトロフも返していただきたい。ソ連はあんなに広大な領土をもっておられるのだから。
フルシチョフ　日本人がこんなに頑固だとは知らなかった。

野口メモによれば、ここで二人は笑った。お互いに頑固だなあ、という思いだったのではないか。双方の表情が崩れたところで、本音の話になる。

河野　日本としてもクナシリ・エトロフはこれからの発展上、そう必要だとは思っていない。実はこれからアメリカに対し、沖縄返還について大いに運動をしたいので、そのためにも返してほしいのだ。

国後、択捉はさして必要でないという発言が公になれば日本で大問題にされただろうが、「沖縄返還の運動のためだ」という部分をダレスが聞いたら、頭から湯気を出したかもしれない。こう言って迫ればソ連側が乗ってくるかもしれないという計算だったのだ。この河野発言は、ソ連側の記録によれば「我々が国内で、沖縄とその他の領土の返還運動を国後、択捉の返還と関連づけて展開できるとしたら、我々は成功を納め得るだろう。なぜなら二大国が日本に属する領土を同時に返還するという論拠は、極めて積極的に響くからだ」となっている。だが、フルシチョフはそれに乗らなかった。

フルシチョフ　国後、択捉に関してはまったく問題はない、問題はとっくに解決されている。経済的にこれらの島は何の意味も持たない。逆に我々にはまったく損失ばかりをもたらし、予算でも重荷となっている。しかし、国家の威信を判断する場合や、戦略的な側面の問題では決定的な役割を果たしている。

ソ連にとっても国後、択捉の価値は低いが、返せないのは国家の威信からだと言うのだ。野口メモに「このあたりから大分調子がくだけてくる」とあるように、公式発表しにくい発言が双方から繰り返される。以下は野口メモによる両者の会話だ。

河野　よく気持ちは分かる。

フルシチョフ　われわれもこんな島を引き渡せば、それだけ予算が助かるわけだ。

河野　アメリカから沖縄などを吐き出させるためにも、クナシリ・エトロフを返していただいて運動を有利にしたい。

フルシチョフ　ソ連側の考え方が、日本のアメリカに対する運動に有利になると思う。クナシリ・エトロフのごとき問題でない。これは最終的なものだ。
河野　よく分かるが、国民的な感情与論も考慮されたい。

ここで実質的な話は終わった。翌日はブルガーニン・鳩山会談が予定されているが、河野はその前にもう一度フルシチョフと会いたいと申し入れ、同意を得た。野口メモによれば、帰り際に二人でこんな応酬があった。

河野　東京へこんな案を相談したら、われわれは帰れない。
フルシチョフ　われわれの立場も考えてほしい。あなたたちはさっさと帰る。われわれはクレムリンから追い出されるということに……（両者笑う）。
河野　われわれだって羽田で飛行機から降りられませんよ。
フルシチョフ　われわれだって、何だ政府は日本人になったのかと国民からたたかれますよ。
河野　国会の批准が出来ないと困るので、これが一番心配です。では、これで。

野口は「フルシチョフは、非常に沈鬱《ちんうつ》に考えながらゆっくりしゃべった」とし、「野口がメモしている表情を、自分でしゃべりながら、じっと注意深く見つめていた」と書いている。
会談を終えた河野は宿舎に引き上げて鳩山に報告した。一緒に聞いていた若宮は「なかなか先方も強硬だ。それにしても、日本の今までの態度は、たしかに次々と強く変わってきた。で、先方がいぶかるのも或いは無理のない所かも知れない」と書いている。毎日新聞によれば、記者団に「きょうも飲まされましたか」と聞かれた河野は「とんでもない。きょうは酒どころか水もタバコも出ないんだ。タバコはもっていたが、相手が喫まないのに僕だけ喫むわけにはいかないし弱ったよ」とぼやいた。

河野はこのあと午後にイシコフを訪ねた。三度目の訪問だが、イシコフを味方にしようというこれまでの作戦は空振りだった。河野は泣き言をいうが、イシコフは激励する。

イシコフ　フルシチョフさんと会ったとのことですが。

河野　会った。フルシチョフさんは堅い。苦手だ。あれでは東京は同意しない。

イシコフ　その代わり、話は率直でいいでしょう。

河野　率直なのはいいが、駄目、駄目の連発ではね。なかなか手ごわいですよ。いままで総理と相談したが、フルシチョフさんの案では、こちらで総理と二人だけが調印して変えることは不可能だ。私の方も、この際まとめなければ、鳩山総理は再び訪ソすることはできず、相当長い間国交正常化は出来なくなる。我々は正常化を誠心誠意願っているのです。

イシコフ　この点に関しては、河野さんが自分の信念を披露して、あすフルシチョフ氏に話されたらよいと思います。フルシチョフやブルガーニンとは良いお知り合いになられたわけですから。

河野　どうも年寄りは苦手だ。

イシコフ　歳の問題じゃなくて、胸を開いて話し合うことが問題です。正常化にはみんな一様に関心をもっているのですから。

「炭鉱夫と百姓」同士で気持ちが通じ合うという思惑が外れたのか、河野は弱気になっていたが、イシコフの話に少し気を取り直すのだった。

ところでこの日、若宮は「赤の広場」をはさんでクレムリンと向き合う大きな国営デパート「グム」を訪れた。帝政ロシアの時代に建てられた宮殿のように豪華な百貨店で、革命後に国有化された名所である。「四階建ての大きなものだが、驚いたことには、その建物の中が縦に四列に分かれ、その間に三本廊下が通っている。そして、二階、三階はそれをつないで橋がかかっている。売店は、一列にならび、品物は手にとるようにはなっていない。注文をすると中から持って来る。選び分けるような訳にはいかない。それでも人がいっぱいなのに驚く。特に洋服売場などは行列を作っている」。若宮はネクタイが日本円で一本三千円と「べら棒に高い」のに驚きながら、「一番割安」なロシア民謡などのレコードを土産に買った。

私も二〇〇六年にここを訪れて「五十年後のグム」を見た。外見は変わっていないが、ルイヴィトンをはじめブランドショップがずらり並ぶ豪華なショッピングモールになっていた。たまたま一階の通路には売り出されたクラシックカーがずらりと並び、まさに隔世の感であった。

鳩山夫妻は河野、松本らとともにこの夜、ボリショイバレーを見に行った。鳩山のためにとくに予定を変更して『白鳥の湖』が上演され、「若手のナンバー・ワンといわれるプリンセイ《マヽ》スカヤ（引用者、プリセツカヤ）がきれいな踊りをみせた。鳩山夫妻は二階正面の貴賓席で同行した元バレリーナの服部智恵子さんを説明役にしたてて三幕までジッと見ていた。観客も隣国の首相夫妻がきたというので幕あいにはみんな振り返って見ていた」（毎日新聞十七日夕刊）という。

本音の応酬

†十月十七日（水）

フルシチョフとの二回目の会談は午前十時すぎから始まった。野口によれば、部屋で河野を迎えたフルシチョフは「私はもうじき日本人になってしまうかも知れぬ」と言って笑った。前日の最後のやりとりを思い出していたのだろう。

河野はイシコフのアドバイスを聞いて「精一杯、胸の内を明かそう」と思ったようで「理屈は言わぬつもりです」と話し始めた。フルシチョフが「理屈も討論も結構です。時には有益です」と答えたところ、河野は「重光のときのような理屈は言わないとの意です」という。議論の応酬に終わった重光とは違うと言いたかったのだが、フルシチョフが「重光さんのときは、別の目的があったのですから」と応じた。「別の目的」とは意味不明だが、フルシチョフは重光の目的を「米国の意向を背に、強硬論を述べる宣伝戦」と受け止めていたのではないか。それならソ連が強硬論の一辺倒で押し通した理由もわかる。

河野は「きょうお話することは、他にはしゃべらないからそのおつもりに」と言って、党内事情から話し始めた。「鳩山、河野の訪ソに絶対反対の分子があり、（略）手段を尽くして妨害した」として、新党議ができたいきさつを説明。そこから漁業交渉の折にブルガーニンから「歯舞・色丹は譲歩するが、国後、択捉は絶対に譲歩できない。従って、これを後回しにして、意見の一致したものだけを決めよう」と言われたとし、今度の新党議はその線で決めた、と話した。

フルシチョフは、河野がブルガーニンの話を「不正確に解釈している」と述べ、ソ連側の方針を改めて説明。そのうえで「秘密」の新提案を口にした。

フルシチョフ　私は秘密の形で次のように強調しておきたい。我々の案は日本によって、宣伝の目的にも首尾よく使うことができるだろう。ソ連邦が日本にこれらの領土を引き渡す義務は、米国に圧力をかけ、日本に米国の支配下にある沖縄やほかの領土を還すことを要求する十分な根拠となるからである。平和条約を締結し、米国の支配下にある沖縄とほかの領土が返還された後で、日本に歯舞、色丹を引き渡す項目を共同宣言に含めることができるだろう。だが、このこと以外に口頭で記録抜きに、我々はこれらの領土を平和条約の締結後に引き渡すが、この引き渡しを沖縄とほかの領土の返還に関連づけない、と合意することもできるだろう。我々は日本が沖縄とほかの領土の解放を達成するのを助けたい。

この部分は持って回った表現でわかりにくいが、野口メモでは以下のようになっていて、少しわかりやすい。

フルシチョフ　これは、あなたと二人だけの紳士協定としてこう決めたい。すなわち、共同宣言中には、われわれは平和条約が署名され、アメリカが沖縄など日本の領土を返す時としておいて、実際は平和条約が出来たときに日本に渡すこととしたい。このことは書き込まないで二人の間の紳士協定としたい。必ず守るから。

つまり、フルシチョフは「沖縄が返されたとき」と書き込むのはあくまでアメリカにプレッシャーをかけるためで、実際にはそれが満たされなくとも返す、というのだ。十五日に河野がイシコフに示した「秘密の条件」とは似て非なる「紳士協定」の提示に、河野は複雑な心境だったのではないか。「よく分かりました。では、私たちの案を見ていただきましょう」と言って、共同宣言の日本案を渡し、領土問題の部分について野口がロシア語を読み始めた。

「ソ連邦は、日本国の要望に応え、かつ日本国の利益を考慮して歯舞諸島及び色丹島を日本国に引き渡すものとする」

ここで早速、フルシチョフが「待った」という恰好をして割り込んだ。

フルシチョフ　歯舞、色丹の引き渡しに関する最初の部分の文章表現はよくない。ここではすべてが非常に断固とした表現で記されてあり、もし我々がこうした文章表現の後で即座に日本へこれらの島を引き渡さなかったら、日本の世論はこのことを、ソ連政府がみずからに課した義務の実行を拒否したと評価するであろう。

さらにフルシチョフは「沖縄返還への圧力」と「紳士協定」を恩着せがましく強調して河野に迫るが、河野は渡した日本案をもとに「お気に召すように直していただきたい。そしてでき次第それを私の方に見せていただきたい」と、修正案の提示を要望。フルシチョフは了承した。

戦利品のペーパーナイフ

別れ際、河野は妙なことを申し出た。テーブルの上にあったペーパーナイフを「自分にくれないか」というのだ。一体なぜこんなことを頼んだのか。実は前日の会談以来、フルシチョフは熱弁を振るいながらこのペーパーナイフを片手にもって、盛んに振り回した。透き通ったプラスチック製だが、大きめの脇差しのようで鋭い。河野は「最初は凶器を振り回して、こっちを威圧するのかなあ、とさえ思った」(『今だから話そう』)。もちろん河野の方は素手だから、これでは交渉に不公平だと感じたのだ。

そこで前日、鳩山に「先方には戦力があり、こっちには戦力なしでは戦いにならぬ。明日はアレを取り上げるから待っていて下さい」と宣言していた。これが成功すれば交渉も成功すると、ゲンを担ぐ意味もあったのだ。

フルシチョフは驚いた顔をして河野の顔をまじまじと見たあと、「よろしい、あげましょう」と言い、いかにも惜しそうな面持ちでペーパーナイフを河野に渡した。よく見ると凝っていて、透明の柄の部分にレーニンの写真が入っている。河野は会談から戻ってこの戦利品を鳩山に得意げに見せ、「記念に差上げましょう」と渡した。鳩山は帰国後もこのナイフを自宅の書斎の机に置いていたが、回顧録ではフルシチョフを「河野君のような人で、思つてたことは何でも遠慮会釈なくぶちまける」「二人とも全く面白い男である」と評している。

午後一時から、今度は日本側が宿舎の迎賓館にソ連側の要人たちを招いて、答礼の午餐会を開いた。フルシチョフ、ブルガーニン、ミコヤン、モロトフ、ジューコフ、イシコフ、グロムイコ、フェドレンコ……。またもそうそうたる顔ぶれがそろい、今度はコニャックではなく、日本酒が振る舞われて盛り上がった。

このあと午後三時に鳩山は河野を伴ってクレムリンに赴き、ブルガーニンとの会談に臨んだ。若宮日記によると、鳩山が京都の老舗「龍村」の織物を土産に渡し、本題に入った。鳩山は冒頭の発言で、領土問題に触れぬまま国交正常化しようという方針が、党内の「吉田派」の反対によって「本意ならずも領土問題に触れなければならなくなった」と改めて苦しい立場に理解を求める。そのうえで抑留者の送還や日本の国連加盟への支持を強く求めた。

ブルガーニンは鳩山の熱意に「絶大な敬意」を表し、国連加盟や抑留者送還に積極的な協力を約束した。だが、領土問題だけは厳しい態度を変えない。野口メモによれば、こんなやりとりがあった。

ブルガーニン　領土問題では、これ以上の譲歩は一切出来ません。これこそは私の方の最後の揺るぎないものであります。左様御了承下さい。

鳩山　くどいようですが、平和条約を結べば歯舞・色丹は返して下さるのですね。

ブルガーニン　そうです。

鳩山　アメリカの話は触れないでいただきたい。

ブルガーニン　アメリカの話を入れることは、日本側を助けることになるのですよ。

河野　国後・択捉と引っかけるなら、そうなりますがね。

ここで笑いが起きた。河野は鳩山に「領土はフルシチョフとやりますから」と耳打ちして、この話は終わった。

やがてでき上がる共同宣言には沖縄も小笠原も全く出てこない。このため一般にはあまり知られていないが、北方領土の返還が最後までアメリカによる沖縄返還の可能性に絡めて議論されたことは興味深い事実である。

つかの間の喜び

この晩、ソ連外務次官のフェドレンコが河野を訪ねてきた。フルシチョフの約束通り、日本が提出した共同宣言案に手を入れて持ってきたのだ。領土の部分はこんな表現だった。

日本国及びソヴィエト社会主義共和国連邦は、両国間に正常な外交関係が回復された後、領土問題を含む平和条約の締結に関する交渉を継続することに同意する。

ソヴィエト社会主義共和国連邦は、日本国の要望にこたえ、かつ日本国の利益を考慮して、歯舞群島及び色丹島を日本国に引き渡すことに同意する。ただし、これらの諸島は日本国とソヴィエト社会主義共和国連邦との間の平和条約が締結され（かつアメリカ合衆国の管理下にある沖縄及びその他の日本国所属の島嶼が返還され）た後に、現実に引き渡されるものとする。

さらにフルシチョフが河野に伝えた「紳士協定」として「ソ連はアメリカの沖縄返還を待たずに歯舞・色丹を引き渡す」という趣旨が書かれてあった。河野は「鳩山首相とよく相談する」と言ってフェドレンコを帰した。

よく見ると、国交正常化のあとも「領土問題を含む交渉」に応じるとある。これは日本側の要望を入れたものだ。代表団はすぐに会議を開いた結果、「沖縄返還」に触れたカッコ書きだけ削ってもらえば問題ないという結論に達した。若宮は興奮気味に日記にこう記した。

「直ちに会議を開き、ハボマイ、シコタンに対する但書のうち、米国云々を除けばこれでよしという結論に達する。／松本氏はじめ外ム省の連中、全くこの成果に驚いていた。全然初めから彼らは投げていたのだから……。／これでは文句をつける方がおかしい。無理に文句をいうなら、（引用者、歯舞・色丹の返還が）「即時」ということがなくなったということだけ。しかし、これはソ連側から考えれば当然のことのようだ。しかし、ソ連はよくもここまで譲ったものだ。12時法眼（引用者、晋・外務省参事官）来り。この案を日本に打電することにする。／やっとヤマは過ぎた、いよいよ明日の河野、フルシチョフ会談で、最后の決定が下されるところまでこぎつけたようだ」

†十月十八日（木）

さて、河野が翌日の午後四時にフルシチョフを訪ねると、少し遅れてきたフルシチョフが「アフガンの首相と話していたので」と詫びた。テーブルを見ると、前日もらったはずのペーパーナイフが置いてある。河野が驚いた顔をしていると、フルシチョフはそれを手に取って「もう一本いりませんか」と先手を打った。「昨日のは鳩山さんにあげてしまったから、今度は僕の記念にもらいましょう」と言うと、フルシチョフはさらに戸棚のところに歩み寄り、「まだありますよ」と言って同じペーパーナイフを持ってきて、相変わらずナイフを振り回して話す。野口メモによれば、三本目は「あなたに差し上げる」と言って野口にくれた。河野は啞然として「今日の勝負、こっちの負けである」と書いた（『今だから話そう』）。

河野がもらったペーパーナイフはいま河野洋平の家にあり、私はそれを見せてもらった。なるほど透明なプラスチックの大きなもので、レーニンの写真が埋め込んである。

話は本題に入る。河野は前夜ソ連側から受け取った宣言案から「アメリカの沖縄などの返還」に関する部分を削除した案を示しつつ、それ以外はすべて同意するとして「妥結したい」と伝えた。

フルシチョフは沖縄に関する部分の削除に同意した。ところが横から外務次官のフェドレンコが何かフルシチョフにささやくと、肝心の部分で重大な修正を申し出た。ソ連の記録よりも分かりやすいので、野口メモを紹介しよう。

フルシチョフ　ただ、前段の最後の「領土問題を含む」の四文字を削除したい。

唖然とした河野が口をはさもうとするが、フルシチョフは構わずに続けた。

フルシチョフ　そうしないと歯舞・色丹の外にさらに何か別の領土問題があるようにとられるからである。私はその方が良い、その方が正しいと考える。もう一度読んでみましょう。

そう言ってフルシチョフが文案を読み上げた。「領土問題を含む」が消えている。憮然《ぶぜん》とした表情で河野が反論した。

河野　これは昨夜あなたの方からいただいた案文をそのまま採用したのである。そして本国へ言ってやって承認を取り付けたものだから、これを直されると困る。

フルシチョフ　こうした方がよりよくなる。昨日の案文よりはきょうの方がよい。より正しい。

河野　電報を打って閣議決定までした後なので、わが方の案をまげて容れてほしい。

「閣議決定した」というのは正確でなく、実際には政府・与党連絡会議で了承されたのだが、河野は大げさに言ったのだ。だが、相手は動じない。

フルシチョフ　問題は単にレダクション（引用者、削減）の相違に過ぎない。東京からの同意を取り付けられたというのは喜ばしい。

フェドレンコ　こうした方が意味もすっきりします。

フルシチョフ　これで決めて乾杯することにしましょう。

河野　いや、これでまた東京へ聞いてやらねばならない。

フルシチョフ　この案文なら私の方もわが外務省に取り次いでもよいと思う。貴方と一対一で会ったところ、外務省からお叱りを受けて、ご覧のようにフェドレンコをお目付役につけてきました。私は今度は外務省に報告せねばならなくなったのです。

河野はなおも食い下がるが、フルシチョフは「これでは誤解が生ずると外務省が言っている」と聞かない。

フルシチョフ　日本案では二島の外に何かあるようにも取られ、日本外務省の屁理屈屋……ソ連の外務省もだが……がなんのかんのと問題にしたがるおそれがある。

ここで発言が入り乱れたあと、フルシチョフは脅すように言い放つ。

フルシチョフ　それでは歯舞、色丹を日本に渡すことにより領土問題は一切解決済みだと書いてもよい。

河野　ただ、今さら直すことが困るのだ。東京へ電報を打ち直さねばならないとなると、明日の調印には間に合わないおそれがある。

らちが明かないと見た河野は「総理と相談します」と言いつつ、なお「こちらの案に同意してくださるといいのだが」と未練を見せた。

フルシチョフ　こちらは八行譲り、日本は半行譲るのだ。

河野　譲歩じゃなくて、あなたの方から好意的に言い出したことじゃありませんか。

フルシチョフ　直ちに調印し、歴史的な調印式をいたしましょう。

河野　これでは東京へ帰って叱られますよ。

フルシチョフ　初めは罵っても後で褒められるでしょう。

最後に河野は、前日の鳩山・ブルガーニン会談での合意事項などを書いた鳩山からブルガーニン宛ての書簡を渡し、領土問題以外の懸案解決の念を押した。

さて、前夜からの暗転に、河野は「天国から地獄」の心境ではなかったか。フルシチョフは「外務省に叱られた」などと繰り返したが、これについては違った見方もある。鳩山は『回顧録』に「調べてみると、外務省がウッカリこちらに返事をよこしたあと、フルシチョフがその文書を見て、大いに驚き、外務次官らを呼びつけて、ひどくしかりつけたという話もある」と書いている。もし、そうだとすれば、自分が叱られたかのように芝居したフルシチョフは相当な役者である。

河野は自分たちが喜んだ前夜の会議の様子が盗聴されたと疑った。このため、今度は迎賓館で鳩山に相談する前に、ソビエツカヤホテルの前に松本を呼び出し、二人だけでしばらく相談した。その結果、

（一）共同宣言からは「沖縄」云々を削除し、歯舞、色丹は平和条約の時に返還させることを明記する。

（二）共同宣言の中から「領土問題を含む」の文字を削ることに応ずる。

（三）領土問題の継続審議を確認した「松本・グロムイコ書簡」を公表する。

の三点で臨もうと決め、鳩山に報告。鳩山ももはやこれでいくしかないと同意した。松本・グロムイコ書簡の公表を重んじたのは、共同宣言から「領土問題を含む」の文字を削っても、これを同時発表すれば、国後・択捉の継続協議が約束されたと説明できる、と考えたためである。

『若宮日記』は「河野氏はこちらの話を全部聞かれているという。そういうこともあるかも知れないが、本当は先方は、これを承知した方がおかしいので、昨夜はビックリした程なのだ。きっと気付いたに違いない。これではハッキリとクナシリ、エトロフも継続審議ということになってしまう。／直ちに相談して、これを承知するより外なしと一決、総理の意見を聞くと勿論ＯＫ。「領土」とは書かなくても当然という解釈だ」と書いている。

鳩山にとっても苦渋の決断だったが、「この宣言に従っても、エトロフ、クナシリはわが領土であるという主張を、なお十分に行うことが出来ると確信している。さらに、国連加盟と抑留者の送還実現については、最も細心にその保証を取りつけることに注意をはらつた」(『回顧録』)。

こうして共同宣言の領土に関する部分は以下のように決まった。

日本国及びソヴィエト社会主義共和国連邦は、両国間に正常な外交関係が回復された後、平和条約の締結に関する交渉を継続することに同意する。

ソヴィエト社会主義共和国連邦は、日本国の要望にこたえかつ日本国の利益を考慮して、歯舞群島及び色丹島を日本国に引き渡すことに同意する。ただし、これらの諸島は、日本国とソヴィエト社会主義共和国連邦との間の平和条約が締結された後に現実に引き渡されるものとする。

代表団は交渉の最終結果を東京に打電したうえ、河野が午後六時半にフルシチョフを訪ねた。交渉の結果はフルシチョフに押し切られた形だが、この間の河野の奮闘ぶりには外交官出身の松本俊一も舌を巻いた。『日ソ国交回復秘録』にこう書いている。

「河野さんは、外交こそ素人であったけれども、内政で鍛えた腕前は、相手がブルガーニンであろうと、フルシチョフであろうと、またイシコフであろうと、臆するところなく日本の主張を述べて、なんとか、これを先方にのませるだけの手腕を示したことは、全く感嘆のほかないのである。この点は従来の霞ヶ関の伝統を踏む外交官が、ともすれば相手に呑まれて譲歩するか、あるいはむやみに強いことばかりいって交渉を破局に導くか、つまり人間同士の交渉について修練や胆力の足りないうらみがあったのに比べると、天成の外交家ともいうべき概があった」。身内びいきの点は割り引くとしても、外交官の出身者として実感があったのではないか。

ところでこの日、鳩山はクレムリンの城壁近くにあるレーニン廟を訪れていた。ガラス張りの中にレーニンが死んだままの姿で横たえられている。しかも、写真などが一斉に消えていたスターリンの遺体も並べられていた。若宮は「スターリン批判の頃、外人記者団が、この棺が持ち出されると思って一晩中、こゝに張り込みをしたという話だ。それにしても、これも大した見世物で、毎日毎日、何千人という人々が長い行列を作っているのには驚く」と書いた。

『若宮日記』にはこのほかところどころにモスクワの風景が描写されているが、この日は「特ダネ」が書いてあった。夜、地下鉄に乗って街を観察に出たところで「とうとう一人売春婦を見つけた」というのだ。「モスクワにはいるとかいないとかいう議論があったが、たしかに間違いない。緑のネッカチーフを頭にかぶって余り好い女ではない。道を歩きながら、時に一人の男に話しかけている。東京と全く違はない仕ぐさ。遂にこの眼で確認した、大ニュースである」。夜の十一時をすぎていたが、街に人通りは多く、「全く出歩くのが好きな国民だ」。大事な交渉とは別に、ベールに包まれた共産党の国の意外な一面に驚かされることの多いモスクワ訪問だった。

苦境にあったフルシチョフ

河野がフルシチョフに「受諾」を伝えた会談で、フルシチョフは「欣快に堪えない」と喜んだうえで思いがけないことを付け加えた。翌日の十九日に調印式をし、二十日に帰るという日本側の予定を二日ほど延ばしてほしいというのだ。

フルシチョフ　調印は二十一日にしたい。というのはわれられの方に事情があって、私と数名がモスクワを離れることになっているからです。こんな大きな歴史的に意義のある調印式にはわれわれ全部出席し、盛大なものにしたい。

河野　お言葉ではあるが、東京への帰りを急いでいますので。

野口メモにはないが、河野によるとフルシチョフは「今晩からポーランドへ旅行しなければならぬ」と言った。「困る」と言うと、フルシチョフは「自分がおった方がいい。そうして両国の関係を世界に示そうじゃないか。こういう歴史的調印式は、自分のおる時にぜひやってもらいたい」と熱心だ。週末はモスクワを案内させるから、何とか月曜の二十一日まで待ってほしいと言う。

河野は鳩山に相談すると言って引き上げたが、やはりみな「待てない」という。東京や北海道でやきもきする関係者たちを考えれば、無為に二日も延ばすわけにはいかないからだ。そう伝えると、第一外務次官のグロムイコがきて、フルシチョフからの重ねての要請を伝えた。よほど未練があったのだろうが、どうしても無理だと伝えると、フルシチョフと電話で連絡をとったうえ

「やむを得ません」となった。

実は、フルシチョフは十九日にポーランドに向ったのだ。このころ日本政府は何も状況を把握していなかったが、この年はじめに行われたフルシチョフのスターリン批判が社会主義国の独裁政権や個人崇拝にも大きな影響と動揺をもたらしていた。フルシチョフのポーランド行きもこれと無縁ではなかったのだ。

ポーランドではスターリン主義者の大統領ビエルトが死去すると、六月に工業都市のポズナニで労働者や市民が放送局、裁判所、警察署などを襲撃する暴動が起きた。政府は労働者の経営参加などの妥協策を示して収束を図ったが、この暴動を反ソ活動と見たソ連は厳しい弾圧を求め、ソ連軍も国境地帯に移動して圧力をかけた。だが、労働者や知識人が政府を支援して交渉が続いた末、失脚していたゴムウカが第一書記に復帰して妥協が成立した。フルシチョフが十九日にポーランドに向ったのは、その就任式に出るためだった。ソ連圏のワルシャワ条約機構にはとどまりつつ、ソ連との距離を保つ民族主義的な社会主義路線をとることになる。

だが、フルシチョフは安閑としていられなかった。直後の二十三日にハンガリーで民衆の暴動がおき、「ハンガリー動乱」と呼ばれる事態に至る。ソ連は軍を送ってこの鎮圧にあたったのだ。アジアでは中国共産党が「毛沢東思想」という表現を党大会から下ろすなど、スターリン批判の影響があったが、毛沢東は逆にソ連と決別する道を歩み出す。北朝鮮でもスターリン批判を受けて金日成の個人崇拝を排するクーデター計画が起きたが、これを察知した金日成が首謀者らの処分に成功、むしろ立場を強化することになった。八月宗派事件と言われている。

日ソ交渉はまさにそんなさなかで行われていた。『日ロ関係史』の河野・下斗米論文はこうした情勢を受けて「フルシチョフは党内保守派だけでなく、改革派からも批判を浴びた。これは当時のフルシチョフの交渉上の立場を弱めていた。事実鳩山訪ソの直後、中国の劉少奇、鄧小平らの中国共産党代表団が訪ソ、共産党幹部会に出席、この結果一〇月末には各国共産党は対等であるという宣言がでて、フルシチョフの改革的立場は追い込まれる」と分析する。

フルシチョフが日ソ交渉で国後・択捉の返還にまで踏み込めなかったのには、ここで弱いところを見せられないという事情もあったに違いない。鳩山や河野が抜き差しならない政治状況を背景にモスクワにきていたとすれば、フルシチョフもまたそれ以上に厳しい状況の中で鳩山らを迎えていたことになる。だが、フルシチョフのポーランド行きの目的すら理解できなかった日本政府は、そんな事情を知る由もなかった。

クレムリンで君が代

†十月十九日（金）

こうしてついにクレムリンで調印式が行われた。一九五六年十月十九日の午後五時四十五分～六時である。昼食会でフルシチョフと河野の「コニャック勝負」が演じられた部屋だった。フルシチョフこそ不在だが、先方はブルガーニンと外相のシェピーロフ、日本側は鳩山、河野、松本の三人がひな壇に並び、次々に歴史的文書に署名した。鳩山の感慨は想像に余りある。まさに政治生命をかけてきた国交正常化が実現したのだ。

日ソ共同宣言（一九五六年十月十九日）

①戦争状態の終結②外交関係の回復と大使の交換③国連憲章の尊重④日本の国連加盟支持⑤日本人の戦犯釈放と送還⑥日本への賠償請求の放棄⑦貿易、通商をめぐる条約の交渉開始⑧漁業条約の発効――が約束され、領土については以下のように規定された。

9　日本国及びソヴィエト社会主義共和国連邦は、両国間に正常な外交関係が回復された後、平和条約の締結に関する交渉を継続することに同意する。

ソヴィエト社会主義共和国連邦は、日本国の要望にこたえかつ日本国の利益を考慮して、歯舞群島及び色丹島を日本に引き渡すことに同意する。ただし、これらの諸島は、日本国とソヴィエト社会主義共和国連邦との間の平和条約が締結された後に現実に引き渡されるものとする。

このあとクレムリンの大広間で行われた祝賀会にも、鳩山は感激するばかりだった。実はこの日午前、鳩山らはクレムリンの宝物殿を見学していた。「さすがわツアーの王室、あるわあるわ、各国の元首からおくられた金銀財宝にあふれている。玉座、車、服、食器、その他調度、武器、装飾品など総て金と銀、数知れぬ宝石一色。（略）明治天皇から贈られた象牙の白ワシが異彩を放つ」（「若宮日記」）。鳩山は「これだからこそ共産主義の革命があり得たのだと思つた」（『回顧録』）と感じていた。

そんな宮殿での大祝賀会である。「真白い大理石の壁の大広間に、各国の大公使をふくめて千五百人ばかりの人が集つた。そしてその真只中で楽隊が厳かに君が代を奏した。かつて日本が、ソ連と対等の実力を持つていた時ですら、あのクレムリンの真中で、しかもあれだけ多くの人々を前にして、君が代を奏したことがあつたであろうか？　私は、たゞたゞ眼頭が熱くなつた。その私の顔を、ブルガーニン氏が隣りからジッと見守つていた」（『回顧録』）

夜の八時に迎賓館に戻り、食堂で記者団を交えて乾杯し会食。そのあと鳩山は「談話」を出した。「公約実現」を「感慨無量」だとし、「抑留同胞がこの冬を待たずに帰国できる」ことや、国連加盟によって「独立国家として国際社会への一員に加わることも出来るようになった」と胸を張った。ただし、領土問題について「互譲の精神に立って解決できたのであります」というのはいかにも苦しいが、難しい条件のなかで最大限やり終えたという満足感があったのだろう。

この夜、鳩山はなかなか寝付かれなかった。「さまざまな思い出が、次から次にと頭の中を走りすぎた。それでも、その走馬燈の一コマに、喜びに溢れているような抑留者や、その家族の人たちの顔々が浮び上つた時には、自分ながら、本当によいことをしたと、つくづく思つた」というのが実感だったのだろう。

†十月二十日（土）

八泊九日に及んだモスクワ滞在は終わり、一行は二十日午前十時、モスクワ空港を発つときがきた。空港ではブルガーニンが見送り、再びオープンカーで鳩山と一緒に閲兵。再びソ連の特別機でストックホルムへと向かった。鳩山は「寒風に吹かれながら、いつまでも手を振り続けるブルガーニン氏の姿が、フと視界から消えると、急に疲れが出たように感じて、私はジッと目をとじた」（『回顧録』）。

日ソ交渉の妥結を地元の北海道では喜びで迎えた。歯舞、色丹が間もなく返って来ると受けとめたからだ。本田良一の『日ロ現場史』によれば、北海道新聞は歯舞村長の川島千代吉が「医者にも見捨てられた瀕死《ひんし》の息子が、やっと息を吹き返した気持ちだ」と語るのを伝えた。家々には日の丸が掲げられ、「祝色丹・歯舞返還」の幕を掲げた村営バスが根室の東端で北方領土に向き合う納沙布岬《のさっぷ》まで走った。国後、択捉の返還が約束されなかったことで「めでたさも中くらい」の空気があったことは否めないが、歯舞、色丹にとっては朗報だったことに違いはない。「奉祝日ソ交渉妥結」と赤字で横書きしたベニヤ板を掲げた消防車が妥結のニュースを根室で触れ回り、マイクを握った根室町職員が「日ソ国交が回復されました。歯舞、色丹は返ってきます」と大声で知らせた。

いまでは根室市に合併されているが、このころ納沙布半島には歯舞村があった。歯舞島も含む行政区域だった。その歯舞村の職員が作った行燈を先頭に、小学生らが作った提灯を持った百人以上の村民はお祝い行列をした。そんなお祭りムードに満ちていた。

抑留者の家族たちは留守宅で歓喜に満ちていた。モスクワで共同宣言が調印された十月十九日、毎日新聞の社会面は「こんどこそ帰ってくるよ」という大見出しの下に、家族らの声を紹介していた。

「在ソ同胞留守家族会」をつくって運動の先頭に立ってきた小畑《おばた》信良（元陸軍少将）の妻富子は「鳩山さんの訪ソが決まるまで一ヵ月間すわり込んで早期妥結を訴えてきました。外務関係議員を一人残らず訪問もしました。でも私たちの願いがこんなに早くかなうとは……」と感激にむせぶ。河野が訪ねたイワノボにいた後宮《うしろく》淳（元陸軍大将）の留守宅では、妻の勝千代が長男夫婦や孫に囲まれて「寝る間も忘れたことのない願いがかなえられました」と感謝を語っていた。

もう一人、「夢のよう」と語っているのは、鳩山が一番気にかけていた近衛文麿の長男、文隆（陸軍中尉）の妻正子だ。「喜びがまた実感としてわいてきませんの。待ちくたびれちゃって急には信じられないような気持ちです」と話している。湯河原にいる義母（文麿の妻）とも連絡をとってお迎えの準備をするという。ハバロフスクの裁判で「国際ブルジョアジー幇助」という罪で二十五年の禁固刑を受けながら、労役を断固拒否。シベリアの収容所を転々と移されたあと、この年の六月にイワノボへ移っていた。

だが、近衛家の喜びは間もなく暗転することになる。イワノボやハバロフスクの収容所から千人余りがシベリア鉄道でナホトカに送られ、そこから舞鶴港へ帰ったのだが、そこに近衛の姿はなかったからだ。いよいよ帰還という十月二十九日にイワノボで急死したのだ。この悲劇は劇団四季のミュージカル『異国の丘』の主題となって、二〇〇一年に初上演された。死因は脳溢血とされているが謎が多く、ソ連による毒殺説もあるほどだ。

大荒れになった批准国会

さて、共同宣言をどう読めばいいのか。鳩山一行は「領土問題を含む」という表現がなくなっても、松本・グロムイコ書簡が同時発表になったことで、国後、択捉の継続協議が約束されたと解釈した。松本・グロムイコの書簡は共同宣言の補完文書と見るのだ。しかし、フルシチョフがしきりに念を押したように、ソ連側にはそんなつもりはない。公表に同意した松本・グロムイコ書簡も「単なる外交官同士の書簡」であり、トップ同士が署名した共同宣言によって効力はなくなったと見る。いわば途中経過にすぎないというわけだ。

むしろソ連の知日派には、平和条約の締結時に「歯舞と色丹を引き渡す」と明記したのは日本の失敗だという見方もある。なぜなら、それによって国後、択捉の可能性が消えたからで、むしろ歯舞などの書き込みにこだわらず、ただ「領土問題を含む交渉の継続」を謳っておけば「四島」の可能性が残ったというのだ。しかし、共同宣言で歯舞、色丹の返還が約束された以上、残る「平和条約の締結交渉」とは、論理的に考えて国後、択捉のこと以外にないというのが日本側の解釈だ。このことが後々まで日ソ間の争点になるのだが、わずかな希望が残されたのは事実だ。

東京の受けとめ方も複雑だった。新聞の社説は「領土占領のままの妥結」「全権団は屈服した」（毎日新聞）、「はじめから、この交渉で何を成し遂げるのかという確固とした構想もなく出発したことを考えたなら、いまさら成功の不成功のを論ずる域にも達しない」（朝日新聞）などと冷たく、その批判ぶりは石丸和人が「エキセントリックでさえあった」（『戦後日本外交史Ⅱ』）と分析した通りだ。

「反鳩山訪ソ」の旗を振った自民党の時局懇談会はさっそく「暴挙だ」という反対声明を出した。今後、国後・択捉の返還にソ連が応ずる可能性がない以上、平和条約はできないから歯舞、色丹も返還されないことになるという悲観論であり、「ソ連の謀略に終始した交渉」の結果、新党議も国民の要望も根底から覆されたとして「わが外交史上最大の暴挙である」と激しかった。

若宮はこうした主張について日記にこう書いた。「ハボマイ、シコタンは即時返還の論がある。中にはこれが実現しなければ、断じて国交再開には応ずるなという強硬論がある。／ところがおかしなことには、もし、この人達のいうように、即時この島を返して貰はないなら復交するナということだと、いつまで経っても、この二つの島は返ってこないことになってしまう。／外国に「腹がへったから飯を食はせろ、しかし御飯でなければ絶対に食べない」というのと同じで、そんなことをしていたら、いつまで経っても食はせて貰えないし、ウエ死をしてしまう。／急がば廻れ、現実に返して貰うこと、これが政治だ」。

確かにこうして国交は開けたが、島の返還は「急がば廻れ」では片付かない現実が待ち受けていたことになる。

鳩山一行はロンドン、ニューヨーク、サンフランシスコを経て十一月一日に東京へ着いた。二十六日ぶりの帰国である。「ターミナル一杯にノボリが見える。三階まで一杯だ。物凄く旗を振っている。ターミナル一杯に埋めた、人、人、人、旗々々！」と若宮が感激したのも無理はない（『若宮日記』）。羽田空港には出発時をはるかに上回る出迎えが待っていた。「祝　日ソ交渉成功」などと書かれたノボリや日の丸の小旗であふれる写真を社会面に大きく載せた朝日新聞によれば「迎えた政府、党要人、留守家族、漁業関係者などはあわせて一万四千人（蒲田署調べ）。警戒のお巡りさんは、沿道も入れるとざっと千人。まさに空港はじまって以来の〝盛儀〟だった」

毎日新聞も「「バンザイ」の声がアラシのようにわき上った。青白い顔をこわばらせた鳩山首相、血色のいい顔をほころばせる河野全権、和服姿の薫子夫人、松本全権らが姿を現わした。タラップのうえからハンカチを振って歓迎に応えた鳩山さんは、手押車で赤いじゅうたんの上を約三十メートル進み並んで迎える各閣僚、在日外交団と握手を交わした。「ありがとう」とだけ繰返しながら鳩山さんは目に涙をいっぱいためて「もうこれ以上はガマンできない」といわんばかりの興奮した顔つき。「モスクワの立役者」河野全権はさすがにうれしそうに一段と胸を張り、終始ニコニコしながらあいさつを交していた」と伝えた。

歓迎の群衆には河野の地元からバス二十台で駆けつけた後援会員、鳩山の地元東京では自民党の都議や区議に動員された人々も多く、佐藤栄作の日記は「自民党手製の歓迎は至極盛ん」と皮肉めく。だが、帰国の声明を読み上げる鳩山の声は震えていた。抑留者の留守家族から一行に花束が贈られた。羽田から皇居に寄って記帳したあと首相官邸に戻り、乾杯のあと臨時閣議が開かれた。そこから音羽の自宅へ向かうのだが、こうした沿道にも「どこまでも延々と続く歓迎の顔、顔、顔。旗、旗、旗。小さな坊やもいれば、腰の曲ったお婆さんもいる。角帽をうちふる大学生もいれば、赤ちゃんをおんぶしたおかみさんもいる。そして、その誰もが、「御苦労さん！」「お帰りなさい」「有難とう！」「万歳」と口々に叫んでくれている」（『鳩山一郎回顧録』）。音羽の鳩山邸は「アーチを建て花火が上がる。庭までつづく万国旗、提灯……」という具合だった。

一方、この日は右翼の各団体も「屈辱外交反対」などのノボリを立てて空港に押し寄せていた。中に入るのを阻まれたため、空港の外でビラをまくなどの抗議活動になったが、空港で自民党幹部に面会を申し入れるなどの押し問答があって十数名が警察に連行されている。

さて、日ソ共同宣言は国交の回復など極めて重要な内容をもつだけに条約と同じ扱いで国会での批准を必要とした。まず衆議院の委員会で質疑が重ねられたうえ、本会議で議題となったのは調印から一カ月余り後の十一月二十七日のこと。これに吉田茂をはじめ、池田ら五十人以上が欠席して抵抗した。前日に開かれた自民党の代議士会で、彼らは共同宣言に「国後、択捉両島が必ず継続交渉の対象になる」という留保条項をつけることを求めたが、否決されていた。

池田らの強硬派は本会議に出席して「反対票」を入れる構えをとったが、幹事長の岸信介が「それなら離党を勧告する」と脅《おど》す。それでも池田ら数人は除名覚悟で「反対」を貫こうとするのだが、最後は吉田が乗り出して、吉田派は一致団結した行動をとるべきだと説得し、欠席にとどめることにした。本会議の開会直前のことである。

自民党は海外出張や病気を含めて八十二人の多くが欠席した。田中角栄、大平正芳らも含まれていた。それでも社会党が賛成したから可決には問題なかった。共産党はヤルタ協定やサンフランシスコ講和条約による「千島放棄」は「領土不拡大」の原則にそむくから大胆に見直すべきだとの立場で「全千島列島と歯舞・色丹の返還を求める堂々たる外交交渉が必要だ」としているが、日ソ共同宣言の批准には賛成した。

従って出席した議員は全員が賛成票を投じたのだが、本会議ではとんだハプニングが起きた。自民党を代表して中曾根康弘が賛成演説に立ったのだが、本会議の議事録には以下の数行しか書かれていない。

杉山元治郎副議長　討論の通告があります。順次これを許します。中曾根康弘君。
中曾根康弘　〔「党を代表していないじゃないか」「議事進行」「議長、休憩々々」と呼び、その他発言多く、議場騒然〕
杉山副議長　この際二十分間休憩いたします。

これがすべてである。どうしてこんなことになったのか。私はかつて『忘れられない国会論戦』でこの件も詳しく取り上げたが、それは中曾根が「本案に賛成の意を表する」としながらも、内容的には激しい「反ソ」演説を展開し、怒った野党の求めで演説が全文削除されたからである。中曾根は読売新聞の社主でもあった衆議院議員の正力松太郎に頼んで、演説草稿を翌日の読売新聞に全文載せてもらった。それを見ると「ヤルタのヤミ証文は国際正義の炎によって焼き出されなければならない」「ソ連の突如たる中立条約の侵犯を断じて忘れ去るものではない。ソ連軍が満州、樺太で行なった暴虐行為の数々も民族の記憶から決して消去ることは出来ぬ」などと激しくソ連を攻撃。それでいて国際政治の冷酷無残な現実の前に、やむにやまれずこの道をとらなければならないと、「賛成」の理由を述べるサーカスのような内容である。議場が騒然とするなか、一時間に及ぶ大演説だった。
若くして「青年将校」の異名を取った中曾根らしく民族意識に燃えた演説だが、それにしても派手なスタンドプレーを演じたものだ。しかし、領土についてあの内容で妥結せざるを得なかった悔しい心情を鮮やかに表したともいえる。中曾根は私の取材に対して「若気の気取りもあって周囲に迷惑をかけた」と言いつつ、「領土返還には大きな問題があったことにクギを刺しておきたかったんだ」と懐かしそうに振り返った。

議事は三時間近く中断したあと、結局、自民党が全文削除に応じ、代わりに砂田重政が即席の賛成討論をした。このあと社会党の松本七郎が賛成の討論に立つ。それは以下のように鳩山に対する愛情があふれ、同時に社会党の支援を強調する与党以上の演説だった。議事録を抜粋してみよう。

顧みまするとき、ずいぶん長い間、鳩山内閣はこの問題で閣内の不統一を暴露いたしまして、動揺を続けて参りましたが、これが首相と外相との意見の相違となって現われ、二元外交、三元外交とも非難を呼んだのでございます。しかしながら、日ソの国交回復に対する鳩山首相の決意はきわめてかたいものがあったようでございます。（略）

鳩山首相をしてこのようにかたい決意を抱かせましたにつきましては、わが党の鈴木委員長が再三鳩山首相との会談を重ねられるとともに、委員長初め、わが党あげて日ソ国交回復を支援し、首相を激励したたまものであることを銘記すべきであると思います。（拍手）

ある医者の話によりますと、首相のからだには飛行機と寒さが最も危険であるということを聞かされたのでございます。もしそうだといたしますならば、首相は最も悪い条件の重なった中でソヴィエトを訪問されたわけでございます。従いまして、私は、非常に深い憂慮を抱きながら、首相の無事モスクワに到着されることを祈っておったのでございます。（略）かくて、ついに待望の衆議院承認の日を迎えることになりました。

私は、最後に、ここに重ねて鳩山首相以下全権御一同の御苦労を深謝するとともに、長期間にわたりまして激しい論議を戦わせた自民党が、党議をもって今や批准の無条件承認を決定されたことにつきましても、あわせて御同慶の意と敬意を表しまして、私の賛成討論を終る次第でございます。（拍手）

こうして記名投票による採決に及び、出席議員三百六十五人は全員が賛成票を投じた。このあと鳩山は国会内の社会党役員室をお礼に訪れると、鈴木茂三郎らの前でボロボロと涙を流した。松本の演説を聞きながら感極まっていたに違いない。その泣き顔が翌日の朝日新聞の一面に大きく載っている。

やがて共同宣言は参議院本会議でも可決され、無事に批准されるのだった。

第10章
主役たちのその後

日ソ交渉が終わると、主役たちにはそれぞれの運命が待ち受けていた。国連加盟の晴れ舞台で演説する栄誉を得て、わずか三カ月後に世を去ったのは重光葵である。鳩山は日ソ交渉を花道にして退陣し、二年半後に息を引き取った。それぞれに燃え尽きたのだろう。そして河野一郎だけが引き続き権力闘争の道を進むが、建設相や東京オリンピックの担当相として難題を次々に解決した剛腕ぶりは今に語り種だ。そこに国民の大きな期待が寄せられたが、ついに頂点の座を極めることなく急死して六十七年の生涯を終える。そしてフルシチョフは……。

「架け橋」演説を残した重光

日ソ共同宣言で約束されたように、二カ月後に開かれたニューヨークでの国連総会で日本の国連加盟が決まった。五六年十二月十八日のことだ。この日、日本政府の代表として晴れの場に参加した重光葵と佐藤尚武（参議院議員）は、満場の拍手に迎えられて席に案内された。議長のワン・ワイタヤコン（タイ代表）をはじめ八人の副議長が次々に祝辞を述べる。その中には米ソや中華民国の代表も含まれており、それぞれ歓迎の弁を口にした。

重光が杖をつきながら、謝辞の演説に立った。「外相のツエひく姿は一九四五年九月二日ミズーリ艦上で連合国に対する降伏文書に調印したその姿を思い起させるものだった。しかしいま、重光外相の気持は晴れやかなものだったろう」と、朝日新聞は記事の前書きに書いた。

演説は英語で行われた。「平和を愛する諸国民の公正と信義に信頼して、われらの安全と生存を保持しようと決意した。われらは、平和を維持し、専制と隷従、圧迫と偏狭を地上から永遠に除去しようと努めてゐる国際社会において、名誉ある地位を占めたいと思ふ」という憲法の前文を読み上げ、これは国連憲章の目的と原則に合うものだと述べた。保守合同によってできた自民党は「憲法改正」を党是としたとよく言われるが、その自民党内閣の外相が国連加盟に当り、こうして憲法を前面に打ち出して国際社会の理解を求めたことは、いまにして注目される事実だろう。重光は日本が「唯一の被爆国」であることも挙げた。そして、次のように述べて演説を締めくくる。

「わが国の今日の政治・経済・文化の実質は過去一世紀にわたる欧米及びアジア両文明の融合の産物であって、日本はある意味において東西の架け橋となり得るのであります。（略）私は本総会において、日本が国際連合の崇高な目的に対し誠実に奉仕する決意を有することを再び表明して、私の演説を終わります」。この「東西の架け橋になる」というフレーズをもって、この演説はいまに語り継がれることになる。

この日、国連本部の前に日の丸が揚げられた。重光とともにこれを見上げた娘の華子は「日の丸の掲揚を仰ぎ見る父の後ろ姿がいかにも寂しそうで、涙が止まらなかった」と回想した（福富健一『重光葵　連合軍に最も恐れられた男』）。だが、上海で左足を失った爆弾事件、ミズーリ号での降伏文書、A級戦犯としての服役、モスクワでの苦々しい交渉などからすれば、これは重光が最後に迎えた大団円ではなかったか。

その晩、重光はホテルの部屋で遅くまでじっと本を読んでいた。隣の部屋からのぞきに行った華子は「このとき、自分の終着を感じていたのではないでしょうか」と言い、声もかけられなかったという。ニューヨークを去るとき、国連大使となった腹心の加瀬俊一に「もう思い残すことはないよ」と言って飛行機に乗った。

帰国した重光は郷里の大分県国東《くにさき》半島で正月を過ごした。そのあと帰京して湯河原の別荘で静養したが、持病の狭心症の発作から一月二十六日にひっそりと死去。六十九歳だった。

いま、湯河原の別荘が改築されて「重光葵記念館」となっている。二〇〇〇年に長男の篤《あつし》が開いたのだ。篤は「父の関わった日中戦争、第二次世界大戦、終戦、日ソ交渉、国連加盟など我が国がたどった激動の二〇世紀の歴史を子供達に正確に伝えておく必要を感じた」とホームページに書いている。

鳩山から石橋、岸へ

鳩山は十二月一日に帰国したあと、退陣の準備に入った。河野によれば、鳩山は政権をつくったときから、自分が辞める時がきたら三木武吉と相談して遠慮なく進言してもらいたいと言っていた。「僕の進退は君らに任せる」と言うのだ。河野はモスクワからの帰り、いよいよその時がきたと判断し、ハワイのホテルで「お辞めになる時期だ」と進言した。鳩山は何のこだわりもなく「よろしい」と一言、答えたという（『今だから話そう』）。

鳩山はソ連に行くことを決意した時から、「日ソ交渉を果し終えたならば引退しよう」と決意していたという。帰国後に段取りを整えたうえで十二月二十日に正式に引退を表明する。「明鏡止水の心境」だったと述懐した。

ただ、河野洋平が一郎から聞いたところでは、少し様子が違った。河野が頼みとした三木はかねがね鳩山に「辞め時だけは間違ってはいかん」と言っていたが、鳩山に何でもずけずけ言える三木が亡くなったいま、自分だけが引導を渡さなければならない。そこで、いよいよ意を決して音羽に鳩山を訪ねてきたあと、洋平に向かって「鳩山さんは実にいやな顔をしたよ。……権力者というのはそういうものなんだなあ」と漏らしたというのだ。河野はハワイでの進言のあと、「引導」のダメ押しに行ったのではないか。

政治的な目的をとげて得意の絶頂にある中、もう少し余韻を楽しみたいという気持ちが鳩山にあったとしても不思議はない。だが、あれだけの反対の中、鳩山が日ソ交渉に党内多数の協力を得られたのは、「これを鳩山の花道に」という共通の思いがあったからだ。鳩山はここで引くしか道はなかった。もちろん鳩山も頭ではそれを百も承知だったのだろう。

　ポスト鳩山の争いは激しかった。保守合同によって自民党ができたときは「次は旧自由党の緒方竹虎」という暗黙の合意があったのだが、その緒方はそれから間もなく急死してしまった。三木という調整役もすでにないうえ、鳩山に後継を指名する力はない。総裁選には旧民主党系の岸信介、石橋湛山と、旧自由党系の石井光次郎の三人が立って熾烈な争いとなった。自民党で初めての総裁選はカネとポストが乱れ飛ぶ票の争奪戦の始まりだったとも言われている。

　一回目の投票で一位となった岸に対抗して、石橋と石井が「二、三位連合」をつくった結果、決戦投票でわずかに石橋が勝ったが、このとき河野は岸を支持した。岸には東条内閣の閣僚として開戦にかかわり、A級戦犯の容疑者として捕えられたという過去がつきまとったが、河野にとっては「鳩山を支えてくれた」という恩義が何よりだった。一年余り前、ニューヨークで交わした約束を果たしたことになる。

　首相になった石橋は「次は日中関係の打開を」と意欲をみなぎらせたが、すぐに肺炎にかかり、就任わずか二カ月であっさりと退陣。副総理・外相で入閣していた岸が後を継いだ。五七年二月のことである。

　鳩山はその年の秋、『鳩山一郎回顧録』を出版した。日ソ交渉の成就がその柱であった。原稿を書き終えてホッとしたせいか、少し病気をした。薫によると鳩山はそのとき、思い残すことはないが、ただ一つ残念なのは「これから河野君に力をかしてやれなくなることだ」と遺言のようにもらした。もっともその後に回復したので「まだしばらくの間はシャバにいられそうだ」と、回顧録の前書きに書いている。

その後は庭につくった温室でシャボテンや蘭、バラなどを見るのを楽しみとしてのんびり過ごした。大相撲があればテレビにかじりついた。「栃若時代」の全盛期だったが「若ノ花と栃錦が大好きで、この二人が取り組む時には、本当に困つてしまう」と書いている。そんな悠々自適の日々に幕が下りたのは五九年三月七日のこと。日ソの共同宣言から二年半、七六歳で閉じた寿命だった。

「鳩山御殿」とも呼ばれた東京・音羽の鳩山邸は九六年に改装され、「鳩山会館」として一般公開された。日ソ交渉をはじめ鳩山一郎に関する史料が展示されている。

河野の波乱万丈

重光と鳩山が次々に世を去る中、いよいよ政界の「大物」として脚光を浴びたのは河野だった。まず、総裁選が終わるとすぐ「春秋会」という自分の派閥をつくる。後に大物政治家として名を成す中曾根康弘、桜内義雄、山中貞則、園田直らの顔ぶれがそろっていた。衆議院議員三十六人の集団であり、河野は名実ともに実力者として権力の座を目指し始めたと言える。

それから歩んだ道は、またもやドラマに満ちていた。鳩山内閣までさかのぼって河野の政治編歴を年表にしてみれば、左頁のようになる。じっくりとご覧いただきたい。

実に盛りだくさんな歩みではないか。鳩山内閣で農相を二年したあと、石橋、岸、池田、佐藤へと首相の座が引き継がれた八年半の間に、自民党総務会長のほか経済企画庁長官、農相、建設

1954年12月　鳩山内閣ができ農相に就任する。

56年　5月　モスクワで漁業交渉にあたる。

10月　鳩山首相とモスクワで国交交渉にあたり、日ソ共同宣言に署名。

12月　総裁選で岸信介氏を推すが敗れ、石橋湛山内閣ができる。派閥「春秋会」を結成。

57年　7月　岸内閣で経済企画庁長官に就任する。

11月　提唱していた「京都国際会議場」の建設が閣議決定される。

58年　6月　改造人事で自民党総務会長となる。

59年　1月　総務会長を辞任する。

6月　改造人事で幹事長への就任を拒まれ、反主流派に転ずる。

60年　5月　日米安保条約改定を批准する衆議院本会議の強行に抵抗し、採決を欠席。石橋湛山、松村謙三、三木武夫らと行動を共にする。

7月　岸首相が退陣。後継を選ぶ総裁選で石井光次郎を擁立し、池田勇人に敗れる。

8月　新党の結成を計るが、数の見通しが得られずに断念。

61年　7月　第二次池田内閣で農林大臣に就任する。

62年　7月　内閣改造で建設大臣に横滑り。

11月　首都圏整備委員長となり、首都高速道路の建設工期の短縮を指示。

63年　1月　北陸地方豪雪非常災害対策本部長となり、自衛隊を大動員するなど新潟豪雪の復旧対策を陣頭指揮。

7月　名神高速道路を三カ月繰り上げて開通。テープカットの日、右翼運動家によって自宅を全焼させられる。

9月　提唱していた「つくば学園都市」の建設が閣議決定に。

12月　第三次池田内閣で引き続き建設大臣に。

64年　6月　新潟地震で災害対策本部長となり、現地で陣頭指揮。

7月　内閣改造で無任所大臣（オリンピック担当）となる。深刻化した東京の水不足を異例の突貫工事で解決する。

10月　東京オリンピック開幕。直前に首都高速一、四号線をほぼ完成させ、羽田空港と国立競技場を結ぶ。

11月　喉頭がんで辞任の池田首相による後継首相の指名争いに敗れ、佐藤栄作首相のもと無任所大臣を続ける。

65年　6月　無任所大臣を辞任する。

7月　腹部大動脈瘤破裂で死去。

相、そしてオリンピック担当相と、六年間はめまぐるしく要職についていた。野に下っていた間も、岸政権が強行した日米安保条約の改定に造反したり、池田政権では新党を模索したりと、常に政局の焦点にあった。その足跡を書くだけでも河野の伝記が優に一冊できるだろう。事実、この十年に焦点を当てた『党人　河野一郎　最後の十年』（小枝義人）という本もある。

日ソ交渉で実力を蓄えた河野という政治家の腕力が、その後に他の分野でどう発揮されたのか、ざっと紹介しておきたい。

今日あまり知る人はいないが、まず京都国際会議場や、つくば学園都市建設のアイデアを出して実現させたことは特筆に値する。岸内閣の閣僚として国際会議場の建設を提案したが、その候補地として強く「京都」を推し、自分の選挙区の「箱根」案を退けた。アジアで初の国際会議場として、世界に通用する場所でなくてはならぬという信念だった。こうして岸内閣でも目立った河野だが、それは党内に根強い「反河野」の警戒心も育てる。河野はいっそうの権力を求めて幹事長を望んだが、岸がこれを阻むと「岸に協力はできない」と公言して野に下る。そして安保騒動で造反行動に出た。

河野は安保改定に基本的に賛成しながらも、安保条約の長期固定化には反対だった。戦争に敗けたのだからアメリカに従属するのも仕方ないが、何でもかんでも言うことを聞くという態度ではなく、時には拗《す》ねたり逆らったりして見せることが肝心で、安保条約も期限を十年とするのは長すぎるというのが河野の持論。もはや世界大戦はないと見た河野はしばしば「世界連邦に向かうべきだ」と理想論も口にした。条約に国民の理解を得るためにも条約批准の国会で野党がボイコットするような単独審議はしないよう、早くから注文をつけていた。

ところが野党の強い反対の前に審議日程が苦しくなるや、岸政権は抜き打ち的に衆議院の委員会でこれを可決し、一気に本会議で採決しようとした。これに抵抗して廊下にピケを張る野党の抵抗を、警官隊を動員して排除する強引さであり、自民党では河野のほか石橋湛山、松村謙三、三木武夫らハト派の実力者らが本会議場を退席するなどして抗議の姿勢を示した。東京新聞の記者だった萩原道彦は、議場から外に出た河野を追いかけると「バカなことをする。岸君もこれで終りだ」と沈痛な面持ちでポツリと言った、と回想している（『孤独の実力者』）。河野洋平の記憶によれば、一郎は「総裁選で岸を担いだのは、自分の政治人生で一番の不覚だった」と言っていたという。一年前に改造人事で幹事長になりそこねた時から、岸との間はすっかり冷えていた。

岸政権はこの強引さがあだとなり、安保反対の声はますます広がる。参議院での審議中に国会包囲デモと警官隊が衝突する中で東大の女子学生が死亡する事件も起こり、安保改定の自然成立を待って岸は退陣した。次の総裁選で勝ったのは池田勇人だった。

池田といえば、日ソ交渉で「鳩山訪ソ」にも「共同宣言」にも反対の急先鋒だったことが思い出される。いわば河野の天敵とさえ言ってよかった。事実、池田政権ができて間もなく河野派は人事で完全に干され、河野は新党の結成まで思いつめた。その挫折のドラマはここでは省くとして、一年後には池田が河野に入閣を求め、河野が応じるのだから政治は面白い。池田はライバルの佐藤らを牽制するうえで河野を重視し、その手腕に期待したのだが、こうして農相に就任した河野はさらに建設相となり、オリンピック担当相も含めて合計三年半近くにわたり池田を支えることになる。

農相への復帰は水を得た魚のようだった。もともと朝日新聞の記者として農林省を長く担当し、農政の改革を公約して政界入りしたキャリアの持ち主である。鳩山政権でも農相として官僚や農協を震え上がらせた改革志向の腕力はすさまじかった。今度は池田内閣で再び農相に就任するや、第一声で持論の「コメの統制の撤廃」に触れた。

いまでこそコメの販売は自由化されているが、当時は食糧管理法（食管法）によってコメが生産、流通、消費にわたるまで国家に管理されていた時代である。このため古米四十五万トンが政府の倉庫に眠ったうえ、法の網をくぐるヤミ米が横行するなどの問題があったが、統制に異を唱えるのは農政のタブーとされていた。それに真っ向から挑んだ河野は「風雲児がみずから剣をかざして、大軍に斬り込む姿」に似ていたと、共同通信社で農政問題を長く担当した寺山義雄の『戦後歴代農相論』（一九七〇年）は書く。意に添わない役人をどんどん飛ばすなど、人事でも威勢をふるったから農林省は戦々恐々だった。

当時の農林官僚で、後に大平正芳の側近として自民党の実力者となった伊東正義から、河野との因縁を聞いたことがある。それによると、河野が鳩山内閣で農相になったとき、伊東は食糧庁の部長としてコメの供出を担当していた。ところが河野に呼ばれて、コメ自由化を検討しろと指示された。硬骨漢で鳴らす伊東は即座に「そんなことはとてもできません」と断り、自由化したら大変な混乱になると説明した。

何度かそんなことがあった末、伊東は東京営林局に飛ばされた。さらに名古屋営林局へと追いやられた伊東は「辞めようか」とまで思い詰めたが、大蔵官僚だった親友の大平に「我慢しろ」と言われて思いとどまった。ところが、河野が岸内閣の経済企画庁長官になると、伊東は初代の国土総合開発局長に登用された。河野は伊東の骨っぽさを買ったのだ。さらに池田内閣で河野が農相になると、伊東は水産庁長官として仕えることになる。

食管法とはもともと東条内閣が制定したもので、戦時の食糧とくにコメが国民に平等に行き渡ることを目的にしていた。戦後の混乱期はともかく、河野はその時期は終わったとみた。政府によるコメの買い上げは維持するとしつつ、農家によるコメの自由販売に道を開く構想で、食管制度をなし崩しにする狙いだった。だが、「統制がはずれると、食糧庁の二万七千人、農協の役職員二十五万人、米穀の卸し四百軒、小売り五万七千軒など直接おコメでくらしている連中のアゴが干上がる」（『戦後歴代農相論』）という現実がある。特に農協は全組織にゲキを飛ばして反対に立ちあがった。

こうなると農村票をあてにする自民党は弱い。池田は内心は河野構想を支持しつつも、農林族の議員や農協団体が激しく突き上げるのを無視できない。河野は結論をうやむやにされたまま、建設相への横滑りに甘んじた。その後に進んだコメの生産調整や国際化の嵐の中で、食管法はようやく九四年に廃止されるに至るが、河野はこの問題でも先見性をもっていたと言える。

さて、建設相に就任して役所に乗りこんだ第一声もすごかった。『物語・建設省営繕史の群像〈中〉』などによれば、すぐに局長以上を大臣室に招集すると、いきなり道路局長に「阪名第二国道はいつごろ完成するか」と聞く。「来年八月ごろ完成の予定」と答えると、「ダメだ、年内に完成せよ」と命じた。残る期間は一年足らず。八カ月の工期短縮という常識外れの命令だったが、結局はその通り完成に至る。河野は建設相への就任を予期して事前によく調べ、わずかな用地問題が解決すれば完成可能だと確信していたというのだ。

人事も省内の序列や慣例を無視して大ナタを振るったから、その混乱も並大抵ではなかった。当然、当たりはずれがあったが、マンネリ化していた行政にカツを入れたことは間違いない。

河野の死後、親交のあった作家の舟橋聖一が『中央公論』（六五年九月号）に「河野一郎を論ず」を寄せた。戦争に責任があったはずの官僚たちが戦後も占領軍の威光を背景に「のさばり放題にのさばった」とし、「この代官政治を憎まずにいられないのは、河野だけではない。声なき声の大衆が、その横暴にゴマメの歯ぎしりをして口惜しがっている。河野はその大衆の気持ちを代表するように、農林省、経企庁、建設省など行政ポストを歴任して、大胆な人事異動をやり、図に乗っている官僚の局長、部長級をシゴいた。ゴマメ共はそれを見て些か溜飲をさげることが出来た。その代わり、やめさせられたり、左遷されたりした次官や局長の逆恨みは、一人河野に集中したのである」と書いている。

仕事をめぐる大小のエピソードは数多いが、中でも新潟の豪雪や地震での活躍は目覚ましかった。今日のように交通・通信手段の発達していなかった時代にあって、現地に張り付いて「責任を持ちます」「一週間で復旧させます」といった具合に宣言し、自衛隊に初の大動員をかけるなど、「官」に大号令をかけたのだ。ニュース映像を集めた『河野さんの思い出』にもそんな場面が散りばめられ、国民の間に大きな人気を呼んだことが紹介されている。

東京オリンピックを救う

こんな河野の国民的な人気は、「寛容と忍耐」でイメージチェンジし「所得倍増計画」を看板にしていた現職首相の池田勇人と、一、二を争っていた。建設相時代の六三年九月、日本テレビが放映した『現代英雄像』によれば、「好きな政治家」の一位が池田で、二位が河野。同じ六三年の『週刊女性自身』(十二月二十三日号)が載せた読者世論調査によれば、「尊敬する政治家」の一位が河野で、二位が池田だった。どちらの調査でも、河野と首相の座を争っていた佐藤栄作をはるかに引き離しており、「次は河野」の期待が大きかったことが分かる。

さらに河野の名を歴史に残したのは、翌六四年に行われた東京オリンピックの担当相として見せた活躍だった。

先に触れた映画「ALWAYS　三丁目の夕日」には続編の「三丁目の夕日　'64」があった。これも同じ下町の人情ドラマだが、こんな場面がある。オリンピック開会式の日、空にジェット機が描いた五輪マークの雲を見上げながら、主人公の一人が涙ぐむ。「この辺は全部、焼野原だったんだぞ。食うものも何もなくて……」「それが世界一の東京タワーができて……、とうとうオリンピックだぞ」。そしてみんなで空を見上げ、声を合わせて叫ぶのだ。「東京オリンピックだぞ!」

敗戦から十九年、国連加盟から八年。世界中の注目が集まるオリンピックは、名実ともに日本の復活を世界に印象づける大イベントだった。開催が決まったのは五九年で岸内閣の時代だが、その実現は次の池田政権に委ねられていた。「所得倍増」を掲げた池田政権は日本の高度成長を担い、五輪の開催にもふさわしい政権だったと言えるだろう。

すでに建設相として高速道路の建設その他、オリンピックに関与した仕事もしていたが、さらに「オリンピック担当相」に横滑りしたのは、開幕まで三カ月に迫った六四年七月である。総裁選に出馬のため閣外に去った佐藤栄作のあとを任されたのだ。晴れがましい役割のようだが、河野は就任後の記者会見で抱負を聞かれ「別にありませんな」とそっけなく答えている。もともと五輪は一過性のお祭り騒ぎにすぎぬと見ていたうえ、ライバルである佐藤のリリーフだったことが面白くなかったのかもしれない。

実は河野と東京オリンピックには妙な因縁があった。東京五輪はかつて一九四〇年に開催が決まっていながら、日中戦争の勃発で中止に追い込まれたいきさつがある。河野は国会で再三質問に立ち、その中止を訴えていたのだ。

最初は盧溝橋での衝突によって日中戦争が始まる四カ月前の三七年三月だった。軍人出身の首相林銑十郎が「満州方面で一触即発の情勢」にあるとして、国民に緊張を求めていたのだが、河野は衆議院予算委員会でそれをとらえて「オリンピックのための平和殿堂建設とどう調和するのか」と鋭く追及した。五輪の中止を促す形ながら軍部の暴走をたしなめるきわどい質問だった。首相が近衛文麿に代わってからも二度、三度と質問を重ね、苦しい答弁をしていた政府は翌三八年七月、ついに中止を決めた。

そんな経緯からも、五輪の担当相には複雑な心境だったのかもしれないが、やり出せば徹底するのが河野である。折から東京を襲った水飢饉は河野の真価を発揮するチャンスだった。『党人河野一郎　最後の十年』などによると、おおむねこんなふうだった。

もともと高度成長による東京への人口集中で都民の水はどんどん不足への道を歩んでいたが、折しも十月十日からのオリンピックを控えて五月の連休明けから八月二十日まで東京周辺に雨が降らず、中心部の給水制限が五〇％に達するピンチを迎えていた。地域ごとに断水の時間が決められ、練馬区では一日十五時間の断水という記録も残っているほどで深刻な状況に陥った。都民生活もさることながら、このままでオリンピックが無事に開けるかという不安が募る。世界から集まる選手たちが水も満足に飲めないのでは、世界に向けて大恥をかくに違いない。

当時の東京では多摩川と江戸川から取水していたが、東京の急激な人口増加をこれではまかなえない。そこで、関東平野最大の利根川の水を引くための工事が進められていた。利根川はもともと東京湾に注いでいたが、湿地帯だった江戸を改良するために徳川家康が命じてコースを曲げ、茨城と千葉の県境で太平洋に注ぐ川に変えたことが知られている。この水を荒川に引っ張ってきて東京で使うことにしたのだ。それには利根川の上流にいくつものダムや堰をつくり、そして荒川へ水を引く武蔵水路をつくる工事が必要だ。さらに、荒川の水を都内に引くために朝霞水路を設ける。こうした多段階の面倒な大計画だった。

河野は建設相としてこれに関わると、もう一つの工事を加えるように命じていた。隅田川の汚染が進んで悪臭もひどいので、これをきれいにするために朝霞水路には水道用の水路と並行して、隅田川に流す浄化用の水路も設けることだった。五輪開催の一カ月前から水を流すようにと指示したため、工事の完成を九月十日に繰り上げることになっていた。

　ところが河野は、オリンピック担当相になってまもない七月二十三日、朝霞水路の工事現場を視察すると、工期をさらに八月二十五日まで繰り上げるよう指示を出す。しかも、切羽詰まった都内の水不足を解消するため、隅田川に流す浄化用の水路も当面は水道用に転用する策を命じた。こうして急ピッチで工事が行われ、八月二十五日には給水制限が十五％まで緩和されて、都民も五輪の関係者もホッとさせた。隅田川への通水も九月十日から始まり、悪臭はオリンピックの前に一気に減った。

　これらはみな常識破りの突貫工事で、大きな危険も伴ったはずだが、「責任はとるからやれ」という鶴の一声に役人たちは従わざるを得なかった。利根川の取水はオリンピックには間に合わなかったが、荒川からの取水で水飢饉をしのげたのは、隅田川へ流す予定だった水も水道用に回したからで、結果的には河野が命じた追加のアイデアが生きた。堰も水路も完成品ではなく、どれも足場ややぐらが組まれたままの「暫定取水」「暫定通水」であり、普通ならとてもゴーサインは出ないところだが、河野の命令によって見切り発車がまかり通った。利根川の水を荒川に引っ張ってくる武蔵水路は翌年三月に完成する。十四カ月での完成だったが、普通なら三年はかかる工事だった。

　これらは究極の「政治主導」だった。成果も上げたが、そこには人事の混乱や政治的な公私混同など大きな副作用もあったに違いない。河野ほど「味方にすれば頼もしく、敵にすれば恐ろしい」といわれた政治家も珍しい。政局でも政策でもこれほどの実行力を見せて存在感のあった政治家は、他には後の田中角栄しかいるまい。いや、河野の方が上だっただろう。ともに財界本流の支援が見込めず、自分で起業して財をつくった点も似ている。ただし、田中は官僚たちを徹底的に利用したのに対して、河野は官僚たちを引きずり回した。

水対策のほか、オリンピック担当相の仕事は淡々とこなしたが、大いに話題を提供したのは、オリンピックが閉幕してからだった。記録映画「東京オリンピック」をめぐる有名な論争である。国際オリンピック協会が制作を義務付けられている大会の記録映画は、巨匠、市川崑が監督を務めてつくられた。観客数は三カ月で千八百万人に達する画期的な作品だったが、その内容もそれまでの常識を破る芸術作品だった。

封切りに先立って六五年三月に有楽町の宝塚劇場で試写会が開かれたが、そこで河野がかみついた。毎日新聞がこのときの河野を詳細に描写しているが、それによれば、画面いっぱいに太陽が写る冒頭シーンに感心していた河野の様子がしだいにおかしくなる。「部分ばかり強調しすぎるな」と言うのだ。

例えば重量挙げで金メダルをとった三宅義信のシーンに「すごい力感だ。でも三宅が一等かどうか、全然わからんじゃないか」。怒りが爆発したのはライフル競技の場面だった。ライフルを頰《ほお》に当てた選手の顔のクローズアップが、すぐには何の場面かわからない。銃が頰にくいこみ、飛び出した頰が羽根をむしられた鳥の腹のように見えると「なんだい、ありゃア。鳥の肉か。全然、関係ない」。怒鳴るような声だった。

市川は陸上競技男子百メートルの覇者ボブ・ヘイズ、体操の女王チャスラフスカ、マラソン王者のビキラ・アベベ、柔道無差別級を制したアントン・ヘーシンクをはじめ、さまざまな選手を追い、かき集めた望遠レンズを駆使して思い切ったアップやスローモーションを交えて、それまでの記録映画とはまったく異なる感動の映像ドラマに仕上げていた。しかし、確かに記録性は二の次だった。

河野の怒りの声に驚いた文部省は、映画を「文部省選定」にするのを控えてしまうなど、波紋は広がる。記録か芸術か。この論争は世間でも大いに盛り上がり、かえって観客は増えたと言われるが、『週刊サンケイ』での対談で大女優の高峰秀子にたしなめられた河野が矛を収めて論争は終わった。映画はカンヌ国際映画祭で国際批評家連盟賞をとるに至り、評価は定まることになる。

ところで、日ソ交渉をやり終えた河野には「容共」という批判もつきまとった。共産主義勢力に理解をもち協力しているという意味である。河野は早くから「もはや米ソの戦争はない」と公言し、「世界連邦を目指すのがよい」とも公言。かつてNHK記者として河野の近くで取材した木村暎一に聞いてみると、彼は河野のことを反米ではないが、冷戦の実情を甘くとらえる「永世中立論者」だったと見ていた。このままではアメリカの受けが悪くて政権をとるのは難しいと、河野に直言したこともあったという。日ソ交渉の推進に加え、岸が進めた日米安保条約改定への造反も、アメリカの印象を悪くしたに違いない。

建設相のころ、平塚の自宅が右翼に放火されたのは、那須の御用邸の近くを河野が持ち馬の牧場（那須野牧場）用に買収したことに由来するが、これも背景に「河野は容共」とする右翼の思い込みがあったのは事実だろう。

六五年に結ばれる日韓基本条約の締結にも、河野は水面下で大きな役割を果たした。難しかった竹島問題について韓国の要人との間で「解決せざるをもって解決とする」という「密約」を結んだ、とも言われている。この交渉を持ちかけた韓国の有力者は河野に向かって「あなたは親ソ派としてアメリカから警戒されている」と指摘し、政権をとるには日韓交渉の立役者となってイメージチェンジすべきだと語った。ロー・ダニエルの『竹島密約』が伝えるこの話は興味深い。

オリンピックの後、河野の悲運は重なった。池田が喉頭がんになって首相をやめることになり、池田による後継者の指名に強く期待したが、結局は佐藤栄作が指名された。池田の三選に対抗して出馬したばかりの佐藤に対し、河野は最後まで池田を支えたのだが、河野を嫌う保守本流や財界人らの包囲網もすさまじい。最後は隠然たる力をもつ吉田茂が池田に、「佐藤を」と強く勧めたのが大きかったと言われている。

佐藤内閣ができて半年後の六五年六月、河野は閣僚を辞した。その折、支持者らに「一党員になる」と挨拶状を書いた。農業改革、オリンピック、水対策に豪雪と、長かった閣僚生活での「全力投球」を振り返り、しばし閑暇を得て静かに修養し、自分を必要とする日を待つ旨が書いてある。

この手紙が支持者らに届くころ、河野は自宅で突然、腹に激痛を覚えて倒れた。大動脈瘤破裂で、息を引き取るまで二日とかからなかった。国民の間で「総理にしたい政治家」のトップの座にあった河野は忽然《こつぜん》としていなくなった。一九六五年七月八日のことである。

洋平は弔問に来てくれた池田勇人の家にお礼に行った時のことをよく覚えている。開口一番、「河野君について何か書くときは、おれに二、三ページとっておいてくれ。ぜひ書かなければならないことがある」と言われたのだ。池田は「河野君の親身の協力がなければ、おれの三選はなかった。本当に感謝にたえない」と熱っぽく繰り返した。ガンに冒されていた池田が再入院して帰らぬ人となるのは二カ月後のことだ。日ソ交渉での激しかった対立を思えば、何とも不思議な因縁である。

舟橋聖一は『中央公論』に寄せた前述の河野論で「彼のようなずば抜けた実行力を持つ個性は、半世紀間に一人か二人しか現れることのない大物だった」「歴史に於ける英雄豪傑にも匹敵するほどの仕事をした」と断言する一方で、破天荒とも思える行動が多くの誤解を生んだことや、そこで自らが感じた寂しさを指摘。「彼も人並みに、誤解されることを好まなかった」が、多くの指導者や教育者、宗教家がやるような偽善的方法を心得ず、むしろ偽悪的な態度をチラチラ見せ、「これでは誤解が誤解を生むほかはない。それどころか、段々には、悪意のための悪意に満ちた誹謗が、各所に見られるようになった」と惜しんだ。

フルシチョフの失脚

さて、ソ連側の主役だったフルシチョフのこともお伝えしなくてはなるまい。

鳩山は自分の相手となったブルガーニンを「人のよいお爺さんという感じがした。しかも話も率直で礼儀正しく物判りがいゝ」(『鳩山一郎回顧録』)と評したが、ソ連のツー・トップの関係は長くは続かなかった。わずか半年余り後の五七年六月、官僚やモロトフらスターリン派を中心とするグループがフルシチョフの追い落としを計り、ブルガーニンも陰で関わったのだ。フルシチョフは反乱を察知して抑えることに成功し、後にブルガーニンの関与もわかって五八年三月に首相を解任した。以後、フルシチョフが首相を兼務することになる。ブルガーニンは七五年に他界するまで密やかに年金生活を送った。

反乱を収めて権勢を極めたのはフルシチョフだった。日ソの国交回復に続き、アメリカやフランスなどの西側諸国とも平和共存の外交を進めた彼は、前に紹介したように五九年にアメリカを公式訪問し、冷戦に「雪解け」をもたらした。だが、それも長続きしなかった。返礼としてアイゼンハワーを招こうとしたところ、六〇年にソ連上空に現れた米偵察機U2を撃墜する事件が起きて関係は暗転、六一年には東西分裂を象徴する「ベルリンの壁」が築かれることになる。

六〇年十月、国連総会に出たフルシチョフが陣頭指揮をとり、西側諸国との非難の応酬や議事の妨害合戦を演じた。「植民地主義」をめぐってフィリピン代表との間でも激しい批判をくり返す。さらにスペインの独裁政権だったフランコを「反動で残忍だ」と強く非難し、これにスペイン代表が演説で強く反論するや、脱いだ靴で自席の机をたたいて抗議したことは有名だ。この件では国際的に顰蹙《ひんしゅく》を買った。

米ソの緊張は六二年十月にピークに達した。フルシチョフがキューバ革命で生まれたカストロ政権との関係を深めたためだ。アメリカの鼻先にあるキューバにソ連が核ミサイル基地を建設中であることが分かり、ケネディ政権が核や人員を運び込む船舶を阻止しようと海上封鎖に出たため、一触即発の「キューバ危機」を迎えた。世界が緊張する中で、フルシチョフはケネディとの妥協に転じ、ミサイル基地の撤去に応じたため危機は寸前で回避された。

こうして世界を相手に派手に立ち回ったフルシチョフだが、やがて足下で第二の反乱に見舞われた。第一書記と首相の兼任を続けて権力を一手に担っていたことや、内外での粗野な振る舞いから密かに内部で反逆の動きが進み、それがついに現実になったのだ。六四年十月、盟友の副首相ミコヤンとともに黒海沿岸の保養地で休養中、突然の電話でモスクワへ呼び戻されると、共産党の臨時中央委員会総会で辞任を求められた。ミコヤンを除くと孤立無援で、フルシチョフは自ら辞任して年金生活に入った。

こうして無血の「宮廷クーデター」が行われ、後任の第一書記（のちに書記長）にはブレジネフが就くことになる。フルシチョフ時代のあっけない幕切れだった。失脚したフルシチョフはモスクワ郊外の国営ダーチャ（別荘）をあてがわれ、恩給のほか運転手つき自動車が与えられた。ダーチャには盗聴器が仕掛けられ、事実上の軟禁状態である。

フルシチョフは回想録を残したが、これにはドラマチックな経緯があった。息子のセルゲイが『父フルシチョフ　解任と死』に詳しく記している。

フルシチョフはセルゲイらの強い勧めに従って回想をテープに録音し、出版に備えた。すさまじい記憶力で生い立ちからの総てを生々しく語り、膨大な量に上った。このことに気づいたソ連指導部はフルシチョフを呼び出して、回想録の執筆中止を要求したが、フルシチョフは猛然とこれを拒絶。七〇年七月、国家保安委員会（ＫＧＢ）はフルシチョフの入院中にセルゲイをだまして回想録のテープと原稿を押収したが、原稿のコピーはすでにアメリカのタイム社に送られており、やがて西側での出版に成功した。

激怒したソ連指導部に対してフルシチョフは「出版は偽物だ」と言い逃れ、それを『プラウダ』紙上で表明させられた。実のところ、タイム社も回想録が偽物である可能性を疑い、録音テープの声紋分析などを徹底したと言われる。NHKの関係者に聞くと、第三章で紹介したNHKスペシャル『これがソ連の対日外交だ』に出てくるフルシチョフの肉声は、このときの録音の一部をNHKがアメリカで見つけたものだった。

フルシチョフの回想録は何度かにわたって出版され、邦訳本も『フルシチョフ回想録』『フルシチョフ最後の遺言』『フルシチョフ　封印されていた証言』の三種類がある。スターリン批判や日ソ交渉に関する記述が出てくるのは、九一年に日本で発刊された『フルシチョフ　封印されていた証言』だ。ゴルバチョフのペレストロイカ（改革）政策が進んだことにより、まさに封印されていた部分の公開が実現したのだ。

七年にわたる軟禁生活の後、フルシチョフは七一年九月、モスクワの病院で息を引き取った。七十八歳だった。ソ連の歴代の要人は赤の広場の脇に埋葬され、クレムリンの壁にレリーフが埋め込まれているが、フルシチョフにその栄誉は与えられなかった。しかし、代わりにチェーホフ、チャイコフスキーといった芸術家とともにノヴォデヴィチー修道院の墓地に埋葬された。葬儀は家族らだけで密やかに行われた。

私は二〇〇六年に彼の墓地を訪れたが、家族が建てた碑にはフルシチョフの顔の彫像が埋め込まれていて、何だか懐かしい思いがした。碑の設計を引き受けた彫刻家はブレジネフ政権から迫害を受け、後に亡命せざるをえなかった。

河野とフルシチョフの再会

ところで河野一郎は、日ソ交渉のあと一度だけフルシチョフに会った。池田内閣で再び農相になったあと、またも漁業の交渉で六二年五月にモスクワを訪れた時、フルシチョフを表敬訪問したのだ。キューバ危機の半年前である。

河野洋平が父から「フルシチョフとの握手」の話を聞いたのは、同行して一緒にフルシチョフに会ったときのことだ。洋平を引き合わすと、フルシチョフは「立派な息子さんがいるとは……」と驚いた。河野のことをもっと若いと思っていたのだ。フルシチョフは『封印されていた証言』で日ソ交渉に触れ「農相の河野一郎が鳩山に随行してきた。彼は若い男で、実に精力的だった」と書いている。フルシチョフより四歳下で、当時五十八歳だった河野は、そのエネルギーとともに若さを印象づけていたようだ。

新婚早々だった洋平を河野がわざわざモスクワに誘ったのは、フルシチョフに会わせるのが目的だった。「お前をあの男に会わせたい。俺が会った中でいちばん面白い男だ。それに今、世界を動かしている男だ。だから会うだけでいい。会って握手するだけでいい。ヤツの言葉を自分の耳で聞け。それだけでいい勉強になる」と言われた。握手したフルシチョフの手は温かかったという。

このとき新聞記者がただ一人同行し、フルシチョフとの面会にも立ち会った。読売新聞記者の田村祐造だ。河野の死後、洋平が記した『孤独の〝実力者〟』に田村の手記が寄せられている。それによると、河野は洋平と田村をフルシチョフに紹介してから二人を待たせ、フルシチョフとしばらく話し込んだ。それを終えて一緒にクレムリンを出た河野が「フルシチョフの様子は、どうもおかしかった。いつもの調子とちがって、なんか深い憂いに閉ざされているような感じがした」と話したのが忘れられなかった。

「彼は戦争がひょっとして起りそうなことを、しきりにいうんだよ。どんなバカがあらわれて、何をしでかすかわからん。ボタン一つ押し間違えれば、とりかえしのつかんことになる。人類絶滅の核戦争になる。危くってしょうがない、としきりにいうんだよ。こうなったら、オレとケネディの間に、誰にもさわらせない直通電話を引いて、〝ちょっと待ってくれ、それは間違いだ〟と直談判で危機を回避する方法を考えねばならん、などというんだよ」

このとき田村はピンと来なかったが、キューバ危機が訪れるのはこの五カ月後のことである。田村は「ケネディにしろ、フルシチョフにしろ核均衡の〝恐怖の時代〟に生きる最高指導者たちは、いずれも十字架を背おうような孤独の中に生きてきた」とし、フルシチョフはそんな孤独の気持ちを、六年ぶりに会った河野につい洩《も》らしたのではないかと推理する。抜きん出て先見の明と実行力がありながら、強烈な個性ゆえに周りとぶつかり、孤独の道を歩んだ河野にも、どこかフルシチョフと重なり合うものがある。

鳩山一郎はフルシチョフのことを「河野君のような人で、思つてたことは何でも遠慮会釈なくぶちまける」（『鳩山一郎回顧録』）と書いたが、できることならこの組み合わせはもう少し見てみたかった。

六四年十月、フルシチョフの失脚を惜しんだ河野が講演でフルシチョフを讃えた記録を石川達男が保管していた。フルシチョフと接した体験から「この爺さんは非常に聡明な、非常に頭のめぐりの早い爺さんだが、しかし親切な男である。と同時に、この爺さんは、絶対戦争をしてはならないという深い考えをもっていると感じた」。世界を共産主義で塗りつぶそうとか、戦争好みで危険な男だとかいう感じはなく、その意味で信頼して話し合えたという。日本の主張をあれだけ頑固にはねつけたフルシチョフではあったが、「炭鉱夫と百姓」の握手で始まった河野の思いは揺るぎなかった。

すでに見たように、北方領土をめぐって重ねたフルシチョフとの交渉では、まだメドも立たない沖縄返還が話のテコのように用いられたが、朝日新聞で河野の担当記者だった三浦甲子二《きねじ》が興味深い話を河野から聞いていた。六四年の総裁選に立候補した佐藤栄作が「早期の沖縄返還」を掲げたのに対し、河野は「困ったことだ。沖縄を政権の争いにするべきでない。アメリカからの返還を条件にソ連からも北方領土の返還交渉をすべきだ、これは日本の国力がついてからの話だ」と語ったという。アメリカは将来必ず沖縄を返すから、日本は力を蓄えたうえでソ連に対し「沖縄が返ったら北方領土も返せ」と改めて求めなければならない。だから、やみくもにいまアメリカに沖縄返還を求めるべきでないというのだ。『孤独の〝実力者〟』の中で明かした話である。

現実にそんなことが可能だったとは思いにくいが、河野が国後、択捉の返還を沖縄返還と絡めて実現しようと本気で考え続けていたことが分かる。河野はフルシチョフとクレムリンで再び相まみえ、世界情勢を語りつつ、激しい交渉の続きをしたかったに違いない。河野なら、もしかしたら……との期待を抱かせたが、やがてフルシチョフには突然の失脚が、そして河野には失意のうちの急逝が待っていた。二人が会う機会は永遠に失われた。ライバルなきあと長期政権の座をほしいままにした佐藤栄作が、ソ連との冷たい関係のなかで、公約の沖縄返還を実現するのは七年後のことである。

エピローグ――日ソ共同宣言をどう生かすか

プーチンの「引き分け」論

さて、話はいよいよ最後にたどり着いた。ここでは日ソ共同宣言から今日までの経緯を駆け足でたどり、これからの展望を語ろうと思うが、まずはプロローグで紹介したプーチンの「引き分け」がどのように飛び出したのか、そこから話を始めよう。

異例の会見だった。二〇一二年三月四日にロシアの大統領選挙が行われたのだが、それに立候補した首相のプーチンが先進諸国の新聞社に記者会見を呼びかけ、何と投票日の三日前に実現したのだ。日本では朝日新聞の主筆だった私に声がかかった。選挙戦のPRに使われるのは気に入らなかったが、相手は当選確実のプーチンだ。滅多にない機会だと思ってこれに応じ、国際報道部の次長だった駒木明義（現、モスクワ支局長）に同行してもらってモスクワへ出かけた。

会見の顚末については駒木も『プーチンの実像』に詳しく書いているが、私にとっては記者人生の中で最も緊張を要する会見となった。まず、言語はロシア語と英語の同時通訳だけだという。ロシア語はもちろんのこと英語も不得手な私には、それだけで不安なうえ、北方領土について果たして選挙戦さなかのプーチンが意味のあることを言うだろうか。現に、事前に会った外務省のあるロシア担当者からは「強硬な建前論を答えるに違いなく、今後の交渉がやりにくくなるので、領土問題の質問はしないでほしい」と頼まれた。そんな訳には行きませんよと答えたものの、木で鼻をくくったような答えに終始されれば、わざわざ出かけて行って恥をかくだけでなく、交渉を邪魔したと言われかねない。そんなプレッシャーの中で私はモスクワに向かった。

どんなふうに質問を組み立てればよいか、専門家の意見も聞きながら駒木とともに東京で綿密に準備したつもりだった。ところが、行きの飛行機の中でロシアの新聞に出たばかりのプーチンの外交論文を読んでいた駒木が驚きの声を上げた。「アジア太平洋地域を重視するというのに、日本という言葉が全く出てきませんよ」。中国はくり返し出てくるし、インドも登場するのに、日本が出てこない。プーチンはもう日本に関心がないのだろうか。不安はますます募った。

モスクワに着いた翌日の夜、元駐日大使のアレクサンドル・パノフと食事をしながら、その疑問を口にすると、彼は「まさに、それをプーチンに聞けばいい」と言う。なるほどその通りだと思った私たちは、準備した質問を作り替え、翌日夜の会見に臨むことにした。

会見にはアメリカの新聞社だけロシアとの調整がうまくいかずに不参加となったが、イギリス、フランス、ドイツ、イタリア、カナダの新聞社の幹部、そして私の六人がプーチンの公邸に顔をそろえた。やがて現れたプーチンは「何でも自由に聞いていいし、時間は無制限だ」と言い、食事交じりの会見が始まった。

まずはロシアの国内政治や経済、シリアその他の国際問題などに厳しい質問が矢継ぎ早に続いた。実は事前に各社のメンバーと打ち合わせた中で、私は「共通の関心事は皆さんに任せるから、一段落したら北方領土のことを質問させてほしい」と頼んであった。このためジリジリと出番を待ったのだが、一時間以上も私が何も聞かないので、別室でロシアの報道記者たちと一緒にモニターテレビを見ていた駒木は、「このままでは帰れない」と次第に焦りを募らせていたらしい。

だが、いよいよ話が一段落した。そこで、私はまず作戦通り、前年に起きた東日本大震災でのロシアの素早い支援に対するお礼から始めたのだが、とっさに思いついて「これはあなたのイニシアティブだと思う」と付け加えると、身を乗り出して「その通りだ」と喜んだ。そこから本題に入り、日本が出てこないプーチン論文を挙げて「あなたは日本のことを忘れてしまったのか」と切り込むと、「とんでもない」と言って語り出したのが柔道のことだった。

「自分は物心ついてからほとんどの人生を、柔道に熱中して過ごしてきた。私の家には嘉納治五郎《かのうじごろう》の像があって、私は毎日それを見ている。それが毎日のように日本を思い出させてくれる」というのだ。いきなり嘉納治五郎が出てきたのには驚いたが、ここからひとしきり日本との経済協力や貿易のことを話したあと、意外なことを言い出した。

「あなたは礼儀正しく振舞った。領土問題のことを自ら切り出さなかった。これで自分が領土問題を話さなければ、私の方が礼儀知らずになってしまう」

柔道では試合の前後に必ず「礼」をするが、プーチンはこの礼儀が気に入っているらしい。そうとは知らずに震災の支援へのお礼から質問を始めたのがよかったのか、思わぬ展開になった。プーチンは「日ロの領土問題を最終的に解決したいと強く望んでいる」といい、そのためにもまず経済を中心にした日ロの相互協力を進めて、領土問題が二次的な問題になってしまうような状況を作りだす必要があると力説した。

私は「日本を忘れていないと聞いてうれしい」と言うと、プーチンが二〇〇九年に訪日した時に、日ロ関係について「障害を取り除く必要がある」と語った言葉を引用し、「その立場に変化がなければ望ましい」とさぐりを入れた。プーチンは「変わることはない」と答え、中国との国境問題も四十年の交渉を経て解決したことを挙げた。

中国との国境問題は中ロ両国の長い懸案だったが、プーチンは島の面積を二分の一に割って国境線を引くという思い切った妥協案で妥結した。「私は日本との間でも同じことが起きることを強く期待している」というのだ。「同じこと」とは面積の二分の一という意味ではないが、適切な妥協案ができるという意味に受け取れる。ここは突っ込みどころだと思ったが、そこでいきなりカナダの編集局長が割り込んできた。北極圏にロシアとカナダの境界問題があるらしく、思い出したようにそれを持ちだしたのだ。

こうしてしばし私の質問は途切れたが、これで終わりにするわけにはいかない。タイミングを見て質問を奪い返すと、用意してきた質問を続けた。

「二〇〇一年に、大統領だったあなたは当時の森喜朗首相とともに「イルクーツク声明」に署名しました。そこには、一九五六年の「日ソ共同宣言」を今後の交渉の出発点とし、一九九三年の「東京宣言」に基づいて最終的に解決することが書かれています」

これには解説が必要だろう。「東京宣言」とは一九九三年に大統領エリツィンが来日し、首相の細川護熙《もりひろ》と打ち出した宣言であり、そこには歯舞、色丹だけでなく「四島の帰属の問題を解決して平和条約を結ぶための交渉をする」と書き込まれていた。五六年の共同宣言に書き込むことができなかった「四島」の交渉が約束された画期的な文書である。「イルクーツク声明」はプーチンと森が「五六年共同宣言」と「東京宣言」を上書きしたわけで、そこには大きな意味があった。

だが、後述するようにその後、森に代わって小泉純一郎が日本の首相になったころから日ロ関係は進展がなく、むしろ冷え込んでいた。私がプーチンの署名した「イルクーツク宣言」を持ち出したのはもう一度、本気で交渉を進める意思があるかどうかを聞きたかったからだ。私は率直に聞いた。「この問題を解決したいのなら、双方が互いに譲歩しなければならないのではないだろうか。あなたが大統領に復帰したら、この問題を打開するために勇敢な一歩を踏み出す可能性と展望があるだろうか」。

プーチンが好みそうな「勇敢な一歩」という言葉で誘ったのだが、プーチンの口から「引き分け」が飛び出すのはこの時だった。

「私たちは柔道家として、勇敢に足を運ばなければならない。しかし、勝つためではなく、負けないためだ。この状況において私たちが何かの勝利を得る必要がないとしても不思議なことではない。この状況において、私たちは受け入れることが可能な譲歩をすべきなのだ。それは「引き分け」のようなものだ」

こうして彼は柔道用語を持ち出したが、これが分かるのは私だけだ。キョトンとする一同にプーチンは「みなさん、ご存じないだろう。私と彼（若宮）は知っている」というと、「それはドローのことだ」と悦に入ったように説明した。

（本稿は著者が亡くなられた後、愛用のパソコンに残されていたのが御遺族によって確認されたものである。更新日時は二〇一六年四月二十六日、午後五時五十分となっている。未定稿ではあるが、関係者とも相談のうえ、あえて掲載する――編集部）

参考文献

阿部牧郎『孤高の外相　重光葵』(新潮社、一九九七年)
五百旗頭真、下斗米伸夫編『日ロ関係史――パラレル・ヒストリーの挑戦』(東京大学出版会、二〇一五年)
クーデンホーフ・カレルギー『自由と人生』(河野一郎訳、鹿島出版会、一九五三年)
マーク・ゲイン『ニッポン日記』(井本威夫訳、ちくま学芸文庫、一九九八年)
岡田和裕『ロシアから見た北方領土――日本から見れば不法でも、ロシアから見れば合法』(光人社文庫、二〇一二年)
岸信介『岸信介回顧録――保守合同と安保改定』(広済堂出版、一九八三年)
木村汎『新版　日露国境交渉史――北方領土返還への道』(角川書店、二〇〇五年)
久保田正明『クレムリンへの使節――北方領土交渉1955―1983』(文藝春秋、一九八三年)
グロムイコ『グロムイコ回想録』(読売新聞社外報部訳、読売新聞社、一九八九年)
河野一郎『今だから話そう』(春陽堂書店、一九五八年)
河野一郎『河野一郎自伝』(伝記刊行会委員会編、徳間書店、一九六五年)
河野一郎『ゆたかな農村めざして』(春秋会編、弘文堂、一九六二年)
河野洋平『孤独の〝実力者〟』(カルチュアクリエートサービス、一九六九年)
河野洋平『父・河野一郎』(恒文社、一九六六年)
小枝義人『党人河野一郎――最後の十年』(河野洋平監修、春風社、二〇一〇年)
河野謙三『議長一代――河野謙三回想記』(朝日新聞社、一九七八年)
重光葵『昭和の動乱(上・下)』(中公文庫、二〇〇一年)
重光葵『巣鴨日記(正・続)』(文藝春秋、一九五三年)
重光葵『重光葵手記(正・続)』(伊藤隆・渡邊行男編、中央公論社、一九八六年)

重光晶『北方領土とソ連外交』(時事通信社、一九八三年)
渡邊行男『重光葵――上海事変から国連加盟まで』(中公新書、一九九六年)
下斗米伸夫『プーチンはアジアをめざす――激変する国際政治』(NHK出版新書、二〇一四年)
戸川猪佐武『小説吉田学校　第二部　党人山脈』(学陽書房、二〇〇〇年)
名越健郎『クレムリン秘密文書は語る――闇の日ソ関係史』(中公新書、一九九四年)
鳩山一郎『鳩山一郎回顧録』(文藝春秋新社、一九五七年)
鳩山一郎『外遊日記　世界の顔』(中央公論社、一九三八年)
鳩山薫編『鳩山一郎・薫日記』(中央公論新社)
春名幹男『秘密のファイル　CIAの対日工作(上・下)』(共同通信社、二〇〇〇年)
『フルシチョフ　封印されていた証言』(J・シェクター、V・ルチコフ編、福島正光訳、草思社、一九九一年)
保阪正康『歴史でたどる領土問題の真実――中韓露にどこまで言えるのか』(朝日新書、二〇一一年)
堀徹男『さよなら、みなさん!　鳩山日ソ交渉50年目の真相』(木本書店、二〇〇七年)
松本俊一『日ソ国交回復秘録――北方領土交渉の真実』(朝日新聞出版、二〇一二年)
宮崎吉政『政界二十五年』(読売新聞社、一九七〇年)
吉田茂『回想十年』全四巻(新潮社、一九五六年)
若宮小太郎『二つの日記　日ソ交渉とアメリカ旅行』(私家版、二〇〇七年)
若宮啓文『忘れられない国会論戦――再軍備から公害問題まで』(中公新書、一九九四年)
渡邊行男『重光葵』(中公新書、一九九六年)
和田春樹『北方領土問題――歴史と未来』(朝日選書、一九九九年)
和田春樹『領土問題をどう解決するか――対立から対話へ』(平凡社新書、二〇一二年)
河野一郎伝記刊行委員会『河野先生を偲ぶ』(春秋会、一九六六年)

五百旗頭真『20世紀の日本3　占領期――首相たちの新日本』（読売新聞社、一九九七年）
法眼晋作『日本人にとってソ連は危険国家だ』（山手書房、一九八三年）
東郷和彦『北方領土秘録――失われた五度の機会』（新潮社、二〇〇七年）
趙世暎『日韓外交史――対立と協力の50年』（姜喜代訳、平凡社新書、二〇一五年）
鳩山薫・鳩山一郎『鳩山一郎・薫日記（下）』（伊藤隆・季武嘉也編、中央公論新社、二〇〇五年）
杉原荒太『外交の考え方』（鹿島研究所出版会、一九六五年）
小枝義人『党人　河野一郎――最後の十年』（河野洋平監修、春風社、二〇一〇年）
NHK日ソプロジェクト『これがソ連の対日外交だ――秘録・北方領土交渉』（日本放送出版協会、一九九一年）
『三木武吉』（三木会、一九五八年）
上坂冬子『「北方領土」上陸記』（文藝春秋、二〇〇三年）
芦田健太郎『日本の領土』（中公叢書、二〇〇二年）
増田弘『公職追放――三大政治パージの研究』（東京大学出版会、一九九六年）
早川いくを『態度がデカイ総理大臣――吉田さんとその時代』（バジリコ、二〇一〇年）
本田良一『日ロ現場史――北方領土―終わらない戦後』（北海道新聞社、二〇一三年）
長谷川毅『暗闘――スターリン、トルーマンと日本降伏』（中央公論新社、二〇〇六年）
和田春樹『北方領土問題を考える』（岩波書店、一九九〇年）
「政治記者の目と耳」第2集（政治記者OB会、一九九一年）
「政治記者の目と耳」第3集（政治記者OB会、一九九七年）
田中孝彦『日ソ国交回復の史的研究――戦後日ソ関係の起点　1945〜1956』（有非閣、一九九三年）
『重光葵著作集1』（解題加瀬俊一、原書房、一九七八年）
下田武三『戦後日本外交の証言――日本はこうして再生した（上）』（行政問題研究所、一九八四年）

原貴美恵『新幀版　サンフランシスコ平和条約の盲点』（溪水社、二〇一二年）
新井弘一『モスクワ・ベルリン・東京――外交官の証言』（時事通信社、二〇〇〇年）
ドナルド・ヘルマン『日本の政治と外交――日ソ和平交渉の分析』（渡辺昭夫訳、中公新書、一九七〇年）
中曽根康弘『政治と人生――中曽根康弘回顧録』（講談社、一九九二年）
三友一男『細菌戦の罪――イワノボ将官収容所虜囚記』（泰流社、一九八七年）
三品隆以『どん底からみたクレムリン――抑留四千十八日の記録』（三品隆以著作刊行会、一九八四年）
豊田穣『孤高の外相　重光葵』（講談社、一九九〇年）
『佐藤榮作日記　第一巻』（伊藤隆監修、朝日新聞社、一九九八年）
『芦田均日記　第六巻』（進藤栄一・下河辺元春編、岩波書店、一九九二年）
岸信介・矢次一夫・伊藤隆『岸信介の回想』（文春学藝ライブラリー、二〇一四年）
石橋湛山『湛山座談』（岩波同時代ライブラリー、一九九四年）
吉田茂・吉田健一『大磯清談』（文藝春秋新社、一九五六年）
石丸和人・松本博一・山本剛士『戦後日本外交史２　動き出した日本外交』（三省堂、一九八三年）
寺山義雄『戦後歴代農相論』（富民協会、一九七〇年）
ロー・ダニエル『竹島密約』（草思社文庫、二〇一三年）
セルゲイ・フルシチョフ『父フルシチョフ　解任と死（上・下）』（ウイリアム・トーブマン編、福島正光訳、草思社、一九九一年）
田中孝『物語・建設省営繕史の群像（中）』（日刊建設通信新社、一九八八年）
大崎巌「ロシア政治における「南クリルの問題」に関する研究――ロシアから見た「北方領土問題」」（博士論文）

（この参考文献の更新日時は二〇一六年三月一日、午後五時四十六分となっている。本稿はそれをもとに作成したが、不十分なものであることをお断りしておきたい――編集部）

解説　死力を尽くした交渉の記録

本書は、朝日新聞の政治部長、論説主幹、主筆を歴任したジャーナリスト、若宮啓文さんの遺作である。

若宮さんは、二〇一六年四月二十八日、訪問先の北京市内のホテル浴室で倒れている状態で発見され、そのまま不帰の客となった。享年六十八。あまりにも早すぎる死だった。若宮さんが北京を訪れたのは、日中韓三カ国による国際フォーラムに参加するためだった。命を落とす直前まで、ライフワークとして取り組んでいた戦後のアジアにおける相互理解のために力を尽くされていた。志半ばで倒れた無念を思うと、言葉を失う。

これまで中国や朝鮮半島についての論考が多かった若宮さんにとって、本書は初めてソ連・ロシアと日本の関係を主題に据えた作品だ。若宮さんは北京に旅立つ直前に決定稿を仕上げており、それを筑摩書房の湯原法史氏に託していたのは不幸中の幸いであった。三六九頁以下に掲載されている「エピローグ」の部分だけは若宮さんのパソコンに残されていた未完の原稿で、これが絶筆となってしまった。残念なことに、副題となっている「日ソ共同宣言をどう生かすか」という本論部分に踏み込む前に、原稿は途切れている。

本書が取り上げているのは、第二次世界大戦後、日本とソ連の戦争状態を終わらせて国交を回復させることになった一九五六年の「日ソ共同宣言」が成立する過程である。古今の膨大な文献に加え、若宮さん個人が所蔵していた貴重な資料を縦横に駆使して、当時の状況を生き生きと再現し、検証している。これまで知られていた文献も、深い洞察に裏付けられた歴史的な文脈の中に位置づけられることで、新鮮な輝きを放っている。

二〇一六年は、日ソ共同宣言調印からちょうど六十年の節目の年である。まさに今、安倍晋三首相とロシアのプーチン大統領が進めようとしている日ロ平和条約交渉、つまりは北方領土交渉で、この宣言が決定的な役割を果たすことに疑いはない。その意味で本書は決して過去を振り返るだけのものではない。現在の、さらにこれからの日ロ関係や日本外交を考えるうえで、必読の事実や視点がふんだんに盛り込まれている。今日の日ロ交渉に日ソ共同宣言がどう関わっているのかについては、後ほど触れたい。

エピローグを完成させることなく亡くなってしまった若宮さんだが、私の手元には今、その二週間前の肉声が残されている。日ロ関係を専門とする若手研究者の大崎巌氏が四月十四日にインタビューした際の録音だ。大崎氏のご厚意で提供していただいた約一時間二十分にわたるインタビューの中で、若宮さんは本書にかけた意気込みを語っていた。

「僕が今回書く意味があるとすれば、国際的な環境と国内の権力闘争の両方をちゃんと見て書いているものがこれまでほとんどなかった。学者や専門家はソ連学者で、日本国内のことはそんなに詳しくはない」

「国内の政治状況の影響を、これまで誰もあまり書けていない。だから、徹底的に、吉田

（茂）と鳩山（一郎）の争いから、戦後の鳩山のパージから、全部影響しているという、その構図。そして、重光（葵）は、ソ連が強烈に要求してA級戦犯になった。だからソ連憎しが強い。それが鳩山と重光の温度差になった。そういうことも浮き彫りにしたい」

実際、本書を貫いているのは政治記者の視点だ。若宮さんは一九七〇年に朝日新聞社に入社。横浜、長野支局を経て一九七五年に東京本社政治部に移り、その後立場や肩書は変われど、四十年以上の長きにわたり、日本政治を間近に観察してきた。特に日本とアジアの関係については二〇一四年、自ら「私なりの集大成」と位置づける『戦後70年　保守のアジア観』（朝日選書、石橋湛山賞受賞）を出版し、靖国神社問題や歴史認識問題、さらに中国、朝鮮半島、東南アジアの国々に戦後の保守政治家がどう向き合ってきたかを丹念に読み解いた。本書を執筆するにあたって、今度はそのソ連、ロシア版を書きたいという問題意識があったことは間違いないだろう。

若宮さん自身がインタビューの中で語っているように、日ソ共同宣言締結に向けた交渉に大きな影を落としているのは、吉田茂と鳩山一郎という戦後まもない激動の時代を代表する、二人の大物保守政治家のすさまじいまでの権力闘争である。

戦時中は東条内閣に反対して国会から身を引いていた鳩山が率いる自由党は、戦後初の衆議院総選挙で第一党となった。しかし首相の座に就こうというまさにそのとき、GHQからの追放命令を受ける。その後脳溢血に倒れ、病床からの復活を遂げるというドラマともあいまって「悲劇の政治家」と呼ばれた所以である。

鳩山らが急遽代役に立てたのが、その後長期政権を築くことになる吉田茂だった。その時、鳩山の追放が解けたら直ちに首相の座を譲るという約束があったかどうかを巡って、後に二人の言い分は真っ向から対立する。

一九五四年十二月に念願の首相の座を射止めた鳩山が進めようとする日ソ国交正常化を、吉田は執拗に批判し続ける。背後には、鳩山政権に懐疑的な米国の意向も働いていた。吉田は、一九五五年に保守合同で結成された自由民主党にも当初加わらなかった。翌年九月には、訪ソを前にした鳩山に宛てた書簡を朝日新聞の一面に発表。「無経験かつ病弱の首相、何の成算ありて自ら進んで訪ソ、赤禍招致の謀を試みんとするや」と断念を迫るに至っては、その執念に震撼させられるほどだ。

本書でも触れられているが、吉田に同調して日ソ共同宣言の批准国会で採決を欠席した田中角栄と大平正芳が、一九七二年には首相と外相のタッグを組んで、党内の「親台湾派」の抵抗を押し切って日中国交正常化を推し進めることになる。歴史の皮肉だ。若宮さんはインタビューで「理屈以前の派閥の論理だった。吉田があれだけ抵抗して池田（勇人）と佐藤（栄作）も同調すれば、田中も大平もそうせざるを得なかった」、「もう一つは、ソ連に対する恨み、不信というのは中国に対するものと全く違う。中国に対してはむしろ贖罪《しょくざい》意識があった」と語っている。

本書のもう一人の主人公が当時の農相、河野一郎である。鳩山の腹心として、一九五六年三月に訪ソし、ブルガーニン首相と渡り合って、前年に中断していた日ソ国交正常化交渉をなんとか再開させるところまで持って行く。同年十月の鳩山訪ソにも同行し、最高実力者フルシチョフとの「一騎打ち」で日ソ共同宣言をまとめ上げる。本書に描かれたそれぞれの場面は、政治家が生々しい駆け引きを繰り広げる外交交渉の内幕を余すところなく伝えている。

河野の型破りの外交は、日本ではこれまで批判されることが多かった。ブルガーニンとの会談に日本側通訳の同席を認めなかったことは、そのときに国後、択捉のソ連への帰属を約束したのではないかという疑惑も招いた。だが若宮さんは、「河野のやり方には問題はいろいろあるけれど、ああいう状況の中で、できることを必死にやったんじゃないかということは正当に評価して、それを出発点にしないといけない」と語っている。確かに河野を描く筆致には、どこか温かいまなざしが感じられる。

「ああいう状況」の最たるものが、鳩山が訪ソの直前に自民党から突きつけられた「新党議」だった。鳩山は一九五六年九月、ブルガーニンとの往復書簡で、領土問題を棚上げして国交回復を優先することを確認していた。いわゆる「アデナウアー方式」である。しかし吉田茂に連なる党内の反鳩山派はこれに納得せず、臨時総務会が連日開かれた末に、「歯舞、色丹の即時返還」「国後、択捉についての継続協議」という二条件を実現するよう政府に求める決定をしたのだった。

河野はフルシチョフとの交渉で「後になって提案が変わるようなことになって、はなはだ済まないことではあるが」と、共同宣言に歯舞、色丹を盛り込むよう頼み込んでいた。鳩山の秘書官として同行していた若宮小太郎が日記に書き留めた「日本のいままでの態度は、たしかに、次々と強く変ってきたので、先方がいぶかるのも或いは無理のない所かもしれない」という言葉が、当時の交渉団の空気をよく表している。

本書で随所に引用されている日記を残した若宮小太郎は、若宮さんの父親である。『若宮日記』は二〇〇七年に私家版として少部数発行されていたが、広くその内容が紹介されるのは今回が初めてだ。この点にも本書の価値があると言えるだろう。

交渉の集大成として一九五六年十月十九日に調印された日ソ共同宣言で、日本とソ連は国交を回復し、戦争状態を終えることになった。領土問題についての核心部分は、その第九項にある。日ソ両国は「正常な外交関係が回復された後、平和条約の締結に関する交渉を継続することに同意する」「ソビエト社会主義共和国連邦は、日本国の要望にこたえかつ日本国の利益を考慮して、歯舞群島及び色丹島を日本国に引き渡すことに同意する。ただし、(中略)平和条約が締結された後に現実に引き渡されるものとする」という内容だ。

若宮さんは「いろんなことを考えると、五六年宣言は芸術的な産物と言える。土壇場で自民党内の自由党系が猛反発して新党議を作った。こうした党内の反対もなく鳩山がソ連に行っていたら、歯舞、色丹の明記ができなかった。新党議があったので河野が必死で頑張るわけだ」と語っている。一方で、本書で指摘されているように「新党議」を受けて歯舞、色丹の島名を宣言に盛り込むことを最優先した結果、国後、択捉が置き去りになってしまったという側面があったことも否定できない。いずれにせよ、当時の訪問団が死力を尽くした交渉の結果が、この宣言に結晶化していることは間違いない。

歯舞、色丹、国後、択捉の四島の返還を日本が要求するという「北方領土問題」の構図が固まったのも、このときだった。日本と帝政ロシアが結んだ一八五五年の日露通好条約以降一貫して日本領であり続け、一九四五年の敗戦時まで多くの日本人が居住していた国後、択捉の返還を願う感情が広く国民に共有されていたことは事実だが、日ソ共同宣言締結に至る交渉の過程では、二島返還による妥結論と四島返還を求める意見が政権内で複雑に交錯していた。

さて、二〇〇二年九月から五年半にわたり、朝日新聞の論説主幹として社説の責任者を務めた若宮さんは、折々の新聞各社の論調にも注目している。

先に述べた河野とブルガーニンの合意を受けて、一九五六年八月に重光葵外相がモスクワを訪問、平和条約交渉を再開させる。しかしシェピーロフ外相は、歯舞、色丹二島引き渡しで決着させるというソ連が前年に示した線から一歩も譲らない厳しい姿勢を崩さない。

このとき「エトロフ、クナシリを失ったからとて、それで日本が滅び去るわけではない」と、柔軟な論を張ったのは、意外にも読売新聞だった。朝日新聞は「クナシリ、エトロフの占領を止めて、ソ連が撤兵することを主張する日本の要求に、何の〝不法〟があるであろうか」と原則論を唱えた。毎日新聞や産経時事もほぼ同様の主張だった。

若宮さんは「当時、断固四島だと言って旗を振ったのは新聞だった。朝日新聞なんか一番ひどい」、「公正に判断する能力と人が、ごく一部にしか無かったと思う」、「マスメディアは世論を怖がる。強いことを言っている方が楽なんだ」と語っている。現在、報道に当たっている私たち自身、自戒しなければならないことだろう。

八月の交渉では、一貫して強硬な四島返還論者として知られていた重光が、ソ連の強硬姿勢に直面し、突然二島での妥結を主張し始める。世に名高い「重光の豹変」だ。本書で展開されているその読み解きも興味深いが、ここでは「豹変」した重光がモスクワで記者たちを前にぶった

「この際日本は世界の情勢に取り残されぬように前進しなければならない」という妥協を主張する演説が朝日新聞の一面に「重光全権、政府の決意促す」という大見出しで掲載されたことに注目したい。

今、日本の主要紙に二島返還による北方領土問題の解決を求める主張が大きく掲載されることは考えにくい。まして社説が「エトロフ、クナシリを失ったからとて」などと書くことなど想像もできない。当時のリアルな状況や交渉当事者たちの苦渋の選択の積み重ねが忘れられて、私たちは思考停止に陥っているのではないか。国交回復から六十年。冷戦が終わってから四半世紀あまり。地に足をつけた議論が求められているのではないか。これもまた、自戒しなければならない点だ。

ここで、日ソ共同宣言がその後たどった道を駆け足で振り返ろう。

宣言発効を受けて両国は互いの大使館を再開させるなど、国交は正常化された。しかし、「継続する」とされたはずの平和条約締結交渉は進まなかった。

一九六〇年には岸内閣による日米安保条約の改定にソ連が激しく反発。共同宣言で約束した平和条約締結後の歯舞、色丹の引き渡しを実現する前提として、日本領土からの外国軍隊の撤退を求めた。日本に米軍基地がある限り島は引き渡さないという、新たな条件を突きつけたわけだ。

さらに六一年九月には、共産党第一書記と首相を兼務するようになっていたフルシチョフが、池田勇人首相宛ての書簡で「領土問題は一連の国際協定によって久しき以前に解決済み」と通告。両国間に領土問題は存在しないという立場をとるようになった。

その後、一九七二年の沖縄返還と日中国交樹立という東アジアの安全保障環境の激変を触媒に、日ソ双方から事態打開を探る動きがあったが、それらが実ることはなかった。

「ペレストロイカ（建て直し）」と「新思考外交」を進めて冷戦を終結させたソ連最後の指導者ゴルバチョフも、ソ連崩壊で誕生した新生ロシア最初の指導者エリツィンも、日ソ共同宣言の中にある歯舞、色丹の引き渡し条項の有効性を認めることはできなかった。

ゴルバチョフは一九九一年四月に訪日した際の記者会見で「我々は戦争状態を終結させ、外交関係を樹立した五六年の文書を確認した」と述べた。一方で、海部俊樹首相と共に署名した共同声明に日ソ共同宣言が明記されなかった理由について「共同宣言の中で、国際法的結果を生んだものを取り入れた。実際に成立しなかったものや、チャンスを失ったものは復活させなかった」と説明した。歯舞、色丹両島の引き渡しを約束した第九項の有効性は、既に失われたというのがゴルバチョフの言い分だった。

一九九三年十月に訪日したエリツィンは、細川護熙首相との首脳会談で、日ソ間の条約やその他の国際約束をロシアが引き継ぐことを確認。記者会見で、引き継がれる約束に日ソ共同宣言が含まれるかを問われて「もちろん、この中には、この宣言も含まれる」と答えた。しかし、歯舞、色丹の引き渡しはもちろんのこと「日ソ共同宣言」という言葉をはっきりと口にすることも避けるなど、曖昧な姿勢に終始した。

一方で、このときエリツィンと細川が署名した「東京宣言」には、「択捉島、国後島、色丹島及び歯舞群島の帰属に関する問題を解決することにより平和条約を早期に締結するよう交渉を継続する」という合意が盛り込まれた。日ロ両国間に四島を巡る領土問題があることを確認し、平和条約締結のためにはそれを解決する必要があるという認識で両首脳が一致し、そのことが明文化されたのだった。

日本側は、これを大きな外交的成果と受け止めた。これ以降、日本外務省では歯舞、色丹しか書かれていない日ソ共同宣言への言及を極力避けて、東京宣言を前面に押し出す傾向が顕著になったことは指摘しておかねばならない。吉田茂以来の鳩山外交に対する否定的な評価が外務省内に根強く残っており、それが再び頭をもたげてきたと言うこともできるだろう。ただし東京宣言は、日ソ共同宣言で既に解決済みのはずの歯舞、色丹についても、択捉、国後と同様に「帰属の問題」が残っているかのような書きぶりになっている。この点は、後退と見ることができよう。

日ソ共同宣言の履行義務をはっきりと認めるという、ゴルバチョフもエリツィンもできなかった一歩を踏み出した指導者が、新生ロシア第二代大統領のプーチンであった。

二〇〇〇年九月、プーチンは日本を公式訪問し、森喜朗首相と首脳会談を行った。大統領就任から四カ月後のことだった。この会談で、プーチンは自ら日ソ共同宣言に言及し「私は宣言を容認する立場だ。これまで否定する過去の経緯もあったが、私はそういう考え方はとらない」と言明したのだった。

二〇〇一年三月、ロシアのイルクーツクで行われた会談で森とプーチンは「イルクーツク声明」に署名した。日ソ共同宣言を「平和条約締結に関する交渉プロセスの出発点」と位置づけた上で「東京宣言に基づいて」平和条約を締結する、という内容だ。「二島」の引き渡しが書かれた日ソ共同宣言と、「四島」の帰属の問題に言及がある東京宣言の関係を整理して位置づける内容となった。日本側の交渉関係者によると、このときの会談でプーチンは、ロシアには二島引き渡しの義務があるという認識を語ったのだという。

しかし日本外務省内部には、東京宣言を重視し、四島一括での解決を求める立場から、二島のみに言及したプーチンの表明を冷ややかに受け止める向きも少なくなかった。さらに翌年には、橋本龍太郎、小渕恵三、森喜朗の三首相が進めた日ロ交渉に深く関わった鈴木宗男衆院議員への疑惑の嵐が吹き荒れた。交渉の節目で三人の首相に直接助言するなど、首脳交渉を陰で支えてきた元外務省主任分析官の佐藤優と鈴木は相次いで逮捕された。欧州局長としてイルクーツク声明の作成に力を尽くした東郷和彦は外務省から追放された。その後、日本でめまぐるしく首相が交代したこともあり、日ロ交渉は長く冬の時代を迎えることとなった。

それからちょうど十年を経た二〇一二年。四年ぶりに大統領に復帰する直前のプーチンが、依然として日ソ共同宣言を重視していることを明らかにしたのが、本書のプロローグと未完のエピローグで取り上げられている若宮さんとの「引き分け会見」だった。

プーチンはこのとき、歯舞、色丹の引き渡しが盛り込まれた共同宣言の第九項を、資料を見ることもなくそらんじて見せた。ゴルバチョフが第九項の履行を拒否した経緯にも触れて「ゴルバチョフがどんな考えに基づいていたのかは分からないが、（中略）この文書は法的拘束力を持っているのだ」と、その有効性を改めて確認した。

一方でプーチンは、イルクーツクの首脳会談で森首相からの打診を受けて「一九五六年宣言に戻る用意がある」と表明したにもかかわらず、日本側が後になって「我々は四島を求めている」と言い出したために「すべては再び出発点に戻ってしまった」と、日本の対応を批判した。

安倍首相が今まさにプーチンと進めようとしている平和条約締結交渉では、若宮さんがエピローグの副題に記したように「日ソ共同宣言をどう生かすか」が問われることになるだろう。プーチンが共同宣言をそらんじるほど研究して重視しているからという理由ももちろんあるが、それだけではない。日本側も認めるように、好むと好まざるとにかかわらず、この宣言は「国連にも登録された法的拘束力を有する条約であり、戦後の両国関係を律する最も重要な基本文書」（外務省発行『われらの北方領土』二〇一五年版）だからだ。

そのためにまず必要なことは、交渉の経緯を冷静に見つめ直すことだろう。若宮さんがインタビューで指摘していたように「これまで、みんなそれぞれ自分に都合の良いことばかり言ってきた」からだ。日本の場合、サンフランシスコ平和条約で放棄した「千島列島」には国後、択捉は含まれていなかったという主張は明らかに後付けの虚構であった。スターリンが対日参戦の条件として千島列島を要求したことは「領土不拡大」を打ち出した大西洋憲章に反していた。米国もそのときどきのご都合主義で、あるときはスターリンの要求を認め、あるときは日本の主張に同調してきた。さらに言えばプーチンにしても、これまで繰り返してきた「日ソ共同宣言には歯舞、色丹がどんな条件で、どの国の主権の下に引き渡されるのかは書かれていない」という主張は、当時の日ソ双方の認識からかけ離れていると言わざるを得ない。

これからロシアとの平和条約交渉が動き出すとすれば、それがどんな形に結実するにせよ、一九五六年と同じように、政権が政治生命を賭けるぎりぎりの勝負になることだろう。国内の政治状況や世論、そして米国の動向が交渉の行方に大きく影響する事態も、おそらく繰り返されるだろう。そうした可能性が芽生えている今、本書が世に出る意義は誠に大きい。

最後に、若宮さんが遺した原稿が出版されるまでの経緯を簡単に記しておきたい。

校閲者の指摘を受けてゲラの手直しを行う作業は、筆者と朝日新聞論説委員の国分高史が担当した。また法政大学教授の下斗米伸夫氏にも目を通していただき、貴重な指摘を数多くいただいた。このほか、若宮さんが朝日新聞退社後にシニアフェローを務めた公益財団法人・日本国際交流センターからも、元駐ロシア日本大使の渡邊幸治氏、事務理事・事務局長の勝又英子氏の協力をいただいた。編集作業は筑摩書房の湯原氏が担当した。

朝日新聞モスクワ支局長　駒木明義

跋——二代にわたる縁を顧みながら

四月二十九日付けの朝日新聞朝刊を、私は驚きながら、同時に半ば怪訝《けげん》な気持ちで眺めていた。そこには、「若宮啓文・元本社主筆が死去」という見出しのもとに、若宮さんが前日夜、滞在していた北京のホテルで亡くなっていたことが報じられていたのである。私はその記事を、目を凝らすようにして、何度か読み返した。文字を辿れば書かれていることはわかるのだが、どうにも腑に落ちないのである。彼とは出発前に、戻って来たら昼食を取りながら話そうといって別れたばかりだった。

思い起こせば彼の駆け出しの頃から、政治部、論説委員を経て主筆に至るまで、折りに触れてその記事を読んできたが、話題の硬軟や大小に拘わらず、どこか優しさを感じさせるものだった。より正確に言うなら、もとより新聞記者なのだから、ただ絵空事や夢想を書き綴っていたわけではない。そうではなく、しっかりと現実に向き合ったうえで、なお希望を、あるいはその兆しを見出そうと心がけているように感じたのである。彼が対談や討論を好み、異なる意見の持ち主との交流に積極的だったのも、できる限り物事の全体に迫ろうとする試みの現れだったと思う。

彼は新聞社を辞めた後、近年摩擦や確執ばかりが取り沙汰される韓国や中国について、少しでも理解者を増やし、日本との関係をより実りあるものにしようと本腰を入れていたようだ。そのためにいくつもの企画を準備し、実現に向けて賛同者を募り、時には資金を得るための慣れない企業回りまでしていた。私も、求められればいつでも協力してきたが、彼は新たな働き場所を見つけたかのようであった。国内にいても十日とおかず連絡があったが、特に中国や韓国から戻ると必ずといってよいほど電話があり、やがて上着を小脇に抱えた小柄な姿が私の事務所に現れるのだった。

若宮さんとのお付き合いは、双方の父親の代にまでさかのぼる。若宮さんの父・小太郎さんは鳩山一郎首相の首席秘書官として、そして私の父・一郎は農林大臣ながら、ともに「日ソ共同宣言」をまとめ上げた仲だった。「戦友」といってもよいその間柄の詳細は、若宮さんの達意の文章によって本書に生き生きと描かれている。

そもそも若宮さんがこの本を書くことになったきっかけは、長年にわたり父の秘書を務め、惜しくも昨年亡くなった石川達男さんが集めていた膨大な資料を、彼に見てもらったことだったと思う。若宮さんのもとにも小太郎さんの日記が残されており、彼はそれを整理して、すでに若宮小太郎著『二つの日記　日ソ交渉とアメリカ旅行』（私家版、二〇〇七年）として刊行していた。私もまた、日ソ交渉の実相を何とか伝えたいと考えていたので、彼が執筆意欲をかき立てられたらしいのは願ってもないことだった。

やがて彼はそれに取り掛かると、多忙な合間を縫ってさらに資料を集め、関連書籍を読み直しながら、「日ソ共同宣言」から六十年目の今年にはぜひとも出版したいと言っていた。執筆の途中で何度も雑談する機会があったが、少しずつ整理されて行く構想を説明しながら、保守合同の結果生まれたばかりの自民党のその時代の政治家たちがいかにも人間臭く、たとえば彼らの政争は実に迫力に富んだ、興味深いものだなどということを彼は繰り返し語ってくれた。

彼からの最後の電話は、「来週はまず韓国へ行き、引き続き中国へ行くので、帰ってきたらまた」というものだった。訃報を伝える新聞に言いようのない衝撃を覚えながらも、私はご自宅へ弔問に伺った。ご遺族によれば、原稿の執筆と修正に打ち込み、少しくたびれているようではあったものの、出張の数日前に決定稿を出版社に渡したうえで出かけたとのことだった。私はそれを伝え聞きながら、思わず熱心に語る彼の様子が浮かんできて言葉もなかった。

若宮さんは何といっても有能な政治記者だったから、私だけでなく多くの政治家と多様な交際があったことだろう。あるいは立場や考え方を異にする場合もあったはずだが、迎合することはなく、綺麗な付き合いを旨としていたように思う。政治の世界によく見られる「大声」や「高笑い」とは無縁の、静かに話を聴こうとする人だった。私にとっても、彼は私より一回りほど若いのだが、いちばんの相談相手であり、得難い理解者でもあった。
現身《うつしみ》の若宮さんは突然私の前から消え去り、喪失感と悲しみは癒えないが、これからは心の中で、私自身の「その時」が来るまで、彼との対話を続けたいと思っている。

河野洋平

六月十五日

若宮啓文（わかみや・よしぶみ）

一九四八―二〇一六年。東京生まれ。一九七〇年、東京大学法学部を卒業し、朝日新聞社に入る。その後、横浜、長野の各支局に配属され、政治部長、論説主幹、主筆を経て二〇一三年一月退社。この間、韓国に留学し、米国のブルッキングズ研究所で客員研究員も務める。その後、国際交流センター・シニアフェロー。主な著書に『新聞記者』（ちくまプリマー新書）のほか、『忘れられない国会論戦』『闘う社説』（いずれも中公新書）、『戦後70年　保守のアジア観』（朝日選書、石橋湛山賞）、『ルポ　現代の被差別部落』（朝日文庫）などがある。

筑摩選書 0135

ドキュメント　北方領土問題《ほっぽうりょうどもんだい》の内幕《うちまく》　クレムリン・東京・ワシントン

二〇一六年八月一五日　初版第一刷発行

著者　若宮啓文《わかみやよしぶみ》

発行者　山野浩一

発行所　株式会社筑摩書房
東京都台東区蔵前二-五-三　郵便番号　一一一-八七五五
振替　〇〇一六〇-八-四一二三

装幀者　神田昇和

印刷製本　中央精版印刷株式会社

乱丁・落丁本の場合は左記宛にご送付ください。送料小社負担でお取り替えいたします。
ご注文、お問い合わせも左記へお願いいたします。
筑摩書房サービスセンター
さいたま市北区櫛引町二-六〇四　〒三三一-八五〇七　電話　〇四八-六五一-〇〇五三
©Rieko Wakamiya 2016 Printed in Japan ISBN978-4-480-01640-9 C0331

筑摩選書
0028

日米「核密約」の全貌

太田昌克

日米核密約……。長らくその真相は闇に包まれてきた。それはなぜ、いかにして取り結ばれたのか。日米双方の関係者百人以上に取材し、その全貌を明らかにする。

筑摩選書
0029

農村青年社事件
昭和アナキストの見た幻

保阪正康

不況にあえぐ昭和12年、突如全国で撒かれた号外新聞。そこには暴動・テロなどの見出しがあった。昭和最大規模のアナキスト弾圧事件の真相と人々の素顔に迫る。

筑摩選書
0034

反原発の思想史
冷戦からフクシマへ

絓 秀実

中ソ論争から「68年」やエコロジー、サブカルチャーを経てフクシマへ。複雑に交差する反核運動や「原子力の平和利用」などの論点から、3・11が顕在化させた現代史を描く。

筑摩選書
0045

北朝鮮建国神話の崩壊
金日成と「特別狙撃旅団」

金 賛汀

捏造され続けてきた北朝鮮建国者・金日成の抗日時代。関係者の証言から明るみに出た歴史の姿とは。北朝鮮現代史の虚構を突き崩す著者畢生のノンフィクション。

筑摩選書
0047

災害弱者と情報弱者
3・11後、何が見過ごされたのか

田中幹人　標葉隆馬
丸山紀一朗

東日本大震災・原発事故をめぐる膨大な情報を精緻に解析、その偏りと格差、不平等を生み出す社会構造を明らかにし、災害と情報に対する新しい視座を提示する。

筑摩選書
0050

敗戦と戦後のあいだで
遅れて帰りし者たち

五十嵐惠邦

戦争体験をかかえて戦後を生きるとはどういうことか。五味川純平、石原吉郎、横井庄一、小野田寛郎、中村輝夫……。彼らの足跡から戦後日本社会の条件を考察する。

筑摩選書 0054

世界正義論

井上達夫

超大国による「正義」の濫用、世界的な規模で広がりゆく貧富の格差……。こうした中にあって「グローバルな正義」の可能性を原理的に追究する政治哲学の書。

筑摩選書 0057

デモのメディア論
社会運動社会のゆくえ

伊藤昌亮

アラブの春、ウォール街占拠、反原発デモ……いま世界中で沸騰するデモの深層に何があるのか。ソーシャルメディア時代の新しい社会運動の意味と可能性に迫る。

筑摩選書 0062

中国の強国構想
日清戦争後から現代まで

劉傑

日清戦争の敗北とともに湧き起こった中国の強国化への意志。鍵となる考え方を読み解きながら、その国家構想の変遷を追い、中国問題の根底にある論理をあぶり出す。

筑摩選書 0063

戦争学原論

石津朋之

人類の歴史と共にある戦争。この社会的事象を捉えるにはどのようなアプローチを取ればよいのか。タブーを超え、日本における「戦争学」の誕生をもたらす試論の登場。

筑摩選書 0076

民主主義のつくり方

宇野重規

民主主義への不信が募る現代日本。より身近で使い勝手のよいものへと転換するには何が必要なのか。〈プラグマティズム〉型民主主義に可能性を見出す希望の書！

筑摩選書 0105

昭和の迷走
「第二満州国」に憑かれて

多田井喜生

破局への分岐点となった華北進出は、陸軍の暴走と勝田主計の朝鮮銀行を軸にした通貨工作によって可能となった。「長城線を越えた」特異な時代を浮き彫りにする。

筑摩選書
0118

〈日本的なもの〉とは何か
ジャポニスムからクール・ジャパンへ

柴崎信三

様々な作品を通して19世紀末のジャポニスムから近年のクール・ジャパンまでを辿りながら、古くて新しい問いである「日本的なもの」の生成と展開、変容を考える。

筑摩選書
0119

民を殺す国・日本
足尾鉱毒事件からフクシマへ

大庭健

フクシマも足尾鉱毒事件も、この国の「構造的な無責任」体制＝国家教によってもたらされた――。その乗り越えには何が必要なのか。倫理学者による迫真の書！

筑摩選書
0125

「日本型学校主義」を超えて
「教育改革」を問い直す

戸田忠雄

18歳からの選挙権、いじめ問題、学力低下など激変する教育環境にどう対応すべきか。これまでの「改革」の功罪を検証し、現場からの処方箋を提案する。

筑摩選書
0129

中華帝国のジレンマ
礼的思想と法的秩序

冨谷至

中国人はなぜ無法で無礼に見えるのか。彼らにとって法や礼儀とは何なのか。古代から近代にいたる過程で中華思想が抱えた葛藤を読み解き、中国人の心性の謎に迫る。

筑摩選書
0072

愛国・革命・民主
日本史から世界を考える

三谷博

近代世界に類を見ない大革命、明治維新はどうして可能だったのか。その歴史的経験から、時空を超える普遍的英知を探り、それを補助線に世界の「いま」を理解する。

筑摩選書
0134

戦略的思考の虚妄
なぜ従属国家から抜け出せないのか

東谷暁

戦略論がいくら売れようと、戦略的思考は身につかず、政府の外交力も向上していない。その理由を示し、戦略論の基本を説く。真の実力を養うための必読の書！

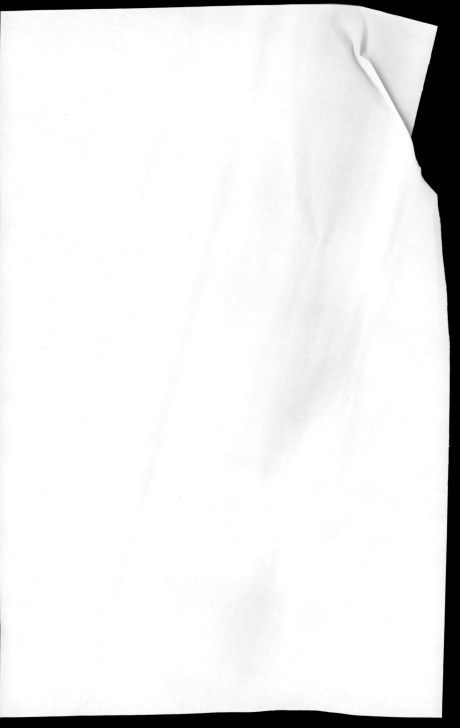

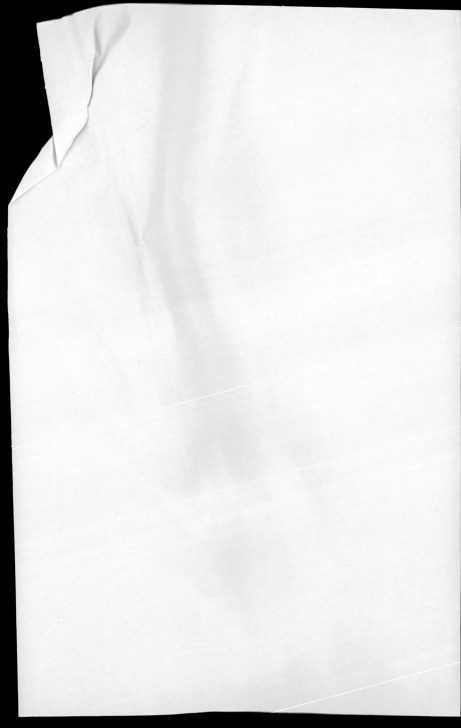